# Saldo a favor

## Intermediate Spanish for the World of Business

# Saldo a favor

## Intermediate Spanish for the World of Business

Vicki Galloway

Angela Labarca

Elmer A. Rodríguez

Georgia Institute of Technology

JOHN WILEY & SONS, INC.
New York • Chichester • Weinheim
Brisbane • Singapore • Toronto

ACQUISITIONS EDITOR   Lyn McLean
MARKETING MANAGER   Leslie Hines
SENIOR PRODUCTION EDITOR   Jeanine Furino
COVER DESIGNER   Dawn L. Stanley
MANUFACTURING ASSISTANT   Catherine Lao
PHOTO EDITOR   Hilary Newman
SENIOR ILLUSTRATION COORDINATOR   Anna Melhorn
INTERIOR DESIGNER   Lorraine Mullaney
COVER ART   Marjorie Dressler

This book was set in 10/12 Palatino by Dovetail Publishing Services and printed and bound by R.R. Donnelley & Sons. The cover was printed by Phoenix Color Corp.

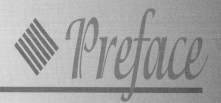

# Preface

*Saldo a favor* is a flexible intermediate-level program designed to orient students' functional use of Spanish to the world of business from a Hispanic cultural perspective. *Saldo a favor* meets the practical needs of the many Spanish learners who are interested in using Spanish actively in their careers or who simply recognize the necessity of cross-cultural communication in a global marketplace. In recognition of the diversity of university course offerings, the program has been developed for maximum adaptability in a variety of settings. Among these are:

- Second or third-year courses in Spanish for International Business, or any course or series of courses aimed at commercial relations with the Hispanic world;
- Second or third-year conversation and composition classes focusing on the world of work;
- Second or third-year courses in Hispanic Culture;
- Any course or series of courses geared to Spanish for Special Purposes or applied, interdisciplinary, or content-based Spanish learning;
- Student internship training programs;
- Third or fourth-year high school Spanish programs or international baccalaureate programs oriented to practical application of Spanish.

The program is designed for use in 2 semesters or 2–3 quarters; however, it can be easily adapted for use in courses of 1 or 3 semesters or in immersion or intensive course formats.

*Saldo a favor* is a complete and integrated learning experience in its careful and consistent attention to the development and connection of knowledge, expression, and cross-cultural awareness and in its respect for the interrelatedness of these as elements of successful commercial interaction. Development of listening, speaking, reading, and writing balance with the broadening and deepening of cultural understanding and the application of knowledge about the world of business and the global economy. In *Saldo a favor*, **language is the medium, culture is the context, business is the content.**

## Key Features of *Saldo a favor*

Learner involvement and success have been the fundamental goals guiding the development of this program. Through an approach that is interactive and learner-experience centered, *Saldo a favor* provides for:

- Solid, consistent, and transferable language development within a true Hispanic context that reflects authentic cultural procedures, protocols, and points of view on aspects of the real world of business.
- Guidance to develop conceptual and procedural knowledge about certain areas of Hispanic and international business such as management of personnel, management-labor relations, banking and finance, marketing and advertising, international trade, import-export agreements and protectionist barriers, etc.

**Among the unique benefits that *Saldo a favor* offers are the following:**

- Immediate accessibility to learners without assuming previous experience in or knowledge of the world of business.
- High-interest, contemporary material accompanied by personalized and interactive activities
- Authenticity in its approach to Hispanic business from Hispanic (not U.S.) perspectives.
- Four-skill Spanish development *within the cultural contexts* of distinct regions of the Hispanic world.
- Practical orientation to business transactions
- Ease of use in its clear explanations and focus on the real world and in its logical development of business-world themes.

# Pedagogy and Approach

*Saldo a favor* welcomes students to the study of the Hispanic business world through the language and culture of its people. Because this will be a new area of learning for most intermediate-level Spanish students, the authors have devoted very careful attention to a pedagogy that promotes accurate, connected, and durable learning.

**1.** *Facilitation of learning. Saldo a favor* is truly *learner-based.* Each unit opens by drawing out students' previous experiences in preparation for expanding these experiences in new learning. Thus, the learner's background and perspective always serve as the point of departure. The program does not assume either previous business knowledge or a wide array of experiences in the world of business; rather, business concepts are developed by starting at the level of common, everyday transactions, e.g. from personal finances to the notion of economies and the interaction of economies in the global marketplace. High-interest material is accompanied by personalized and interactive activities that follow a communicative progression and foster the use of effective *learning strategies and thinking skills* (such as group analysis and summary of opinions, problem-solving and decision-making, hypothesis formation, anticipation of consequences, etc.). Individual and group activities are balanced: Some activities require personal reflection, individual assessment of perceptions or preconceptions, expression of opinion; others require group interaction and teamwork in brainstorming, consensus-building, role playing, etc.

**2.** *Cultural authenticity. Saldo a favor* is culturally contextualized and authentic in perspective and practice. It approaches Hispanic business culture from Hispanic (*not U.S.*) perspectives to promote more in-depth analysis and deeper understanding of other systems of values. Authentic documents represent the core of each thematically focused unit. Accompanying pre- and post-reading activities guide students not only to acquire new vocabulary and expanded knowledge about the target business area but to access the underlying values and beliefs that drive the actions and reactions in the Hispanic business culture. In this text, culture is not merely an "aside" or boxed note. It is the setting of all action, the living context in which all communication takes place. Students not only practice the conventions of common transactions, but gain an understanding as to why the conventions exist. A regional focus in the development of business themes promotes learner awareness of the diversity within Hispanic cultures, of the distinct situations of different areas of the Hispanic world, of the circumstances that bind them, and of their business relationships to each other. Hispanic countries are seen in terms of their own complexity— individually and in their relations with each other, with the U.S., and with other countries of the world.

**3.** *Logical progression, connectedness, and consistent re-entry of language and concepts.* One of the most striking features of *Saldo a favor* is its careful attention to connected, transferable learning. Business-world themes expand the picture at each stage cross-culturally, from the individual and notions of *"identity"* and *"image"* (*Unit I, Job seeking*), to *individuals interacting with others* in work and social contexts (*Unit 2, company structure; management/labor relations; associations, organizations, unions*), to *individuals and their interaction with society* through established financial structures and conventions (*Unit 3, banking and finance*), to identifying characteristics of *"groups" within a society* and appealing to needs, expectations and *notions of group membership* (*Unit 4, marketing and advertising*), to the laws and agreements that reflect the needs of a *group and its government interacting with another group and its government* (*Unit 5, import/export*). *Saldo a favor* reflects the view that understanding the broad picture of business grows from an understanding of the motives, desires, values of individuals and their interaction with groups. *Within each unit,* the three major divisions gradually deepen analysis and application of the unit theme; within each *section,* the language focus (vocabulary, grammar, writing) and the business culture focus connect and reinforce each other through contextualized presentation and practice. *At the end of each unit,* a final "Atando cabos" section ties all aspects together through interactive activities. Learning that takes place in one unit is also connected (*in both text and accompanying workbook*) to learning in subsequent units through careful attention to the "recycling" of grammar, vocabulary, cultural protocols, business concepts. This book recognizes that people forget—especially if they do not consistently use and expand application of previously learned skills and knowledge.

# Textbook Organization

*Saldo a favor* is divided into five *units*. Each unit is divided into three *sections* for focus on a different aspect of language and culture development related to the unit theme. Each unit has as its setting a different region of the Hispanic world and is developed around a broad business theme:

Unit 1: Mexico: job seeking

Unit 2: Spain: the company

Unit 3: The Southern Cone: banking and finance

Unit 4: The Caribbean Basin, Colombia and Venezuela: marketing and advertising

Unit 5: Central America: import/export and international commerce

*Saldo a favor* fosters integration of medium and message through activities that encourage use of learning and communicative strategies; critical thinking and problem solving; peer interaction and decision making; by 1) providing the organizational support for students to focus on issues; 2) providing the linguistic support for students to generate their own ideas; 3) providing the contextual structure for the exchange of ideas with peers.

An example below for Unit 1 shows how different aspects of language development are connected to the acquisition of knowledge about the target business area and to a particular set of **broad cultural values** that underlie and drive Hispanic perspectives and practices as they relate to this area of business.

---

**Unit 1**

Region: México

Regional orientation: The streets of Mexico City
The union of ancient and modern
Small and family-based businesses
NAFTA

Broad business theme: Employment

Vocabulary focus: Self description
Job description
Job application
Interviews and appointments

Grammar focus: Present subjunctive

Oral/aural focus: The interview, self description
Making phone calls and arranging appointments
Using numerical expressions

Writing focus: Resumés and job applications
Writing numbers

Integrated cultural focus: Titles, surnames, abbreviations, business cards
Job advertisement: What information is included?
The family network
The family business
Connections between personal and business worlds
Company-placed obituaries

---

The following description of the sections of each unit of *Saldo a favor* is accompanied by explanation of the approach used in its development.

# Contactos y vocabulario

**1.** *Trasfondo cultural.* The purpose of this first section is to engage students in cross-cultural reflection and discovery. The section opens with activities that ask students to call to the fore their own cultural associations, through tasks that ask them to do such things as: *make and share lists*: e.g., of images they associate with a concept, of personal priorities, of things they can do with money, of characteristics they associate with a certain product, etc.; or *choose from a list*: e.g., things they expect to see or find in a given situation, things they have experienced, etc.; or *match*: e.g., groups or categories to characteristics or examples associated with them; or *collect information from classmates*: e.g., through peer interviews and brainstorming on consumer issues, experiences, product images, etc. Exploring the conventions, practices, beliefs and priorities of **their own background and culture** is the first step in approaching and receiving the same in another culture (the peer interaction in this step also allows students to see the diversity that exists in their own culture). These activities are then followed by a *"realia"* study in which students are guided to access the **Hispanic culture perspective** as reflected in ads, announcements, etc.

**2.** *Punto de embarque.* This section presents the core material of the **Contactos y vocabulario.** Here, authentic newspaper and magazine articles draw learners into the **cultural and regional context of the particular area of business** to explore the business theme while providing a *receptive introduction* to the unit vocabulary. Pre-reading and post-reading activities are designed to foster effective strategy use while guiding student comprehension. The reading in this section serves as the cultural/informational/linguistic base for applying business concepts, understanding business conventions, and using precise, appropriate vocabulary.

**3.** *Inventario.* This section presents the active vocabulary of the unit in a contextualized format. A contextualized approach allows learners to see *how* the words are used and to note the requirements surrounding their use. Additionally, the context in which new words are embedded captures the structural or grammatical focus of the units simply as "foreshadowing" or orientation to grammar presentation and practice of **Contextos y estructuras.** For example, contextualization of job-related vocabulary of Unit 1 models use of the subjunctive for recognition only, while presenting new vocabulary:

> Empresa multinacional busca licenciado que **esté** dispuesto a...
> > tomar decisiones
> > correr riesgos
> > etc.

**4.** *Práctica.* Presentation of new vocabulary is followed by activities to guide students in its assimilation and appropriate use in written and spoken self-expression. Activities are designed to promote use of effective learning and memory strategies through techniques of association, categorization, personalization, imaging, transfer to new contexts, etc., and follow a communicative progression that gradually releases control to students. This section focuses purely on vocabulary development.

## Contextos y estructuras

1. *Punto de embarque.* This second "Punto de embarque" expands the business theme culturally while conveying receptively the grammatical focus of the chapter. Again, students are guided to access the content and meaning of authentic articles through a process of pre- and post-reading strategies.

2. *Planilla.* This sections presents and models the unit grammar applied to business use. Selection of grammar focus in *Saldo a favor* has been based on a) intermediate student need; b) frequency of use in business communication and correspondence; c) affinity with unit business theme; and d) use in correspondence related to the business area. The following grammar scope demonstrates the relationship of grammatical areas to unit themes.

Unit 1 (*Employment, job ads, job interviews*): Present subjunctive
Unit 2 (*Changes in business structure,* social organization): Past time narration
Unit 3 (Economy, finance, economic growth): Uses of present participle
Unit 4 (Marketing and advertising): Passive voice with "se" and Formal/familiar commands
Unit 5 (Import/export; industry and environment): Imperfect subjunctive and conditional tenses)

Grammar sections open with citations of lines from the readings in the *Punto de embarque* sections to remind students of how they have seen these structures used naturally in articles and documents they have studied. Although each unit has a particular grammatical focus, aspects of grammar presented in one unit are re-entered and re-combined in subsequent units to foster stable, continuous use.

3. **Práctica.** Presentation and modeling of grammar is followed by activities to guide students in its assimilation and appropriate use in written and spoken expression. Activities are designed to promote use of effective learning and communication strategies and follow a progression that gradually releases control to students.

## Panoramas y redacción

1. *Papeleo cotidiano.* This section focuses on documents and correspondence and guides students in the use of culturally appropriate conventions and language protocols to develop their writing skills in areas related to the broad business theme of each unit.

Unit 1 (Employment): Carta de solicitud, Currículum

Unit 2 (Company structure and social organization): Carta de presentación, carta de agradecimiento, carta de aceptación/rehuso de invitación

Unit 3 (Banking/finance): Correspondencia bancaria, la carta y la buena voluntad

Unit 4 (Marketing/advertising): Técnicas publicitarias

Unit 5 (Import/export): Carta de pedido, carta de reclamo

Throughout these sections, focus is on such things as the tone of correspondence, the appropriate use of courtesy expressions, and the relationship between Hispanic cultures and their written products.

**2. *Hoy en día.*** This section uses fragments of authentic documents to examine the region under focus in terms of national issues of economy, demographics, etc. *Saldo a favor* reflects the belief that understanding of Hispanic business culture is enhanced through awareness of each nation's distinct circumstances and perspectives. Activities in this section guide students to interpret graphs and statistics and to hypothesize and form conclusions regarding verbal data.

**3. *Atando cabos.*** As its name indicates, this final section of each unit presents a series of integrative activities for pulling together the knowledge and skills gained through study of the unit. Both individual and group activities are included; e.g., students may be asked to organize a presentation; participate in a project, a debate, or a role-play; simulate a situation; compose an ad, an essay, a letter, or a poem; etc. These activities are for instructor/student selection; it is not necessary that all activities be used or conducted in class.

**4. *Archivo personal.*** Lists the unit vocabulary for student review.

**5. *Así es/Así se hace/Así se dice.*** In addition to the established unit sections, each unit contains a number "floaters"—boxed notes labeled "Así se hace," or "Así es," or "Así se dice." These notes, usually accompanied by a student activity, commonly appear at the beginning or end of a section to present additional cultural or business-related information or to clarify, explain, or expand on notions previously presented.

In *Saldo a favor* every effort has been made to guide students in the process of learning and to connect, apply, and integrate knowledge through continuous reinforcement.

# Components of the Saldo a favor Program

**Workbook and Lab Manual.** The accompanying workbook complements and reinforces the text to allow students additional opportunities for practice. Sections are keyed to the text structure and theme. A final section expands learning through guided research projects using both bibliographic and **internet** sources. A progression of activities in each section provides both *mechanical* (completion, categorization, matching, translation) and *open-ended communicative* types of practice. Whenever possible, ***authentic texts*** (articles, documents) and realia form the base of activities; e.g. even vocabulary/grammar fill-in-the-blanks exercises most frequently are developed from an authentic article or document so that all practice is richly contextualized. Workbook assignments should be selected on the basis of student need. While it will probably not be necessary to assign every workbook activity, the authors have tried to provide a good variety from which to **select**.

**Archivo personal...** corresponds to the section of the text and provides structured vocabulary practice. This practice begins at the **word** level (through activities that ask students to use strategies of categorization, association, synonyms/antonyms, etc.) then progresses gradually to more communicative use of vocabulary in sentence and paragraph writing.

**Planilla...** corresponds to the Contextos y estructuras of the text unit and focuses on assimilation of grammar aspects. Again, activities progress from more controlled completion activities (usually using authentic texts) to those of a more open-ended nature that require self-expression.

**Panoramas y redacción: Redacción...** corresponds to the *Papeleo cotidiano* section of the Panoramas y redacción of the text. Here, students work with authentic documents and are guided through tasks such as drafting or translating correspondence, developing surveys or advertising, etc.

**Investigación y análisis...** guides students to expand their knowledge through research. An authentic reading is first presented and unraveled through activities; then, students are directed to follow up on the content of the reading through research and to develop either a written or oral report. Recognizing that not all institutions are equal in terms of the type of resources available to students, this section contains two *"enfoques"* or research options. *Enfoque 1* typically is less complex in terms of topic and requires the least in terms of bibliographic resources. *Enfoque 2* typically delves more deeply into the circumstances of a region or nation and therefore may require more in terms of available resources. In each unit, it is expected that the instructor or students will choose *one*, not both, of these *enfoques* for research. The *red electrónica* section at the end guides students to search Hispanic periodicals for articles on related topics through the *World Wide Web.*

**Para escuchar...** is the final section of the workbook; however, its placement at the end does not imply either its rank in learning or its sequence in instruction. This section (and its parts) may be assigned at *any* point in the unit. It includes *two* taped segments, the first one shorter and less complex than the second. Each taped segment is accompanied by pre-listening, comprehension, and post-listening, follow-up activities.

# Acknowledgments

Many students, colleagues, and editorial staff members helped us envision and create the *Saldo a favor* program. We are above all indebted to our developmental editor and friend, Kristin Swanson, for her contribution to the program's conceptualization and her tireless efforts throughout its development. We are grateful to Carlos Davis and Lyn McLean for their direction and constant support and to Jennifer Williams, Melanie Henick, Dawn Stanley, Hilary Newman, Andrea Bryant, Jeanine Furino, and so many other members of the Wiley staff for their patience and meticulous attention to detail in the production of *Saldo a favor*.

We express our sincere appreciation also to Carl Spector for his efficiency in the task of obtaining permissions and to John "Mac" Williams, our student, whose perseverance over the phone aided us immensely in this process.

Numerous students and faculty in the *Español comercial* and *Español para las ciencias* courses at the University of Delaware and in the 1992 and 1993 intensive business programs at Georgia Tech also played an important role in the conceptualization of this book. Recognition is due to them, particularly to Professors Otilia Hoidal, Vic Martuza and Peter Parsonson, and to our students G. Paul Chapman II, Sarah Dennis, Kim Fleck, Amy Latimer, Cindy Muir and Timothy Thomas.

Very special thanks go to María Teresa Garretón, coauthor of the *Saldo a favor* workbook, for her diligence and creativity and for being at all times such a pleasure to work with.

We acknowledge with sincere appreciation our reviewers, whose consistently positive and supportive reviews encouraged our efforts and whose insightful and practical critique contributed greatly to the realization of *Saldo a favor*.

*Vicki Galloway    Angela Labarca    Elmer Rodríguez*

## Reviewers:

Michael Fast, *University of Massachusetts, Amherst*
Sara Gay, *Maryhurst College*
Raquel Halty, *Simmons College*
Paula Heusinkveld, *Clemson University*
Otilia Hoidal, *University of Delaware*
Laurie Huffman, *Los Medanos College*
Joni Hurley, *Clemson University*
María Redmon, *University of Central Florida*
Judith Rusciolelli, *Middle Tennessee State University*
Carmen Vega Carney, *American Graduate School of
    International Managment, Thunderbird Campus*
Javier Villareal, *Texas A&M, Corpus Christi*

# Índice

# Unidad Dos

## La sociedad hispana y la empresa　　　48

# Unidad Tres

## La economía y las finanzas　　　92

## *Unidad Cuatro*
## El mercadeo y la publicidad en el mundo hispano     *134*

## *Unidad Cinco*
## Importaciones y exportaciones: el comercio mundial

**180**

# MAPAMUNDI

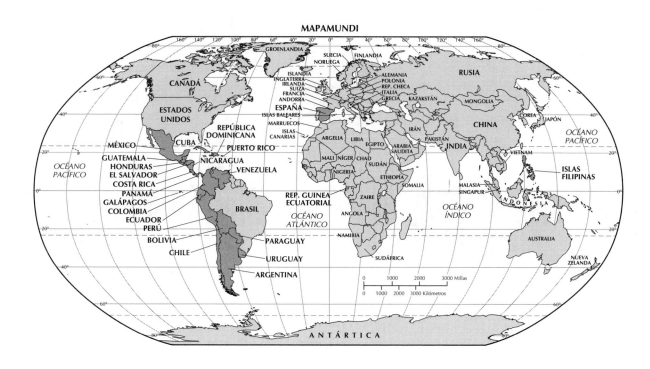

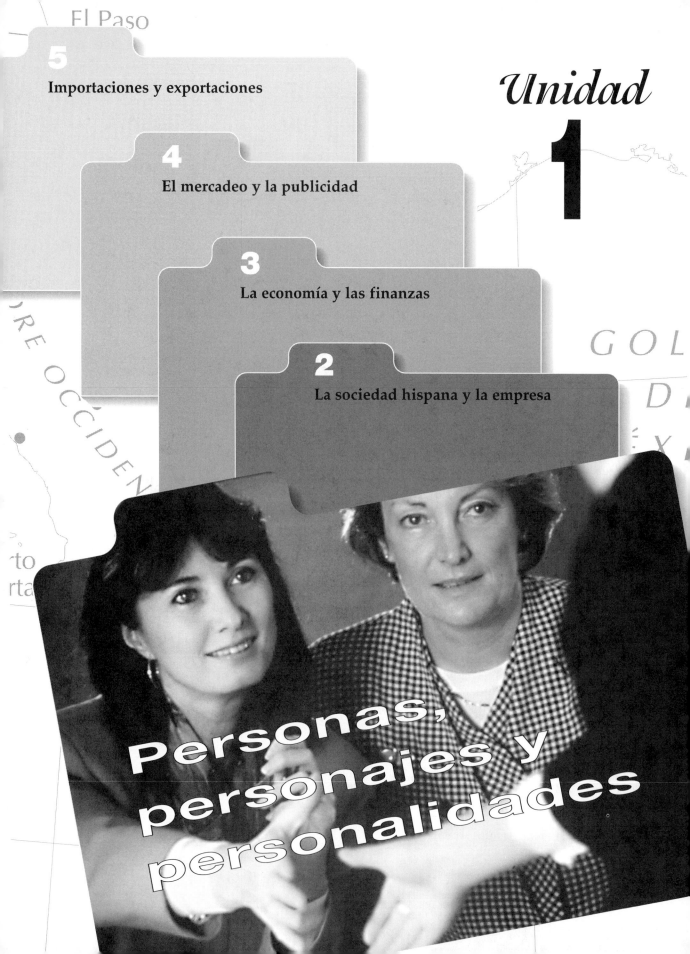

*Unidad*

**1**

Personas, personajes y personalidades

## Metas

**En este capítulo quisiera aprender a...**

▓ conocer mejor México;

▓ saludar a la gente usando los títulos apropiados;

▓ entender descripciones de personas y trabajos;

▓ describirme para un puesto profesional;

▓ describir lo que busco o necesito usando el presente del subjuntivo;

▓ redactar algunos documentos relacionados con una solicitud de empleo;

▓ hacer una llamada telefónica;

▓ usar algunas expresiones numéricas y de comparación.

# Contactos y vocabulario

## ▦ Trasfondo cultural *(Temas de la cultura hispana)*

### A. Piense un momento

Si usted hace negocios con hispanos, va a conocer a mucha gente importante para su firma. Por lo general, cada persona le va a pasar una tarjeta con sus datos personales. Mire estas tarjetas de gente mexicana y diga cuáles de los siguientes tipos de información puede encontrar en ellas. Dé ejemplos.

| | |
|---|---|
| la dirección de la compañía | la profesión de la persona |
| el nombre de la compañía | los números de teléfono |
| la dirección de la casa o compañía | la ocupación de la persona |
| el nombre completo de la persona | las funciones de la persona |
| el número del facsímil (*fax*) | la dirección electrónica |

### B. Mire las abreviaturas

En las direcciones, siempre se usan muchas abreviaturas. Aparee las siguientes abreviaturas con sus definiciones.

| | |
|---|---|
| S.A. | Colonia |
| Av. o Avda. | Ingeniero |
| Col. | Santa |
| D.F. | Código Postal |
| Esq. | Sociedad Anónima (*Inc.*) |
| C.P. | Avenida |
| Ing. | esquina de |
| Sta. | Distrito Federal |

### C. Mire los títulos

En el mundo de los negocios, es absolutamente necesario saber **y usar** el título de una persona correctamente. Aparee las siguientes abreviaturas con sus definiciones.

| | |
|---|---|
| Sr., Sra., Srta. | es **profesor(a)**. |
| Lcdo., Ldo., Lcda., Lda., Lic. | es **ingeniero(a)**. |
| Abdo., Abda. | tiene título universitario de **Magister**. |
| Ing$^{\underline{o}}$., Ing$^{\underline{a}}$. | significa **don** o **doña**. |
| Arqto., Arqta. | tiene un título universitario, es **Licenciado(a)**. |

Ing. Com.     es **señor**, **señora**, **señorita**.
Gte. (Gral.)  es **abogado(a)** .
Dr., Dra.     es **ingeniero(a) comercial**.
Prof., Profa. es el (la) **gerente (general)**  o **jefe**.
Mag.          es de profesión **arquitecto(a)** .
Dn., Dña.     es **médico(a)**  o tiene un **doctorado**.

---

**Lic. Humberto Lira Velázquez**
Gte. Gral.

Impulsora Industrial de Ingeniería, S.A.

✿

Av. Hidalgo N°95                    tel. 521–23–78
Col. del Carmen Coyoacán, D.F.      fax 521–52–57

---

Lic. Maricarmen Balcárcel Ruiz
Gte. RR. PP.
Ceras Johnson, S.A.
Oriente 233, N°181–A

**Col. Agrícola Oriental
C.P. 08500, México, D.F.**

**Tels.: 207 12 31          Fax: 207 11 28**
**207 46 98**

---

**Santos Cruz Esteves**
Propietario

Casa de Artesanía
Hamburgo N°87, Esq. Génova
Col. Juárez, Zona Rosa
C.P. 06600, México, D.F.

Tels. 207–8850
      207–8503          Fax 207–8055

---

⌒

**Lic. Mª de los Angeles Favela de Aguilar**

Corredora de Propiedades
Sede Bienes Raíces S.A.

Manuel Carpio N°105
Col. Sta. María la Ribera     Tel.: 5 80 02 72
C.P. 08500, México D.F.       Fax: 5 80 06 68

---

**Dr. Gonzalo Escandón Figueroa**
**Abdo. y Contador-Auditor**

N. Ing. Javier Valencia 522-A
Apartado Postal 18-856          Tel.:525 03 43
11560 Col. Polanco, D.F.        Fax:514 02 62

---

Miguel Angel Barrera
Arqto. U. de Guadalajara

Sinaloa 1050
Col. Rodríguez
Reynosa                   Tfno. (89) 22 15 10
10181 Tamaulipas          Fac. (89) 24 65 60

---

Hispanic *apellidos* include first the paternal last name, then the maternal last name. Common abbreviations in names include *Mª* for *María*, as in *José Mª*, *Mª Cecilia*; *Fco.*, *Fdo.*, *Rto.*, and *Ant.*, for *Francisco, Fernando, Roberto, Antonio*.

---

## ⊞ Así es

### Las presentaciones

Los títulos también se usan cuando le presentan a alguien. Al conocer a otra persona, usted debe darle la mano y usar el pronombre **usted** y las formas verbales correspondientes: **su** (en vez de **tu**) y **le** (en vez de **te**) etc. Con su compañero(a), prepárense para «conocer» a otros dos compañeros, darles la mano y presentarse correctamente. Preséntense con los títulos que corresponden a sus futuras carreras. Use el siguiente aviso de la Universidad Tecnológica de México para buscar el nombre de su carrera o pregúntele a su profesor(a).

Titles *Don* and *Doña* are generally used before **first names**: *Don Miguel*, *Doña Victoria*. The opposite is true of *Sr./Sra.* , but one should be ready for variations such as *Don Pérez* or *Sr. Arturo*. Similarly, while some dialects favor *Doña Josefina*, others will prefer *Sra. Josefina*. A flexible attitude is necessary to be able to hear the variations.

A business administrator may be called *administrador de empresas, ingeniero(a) comercial, gerente* (if you head a firm or a section in it), *experto en negocios / en mercadeo / en manejo de personal*, etc.

— Le presento al (a la) señor(a) / señorita... / gerente...
        abogado(a)
        doctor(a)
        ingeniero(a)
        don / doña...

— ¡Mucho gusto! Encantado de conocerlo(la). Soy el (la) licenciado(a)...de la compañía...

## 🖾. Conozca mejor México, D. F.

Muchas de las calles de la gran ciudad de México llevan los nombres de personajes famosos de la historia y las artes mexicanas. Con otro(a) compañero(a), trate de identificar tres de estos personajes.

| | |
|---|---|
| Fr. Miguel Hidalgo | Diego Rivera |
| Abdo. Benito Juárez | Fco. I. Madero |
| Emiliano Zapata | Moctezuma |
| Cuauhtémoc | Rufino Tamayo |

## ⊞ Así se hace

### El D. F. (el de, efe)

México es una de las ciudades más grandes del mundo, no sólo en sus construcciones y restos arqueológicos, sino en el simbolismo de su ubicación, de su gente y de sus monumentales proporciones. Lleva una hora volar sobre ella y su extensión y variedad abruman[1] a cualquier visitante. Está dividida en **colonias** o sectores y sus calles tienen nombres temáticamente agrupados. Por ejemplo, en la céntrica Zona Rosa, muchas calles tienen nombres de distintas ciudades del mundo: Hamburgo, Génova, Amberes, Niza, Londres, Estocolmo, Tokio. Como en otras partes del país, el peso de la historia es enorme, pero México además simboliza la unión del presente, el pasado y el futuro en su gente y en algunos lugares como el Zócalo o Plaza de la Constitución, donde también están el Templo Mayor de la antigua capital azteca, Tenochtitlán, y la enorme catedral católica. Las artes contemporáneas encuentran también magnífica expresión en México, donde se pueden admirar las más estupendas concepciones urbanísticas y algunos de los más bellos diseños de la arquitectura contemporánea, sin comparación a otras ciudades del mundo. Algo que vale la pena recordar es esta inscripción que se encuentra en la Plaza de las Tres Culturas de Tlatelolco:

*El 13 de agosto de 1521,*
*heroicamente defendido por Cuauhtémoc,*
*cayó Tlatelolco en poder[2] de Hernán Cortés.*
*No fue triunfo ni derrota[3].*
*Fue el doloroso nacimiento del pueblo mestizo*
*que es el México de hoy.*

Como usted puede ver, el México de hoy nació del encuentro de dos culturas.

[1]*overwhelm;* [2]*power, control;* [3]*defeat*

*La cultura del México moderno viene del encuentro de la azteca y la española y la ilustración más vívida se encuentra en la Plaza de las Tres Culturas: un templo azteca, una iglesia colonial y un edifício moderno.*

## $\mathcal{E}$. ¿Se da cuenta?

Dé el tema que une a cada uno de estos grupos de calles de la Ciudad de México.

1. Av. Rep. de Argentina, Rep. de Chile, Rep. de Nicaragua, Rep. de Venezuela, Rep. del Perú
2. 5 de Febrero, 20 de Noviembre, 5 de Mayo, 2 de Abril, 16 de Septiembre
3. Eufrates, Tigris, Danubio, Tíber, Nilo, Guadalquivir, Duero
4. Av. de la Reforma, Av. de la Paz, Revolución, Insurgentes, Héroes, Independencia, Tres Guerras
5. Guadalajara, Mérida, Veracruz, Oaxaca, Puebla, Monterrey, Durango
6. Salamanca, Córdoba, Valladolid, Madrid, Sevilla
7. Quetzalcóatl, Nopatizin, Axayacatl, Itzcóatl, Nezahualpilli
8. Blv. Cervantes Saavedra, Lope de Vega, Rubén Darío, Juana de Ibarbourou, García Lorca, Calzada José Vasconcelos

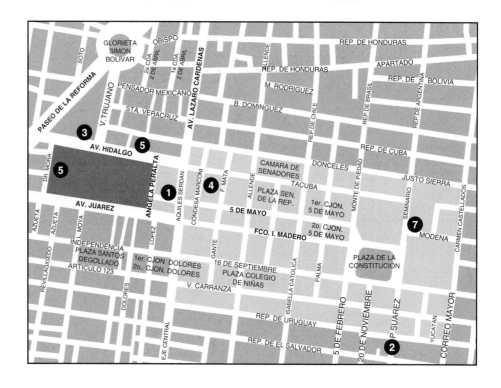

# ≡ Punto de embarque *(Introducción y lectura)*

## 𝒜. Piense un momento

En un anuncio de trabajo se incluyen descripciones no sólo del puesto vacante sino también del empleado que se busca. ¿Qué tipo de información espera encontrar en un aviso de trabajo? Elija de la siguiente lista y agregue más categorías, si quiere.

nombre de la empresa o compañía

títulos académicos deseados

experiencia de trabajo

descripción de la empresa

rasgos personales del aspirante

salario o sueldo bruto ofrecido

descripción del puesto o trabajo

características físicas del aspirante

documentación necesaria

ofrecen la oportunidad de formarse

intereses y habilidades

saber un idioma

sexo

ascenso o promoción

edad

horario laboral

dirección de la empresa

teléfono de la empresa

beneficios ofrecidos

ofrecen la oportunidad de estudiar

> Guess at words you do not know through cognates and context; for example, *salario* (a cognate) occurs in same context as *sueldo*. *Puesto* occurs in same context as *trabajo*.

## ℬ. Organice la información

Ahora, con otro(a) compañero(a), lea los siguientes avisos del diario mexicano *Excelsior* y busque palabras que correspondan a cinco de las categorías de información que se encuentran en la Actividad A. En una hoja de papel, copien de los avisos todas las palabras o frases que puedan encontrar de cada una de las cinco categorías que escogieron.

*Por ejemplo:* rasgos personales
«*fuerte dinamismo*»

---

**EMPRESA MULTINACIONAL LIDER**
ofrece puesto de
**JEFE DE RECURSOS HUMANOS (Rf. RH)**

Se encargará de las siguientes funciones: Selección de personal, relaciones con el comité de empresa, retribuciones, entrenamiento, desarrollo y mantenimiento de un clima laboral óptimo, comunicación entre los empleados, etc.

Pensamos en una persona joven de alrededor de 27–30 años, de estado civil casado, con fuerte dinamismo, muchas ganas de trabajar, buen nivel cultural, que tenga experiencia demostrable de al menos dos años en este puesto. Es indispensable que posea un alto nivel de inglés.

Ofrecemos contrato indefinido, sueldo a convenir, desarrollo profesional y una serie de beneficios sociales muy interesantes.

**ENTREVISTAS**
**Lunes y miércoles de 9.30 a 12md y de 14.00 a 16.30 hrs.**

Personas interesadas favor de presentarse (o mandar currículum manuscrito de máximo 2 hojas, adjuntando fotografía reciente) en: Arquímedes Nº15, Bosque de Chapultepec, con atención a la Ingª. Celia Guzmán.

---

## ℰ. Lea otra vez

Para comprender mejor, busque los sinónimos de las siguientes palabras y frases en los anuncios.

---

**ENTIDAD FINANCIERA DE PRIMER ORDEN**
precisa
**UNIVERSITARIOS**

SE REQUIERE:
- Recién Licenciados o estudiantes de últimos cursos.
- Sexo masculino.
- Edad de 22 a 30 años.
- Experiencia de 5 a 10 años.
- Disponibilidad para viajar o cambiar de residencia.
- Facilidad de trato y capacidad de relación.
- Buena presencia / Dinamismo /Afán de superación.
- Disposición para el trabajo en equipo.

SE VALORARÁ:
- Dominio del inglés hablado y escrito y conocimientos de alemán y/o francés.

SE OFRECE:
- Excelente ambiente de trabajo.
- Oportunidad de traslados nacionales e internacionales.
- Amplias posibilidades de desarrollo y ascenso.
- Formación retribuida a cargo de la Empresa.
- Autonomía y flexibilidad.
- Sueldo fijo + incentivos.

**Interesados,** presentarse con currículum y fotografía en Vía Morelos Nº414, Col. Santa Clara, Ecatepec, Edo. de México, con el Lic. Alfredo Caballero, tels: 755 87 77, 569 38 33.

---

*Por ejemplo:* ambiente
*clima*

1. necesita
2. compañía, firma
3. título universitario
4. promoción
5. retribución, pago
6. trabajar con otros
7. tendrá que
8. crecimiento personal
9. educación o capacitación
10. reunión
11. deseos de ser mejor
12. bien vestido

## 𝒟. Conozca mejor la cultura hispana

Posiblemente usted ha notado que estos avisos incluyen información y requisitos que no se ponen en los avisos de los Estados Unidos. Dé al menos tres ejemplos. ¿Cómo se pueden explicar estas diferencias culturales?

## ℰ. Y usted, ¿qué piensa?

Según su opinión, ¿qué rasgos, características o atributos se valoran en el empleado ideal? Haga su propia lista.

*Por ejemplo:* Se valora(n)... *el dinamismo...y...*

## ℱ. A ver qué dice el artículo

Ahora, usted va a leer una descripción o perfil del joven **empresario** (*manager, executive*). Mientras lee, haga listas de las cualidades que se mencionan y las actividades que se valoran.

*Por ejemplo:* **Cualidades**          **Acciones**
                *la creatividad*        *correr riesgos*
                *la iniciativa*

Whereas U.S. focus is more on qualifications, Hispanic focus is much more directly on the person or individual. Handwriting, for example, reveals much more about a person than a typewritten resumé (many U.S. companies are also beginning to conduct handwriting analysis as well as psychological testing in hiring of employees). Try to **expect** differences rather than to be surprised by them, to question **assumptions**, and to **withhold judgments** based on your own culture's customs, laws or framework. For example, the U.S. Equal Employment Opportunity laws (which arose to respond to the U.S. situation) cannot be assumed to exist **outside** the U.S.

### Para leer mejor

In this article, you will probably encounter words and expressions that are unfamiliar to you. Instead of using a dictionary, try to **guess** whenever possible, using the following clues:

1. **Context:** Can you guess what the word might mean by looking at the context in which it is used? It is not necessary to be exact at this stage.

    *Por ejemplo: ...Aprovecha las oportunidades...* [Think: what does one do with opportunities?]
    *...el fracaso y los errores...* [In the context of *errores*, what might *fracaso* mean?]

2. **Cognates:** Does the word look like an English word you know?

    *Por ejemplo: creatividad; iniciativa; talento; actitud; tenaz (tenacious)*

3. **Derivatives:** Does the word look like another Spanish word you know?

    *Por ejemplo: cuestionamiento, conocimiento, la mejora*

# En busca del empresario universitario

El empresario del **Programa Emprendedores UNAM** (Universidad Autónoma de México) tiene que ser una persona que tenga iniciativa y talento para la creación y promoción de ideas y acciones productivas. Esto implica correr riesgos[1] y crear estructuras, pero, más importante todavía
5 es que la persona tenga un sueño y esté dispuesta a hacerlo realidad **con** las circunstancias, **sin** las circunstancias o **a pesar de** ellas.

El empresario es alguien que no se conforma, es un líder, define sus metas[2] y sus objetivos y mantiene todo el tiempo una actitud intelectual abierta y positiva. Busca el cambio de un bien por un bien mejor. Ante la
10 vida, tiene la siguiente actitud.

- Siente una necesidad incesante de aprender de todo lo que le rodea[3] y de cualquier situación, a través del cuestionamiento y la superación constante. Aprovecha la oportunidad que se le brinda, mejorando su persona, ampliando su conocimiento y reconociendo que el futuro de la
15 nación está en sus manos.
- Es auténtico y se conoce bien; posee confianza en sí mismo para terminar lo que se propone; se siente seguro y se valora por lo que sea y no por lo que tenga.
- Es tenaz y no se da por vencido; lucha por sus ideales. Comprende que
20 el fracaso y los errores son parte de la lucha, por lo que aprende de ellos. Es responsable: si comete un error lo acepta y no busca razones para decir que no puede hacer las cosas.
- No espera a que le digan lo que tiene que hacer para hacerlo, sino que utiliza toda su imaginación y su inteligencia para crear a partir de lo que
25 sabe y quiere. Es necesario que tenga iniciativas propias.
- Demuestra pasión por los retos.[4] No se inmoviliza ante el miedo, sino que lo domina con valor. Sabe que posee el talento y el coraje para tomar decisiones y asumir riesgos.
- Se autocontrola dominando su carácter; no es ni impulsivo ni
30 inconsciente en los momentos difíciles. Hace falta que se gobierne a sí mismo y se automotive cuando es necesario.
- Es un ser sociable, porque se relaciona sinceramente con las personas. Es preciso que sea una persona que respete y confíe en la gente, que sepa escuchar y valorar la importancia del trabajo en equipo.
35 - Mantiene siempre viva esa energía interior que es el entusiasmo. Se apasiona por todo lo que hace y aprende; vive intensamente cada momento de su vida y siempre da el máximo de su esfuerzo.
- Actúa con madurez y posee altas convicciones y valores éticos como la honestidad, la integridad, la disciplina, la justicia, etc.
40 - Está consciente de que el trabajo es el medio para hacer realidad lo que quiere, por lo que lo disfruta y desempeña[5] con gusto, porque éste le permite crecer como ser humano. Es posible que se canse, pero persevera.
- Hace de la calidad una forma de vida, busca la mejora continua en
45 todos sus ámbitos[6]; hace de ella su filosofía y la transmite con su ejemplo.

*[1]risks; [2]goals; [3]surrounds; [4]challenges; [5]enjoys and carries out; [6]fields*

## 𝒢. Analice otro poco

Según este artículo, ¿cuáles de los siguientes rasgos se consideran importantes? De cada par de características, elija la que más se valora. Luego, dé una frase del artículo que confirme lo que usted eligió.

*Por ejemplo:* ¿entusiasta o dejado *(listless)*?

entusiasta: *"Se apasiona por todo lo que hace y aprende, vive intensamente..."*

1. ¿conformista o arriesgado?
2. ¿idealista o materialista?
3. ¿seguro de sí mismo o inseguro?
4. ¿honrado o falso?
5. ¿adaptable o inflexible?
6. ¿tímido o aventurero?
7. ¿sociable o introvertido?
8. ¿trabajador o perezoso?

## ℋ. Es decir...

Aparee los términos con sus definiciones o aclaraciones.

*Por ejemplo:* lo que le rodea

Es decir, *su ambiente*

| | |
|---|---|
| 1. lo que no sale bien | la meta |
| 2. el progreso, el avance | un reto |
| 3. lo que es difícil de hacer o solucionar | un sueño |
| 4. los que trabajan juntos y colaboran | un riesgo |
| 5. lo que sirve de objetivo | la superación |
| 6. la transformación | un fracaso |
| 7. un ideal | un equipo |
| 8. lo que es peligroso o incierto | el cambio |

## 𝒥. Escriba

De la siguiente lista de características, elija las dos más importantes para usted. Redacte un párrafo breve, explicando qué quiere decir cada característica y por qué la considera importante. Incluya ejemplos o anécdotas, si quiere.

1. Aprende de todo lo que le rodea y de cualquier situación.
2. Se siente seguro, se conoce y se valora a sí mismo.
3. Se autocontrola y se automotiva.
4. Comprende que se puede aprender del fracaso y de los errores.
5. Aprovecha las oportunidades que se le brindan.
6. Tiene pasión por los retos.
7. Hace de la calidad una forma de vida.
8. Mantiene siempre vivo el entusiasmo, se apasiona por todo lo que hace.

# ❖ Inventario *(Vocabulario)*

## ❖ Quisiera conseguir...

un buen puesto.  
un aumento de sueldo.

un mejor ambiente.  
mejor trato.

## ❖ Veamos las ofertas de empleo...

---

### EMPRESA MULTINACIONAL PRECISA/BUSCA...

empleado(a).../licenciado(a).../ingeniero(a) comercial.../gerente de...

**que quiera...**
servir de líder.
superarse.
aprovechar la oportunidad de viajar.

**que tenga...**

afán de superación.  
don de mando.  
facilidad de palabra.  
sus metas bien claras.  
dominio de otros idiomas.

confianza en sí mismo(a).  
pasión por los retos.  
título universitario...  
(licenciatura/maestría/doctorado).  
cursos de post-grado.  
amplios conocimientos de...  
administración de empresas.  
   contabilidad.  
manejo de computadoras/datos/personal.

**que esté dispuesto(a) a...**

tomar decisiones difíciles.  
desarrollar un nuevo producto.  
esforzarse para lograr sus metas.

luchar por sus ideales.  
correr riesgos.  
mudarse a otra plaza.

**que sepa...**

inspirar confianza.  
   interés.

proyectar una imagen de seriedad/  
   honestidad/lealtad/dinamismo.

**que pueda...**

trabajar en equipo.  
adaptarse a los cambios.

desempeñar el cargo de gerente.  
encargarse de la sección de producción.

**que sea...**     **y que no sea...**

| | | |
|---|---|---|
| capaz. | de confianza. | conformista. |
| serio(a). | imaginativo(a). | testarudo. |
| cortés. | honrado(a). | de mal genio. |
| ordenado(a). | tenaz. | perezoso(a) |
| emprendedor(a). | seguro de | /flojo(a)/vago(a). |
| | sí mismo(a). | desorganizado(a). |

**Se ofrece...**
capacitación en el extranjero.  
formación a cargo de la empresa.

sueldo a convenir.  
posibilidades de ascenso.

**Los postulantes deben...**

dirigirse por escrito a...  
enviar el currículum a...

llenar una solicitud de empleo.  
concertar (ie) una entrevista con...

---

# Práctica (Vocabulario)

## A. Dé su máximo esfuerzo

Dé palabras y expresiones asociadas a las siguientes.

*Por ejemplo:* afrontar peligros
*correr riesgos, reto, emprendedor(a)*

| | | |
|---|---|---|
| sacar un título | oportunidades | decisiones |
| no conformista | perezoso(a) | cooperar |
| superarse | dinamismo | |
| ser jefe | conocimientos | |

## B. En un nuevo ambiente

Imagínese que usted ya consiguió el puesto que quería. Escríbales a sus amigos contándoles lo que hace; complete las siguientes frases con palabras y términos del vocabulario.

*Por ejemplo:* tengo que aprovechar... *Tengo que aprovechar las oportunidades de capacitación en el extranjero y las posibilidades de ascenso.*

1. Voy a servir de...
2. Estoy dispuesto(a) a...
3. Tengo que aprovechar...
4. Es importante que luche por...
5. La empresa me ofrece...
6. Lástima que la jefa sea...
7. Es preciso que me adapte a...
8. Aquí no hay nadie que sepa...

## C. Para tener éxito (*to succeed*)

Piense en su propia carrera y en las cualidades y capacidades necesarias para tener éxito en ella. En seguida, complete las siguientes frases.

*Por ejemplo: Para tener éxito en este puesto hay que...*

**Hay que...**

1. tener afán de...
2. sacar un título universitario en...
3. tener dominio de...
4. proyectar una imagen de...
5. ser..., sin ser...
6. aprovechar...
7. desarrollar...
8. encargarse de...
9. esforzarse para...
10. estar dispuesto(a) a...

## D. ¿Cómo sabe?

Con uno(a) de sus compañeros, desarrolle una definición de las siguientes características.

*Por ejemplo:* el dinamismo

*Una persona **dinámica** seguramente es...y posee..., pero no es...*

1. el afán de superación
2. la lealtad
3. ser tenaz
4. ser de confianza
5. el don de mando
6. la facilidad de palabra
7. ser seguro(a) de sí mismo(a)
8. ser emprendedor(a)

## E. Tres virtudes...

Una de las preguntas que siempre se hace en una entrevista es: «Mencione sus tres cualidades más sobresalientes y dé ejemplos para describirlas». Prepare algunas ideas por escrito y después explíqueselas a sus compañeros.

*Por ejemplo: Me considero muy bueno(a) para trabajar en equipo porque tengo buen genio. También sé inspirar...y aprovechar... Por ejemplo, cuando trabajé en un proyecto de...*

## F. Ay, y tres defectos...

Después de la pregunta anterior viene la siguiente: «Mencione sus tres defectos más notorios y dé ejemplos». Como es muy importante dar una buena impresión en la entrevista, el postulante debe tratar de describir sus defectos **de una manera positiva**. Prepare algunas ideas por escrito y después explíqueselas a sus compañeros, dándoles ejemplos que conviertan el "defecto" en virtud.

*Por ejemplo: Mi principal defecto es que soy demasiado perseverante. Por ejemplo, cuando empiezo un proyecto, no puedo dormir hasta que lo haya terminado.*

## G. Rasgos poco deseables

Dé una breve descripción de las siguientes personas. En cada caso, diga por qué no es deseable el rasgo.

*Por ejemplo:* Una persona desorganizada

*Una persona desorganizada pierde el tiempo porque nunca termina nada.*

1. una persona conformista
2. una persona testaruda
3. una persona inflexible
4. una persona floja o vaga
5. una persona de mal genio
6. una persona insegura

## 𝒜. Los anuncios

Mire los anuncios con un(a) compañero(a) y compárelos con los anuncios que se ponen en los periódicos estadounidenses. Agrupe las siguientes características según la cultura.

**Un anuncio de defunción...** / *Un obituary* **estadounidense** / **Los dos**

1. Anuncia(n) dónde es el funeral.
2. Da(n) los nombres de los familiares.
3. Dice(n) dónde trabajaba el fallecido y su profesión o cargo.
4. Da(n) la fecha de la muerte/del deceso.
5. Se dirige(n) a la familia del fallecido.
6. Dice(n) dónde nació y creció la persona.
7. Se dirige(n) a los lectores del periódico en general.
8. Es (Son) publicado(s) por una persona que conoce a un amigo o familiar del fallecido.

These announcements illustrate the strong ties that bind business and personal relationships in Hispanic cultures. The individual or company placing the ad may not know the deceased personally; however, the death of a person who is part of a colleague's extended "circle" of family and friends warrants expression of condolence to the members of this circle.

PRESIDENCIA DE LA
REPUBLICA

### ERNESTO ZEDILLO

PRESIDENTE CONSTITUCIONAL
DE LOS ESTADOS UNIDOS
MEXICANOS

*expresa sus condolencias a las familias Polo-Uscanga por la sensible pérdida del señor licenciado*

## ABRAHAM POLO USCANGA

*Honorable Magistrado del Tribunal Superior de Justicia del Distrito Federal.*

*Los Pinos, 22 de junio de 1995*

EQUIPOS DE ALTA TECNOLOGIA, S.A. DE C.V.
*lamenta la irreparable pérdida de su fundador, el señor don*

### HERNAN BESSERER GARCIA

*padre del licenciado Hernán Besserer Cué, Presidente de dicha institución, y cuyo fallecimiento ocurrió el día 8 del actual*

*México, D.F., 9 de junio de 1995*

# ⊞ Así se hace

## Mi más sentido pésame

En las culturas hispanas, cuando muere (fallece) una persona, se publican múltiples anuncios del fallecimiento (*passing*) en los periódicos. Algunos los publican los familiares y parientes; otros los publican los amigos y conocidos. Sin embargo, estos anuncios o avisos de **defunción** o **fallecimiento** (esquelas, anuncios necrológicos) no son como un *obituary* de los EE.UU.

Maintaining good interpersonal relationships is crucial to success in business and management, since everything works well when one's super-extended circle lends support. One way of tightening links is making yourself present for important family events. The custom of **compadrazgo** supports this network most efficiently.

## ℬ. Para desempeñarse bien...

Puesto que las compañías y las autoridades de gobierno publican anuncios sobre gente que realmente no trabaja ni en la compañía ni directamente con ellos en una institución gubernamental (de gobierno), ¿qué tiene que hacer un gerente general o jefe de sección para desempeñarse bien en su puesto y llevarse bien con sus empleados? Marque las frases que siguen como **ciertas** (C) o **falsas** (F) según su análisis. Explique por qué son falsas las oraciones incorrectas.

*La ventaja de la microempresa es que todo el barrio conoce al dueño de la tintorería, don Roberto.*

Para desempeñarse bien, un(a) presidente/gerente/jefe tiene que...

1. leer el periódico todas las mañanas.
2. reunirse con todos por la mañana.
3. saber los dos apellidos de todos.
4. respetar la privacidad de los empleados.
5. mantenerse en contacto con todos.
6. prestar atención a cuestiones personales.
7. saber cómo está la familia de cada persona.
8. pedirles a los empleados que lo informen de todo.

## *C.* La empresa familiar

Imagínese que sus padres son propietarios de una empresa y que usted, sus hermanos y primos trabajan en esa empresa. Con otro(a) compañero(a), hagan una lista de **tres** ventajas y **tres** inconvenientes de ser empleado(a) de una empresa familiar.

## *D.* A ver qué dice el artículo

En el siguiente artículo, va a leer un análisis de algunos de los problemas de las empresas familiares. Antes de leer, mire el título. ¿Qué es "la caja de Pandora"? ¿Qué simboliza?

### *La caja de Pandora*

En este artículo, vamos a analizar algunos problemas de las empresas familiares.

**1.** Es posible que la razón principal para abrir la famosa caja de problemas y retos sea el **mezclar asuntos de la casa y la familia con la empresa y viceversa.**

5

Hay muchos ejemplos de conflictos, como lo son traer las broncas[1] maritales o entre padres e hijos al negocio; hacer que parientes indeseables ocupen puestos importantes, saltándose[2] a gente capaz; o explotar a ciertos empleados para descargar los problemas personales y

10 familiares del dueño.

No somos ilusos: sabemos que cualquier crisis familiar se refleja en el negocio y que la quiebra[3] de éste también trae una revolución en el seno familiar[4]. Sin embargo, es necesario saber aislar[5] cada problema y tratar de solucionarlo dentro del sistema al que corresponde.

15  En el caso de una empresa, debe usarse el sentido común. Hay que manejarla por objetivos y, sin ser insensible, saber que los parámetros son indudablemente más fríos y concretos. Las decisiones se toman considerando la supervivencia y rentabilidad[6] de la empresa, no de la familia. Mezclar sentimientos con objetivos es suicida y, eventualmente,
20  sufrirán tanto uno como otro sistema.

2. **Es común que los pequeños empresarios no sepan manejar adecuadamente el sistema de contratación[7] de personal.** Hay dueños[8] de industrias que, por hacerles un favor o porque «les caen bien», invitan a sus amigos, vecinos o compadres a trabajar en la
25  compañía, sin tomar en cuenta sus capacidades. Luego vienen los problemas, el favoritismo o la incompetencia que rompen amistades o causan conflictos internos.

3. **Impedir el flujo de ideas.** «¡Aquí sólo estás para obedecer, así que no opines!» es un método claro para frustrar a cualquier ejecutivo, sea éste
30  familiar del empresario o no. Si sólo el autócrata tiene la información y toma todas las decisiones en casa y en la empresa, la rebeldía de sus herederos[9] es previsible. Peor aún[10], los jóvenes pueden protegerse con la apatía y la falta de carácter. Al jubilarse[11] o morir, el autoritario deja problemas no resueltos y herederos sin energía ni iniciativa para nada.

35 4. **Pensar que todos los familiares tienen que saberlo todo.** Al ser «todólogo» (una persona que tuvo que hacerlo todo), el empresario piensa que los familiares que entren al negocio tienen que aprenderlo todo, como él. En las compañías familiares, es común que todos los familiares tengan responsabilidades iguales, que trabajen en lo mismo y,
40  que, si uno falta, otro pueda hacer sus labores. A menor tamaño, más común es esta situación pero, definitivamente, es peligroso continuar haciéndolo cuando la empresa crezca. Hay que coordinar toda la operación; dirigir en vez de hacer; crear organigramas, descripción de puestos y análisis de cargos; y saber poner a cada miembro de la
45  familia donde sea más útil para toda la empresa, según su capacidad y características.

5. **Los asuntos de herencias y legados[12] son,** posiblemente, **la causa principal de las rupturas familiares,** de las grandes crisis de liderazgo y de que se pierda todo por un mal manejo del testamento. Empezamos
50  por el empresario que se cree inmortal. No tiene tiempo que perder haciendo planes y testamentos. Al final de su vida, posiblemente bajo presión y sin gran lucidez, decide hacer un testamento equitativo: todo para todos dividido en partes iguales, sin analizar las circunstancias especiales de cada heredero, sus relaciones entre sí y la influencia de
55  los parientes políticos[13] en su vida. Un buen plan patrimonial hace más fácil todo este proceso. Un testamento al día, bien meditado, justo— pero no necesariamente equitativo—disminuirá tensiones futuras.

[1]peleas; [2]*bypassing;* [3]*bankruptcy;* [4]en casa; [5]separar; [6]*profitability;* [7]*recruitment;* [8]propietarios; [9]*inheritors;* [10]*worse;* [11]*Upon retiring;* [12]*bequests;* [13]*the in-laws*

# *E.* Resuma el mensaje

Con tres o cuatro compañeros, analicen los problemas presentados por el autor. En cada caso, citen ejemplos del artículo y propongan una solución.

*Por ejemplo:* la contratación de personal

> *En cuanto a la contratación de personal, el problema es que los propietarios muchas veces «invitan a sus amigos o compadres a trabajar sin tomar en cuenta sus capacidades». La solución es «describir los puestos y saber poner a cada persona donde sea más útil para la empresa».*

1. mezclar sentimientos con objetivos
2. la división de funciones
3. el autoritarismo
4. el favoritismo
5. un plan para la futura supervivencia y rentabilidad de la empresa

# *F.* Buenos planes

Diga si lo dijo un buen empresario o un empresario que mezcla la familia con el negocio.

1. «Tengo que encontrar un muchacho con título de administrador para que me ayude a organizar nuestro departamento de personal».
2. «Hay que preocuparse de los trabajadores y ayudarlos a capacitarse. De ahí pueden salir los líderes de mañana».
3. «¡Qué contento estoy! Mi vecino se va a hacer cargo de la planta nueva».
4. «Voy a sacar a mi cuñada de la sección ventas y la voy a mandar a EE.UU. a buscar nuevas máquinas para la planta grande. No entiende de máquinas, pero habla inglés muy bien».
5. «Creo que es mejor que mi hija estudie leyes, porque realmente no le gusta trabajar en la fábrica».
6. «Cuando me muera, mi hijo Salomón servirá de líder, porque es el mayor. No importa que tenga mal genio».
7. «Ya no tengo que preocuparme. Lo dividí todo en partes iguales para que no haya conflicto cuando fallezca».
8. «¡Qué insolente es este tipo! ¿Qué se cree? ¡Aquí se hace lo que digo yo y se acabó!»
9. «Cuando me muera, es preferible dejarle la fábrica a mi hija y a mi yerno y que Ricardo reciba una participación del 30% todos los años. Después de todo, Anita y Mauricio son los que realmente conocen el negocio».

# *G.* Cada cual a su manera

¿Qué estilo de administración tienen sus compañeros? Con un(a) compañero(a), desarrollen por lo menos una pregunta para detectar cada uno de los estilos de la lista en la página 21. En seguida, entrevisten a otros dos compañeros para descubrir qué estilo de administración tienen.

# ⊞ Así es

## El Tratado de Libre Comercio (TLC)
## con Canadá y Estados Unidos (NAFTA)

Siguiendo las tendencias universales a desarrollar mercados regionales en vez de nacionales, los países de Norteamérica finalmente se unieron para abrir el comercio a través de sus fronteras a partir del 1° de enero de 1994. Este pacto fue difícil de negociar y de aprobar, por supuesto, pero fue el gran esfuerzo desarrollado desde 1991 por el Presidente Carlos Salinas de Gortari de México el que finalmente llevó a la firma del tratado. Por supuesto, el Presidente William Clinton también pensó que el pacto era ya necesario y trabajó arduamente[1] para conseguir la aprobación del Congreso estadounidense. Por último, el Primer Ministro canadiense, Sr. Brian Mulroney, fue un gran defensor y propulsor del acuerdo también. Como hacía años que Europa ya se había unido en el Mercado Común Europeo, en el extranjero todos esperaban que Norteamérica se uniera por fin también. Pero no fue fácil.

El tratado estableció una zona de libre comercio entre Canadá, Estados Unidos y México. Esto quiere decir que los tres países se comprometieron a...

- eliminar las barreras arancelarias[2]
- aumentar las oportunidades de inversión[3] para compañías de los tres países
- simplificar los procedimientos bancarios y aduaneros[4]
- proteger la propiedad intelectual y
- respetar los acuerdos establecidos en el Acuerdo General sobre Aranceles y Comercio (AGAC o *GATT*).

Antes del tratado, por ejemplo, algunos productos debían pagar aranceles de 15, 25 y hasta 38% para poder ser vendidos en los Estados Unidos, lo que hacía muy difícil la ampliación de los mercados para las industrias de Canadá y de México, que querían participar en el mercado estadounidense. Igualmente, algunos artículos debían pagar entre 50 y 60% de arancel para ser importados a México (en algunos casos de automóviles de lujo, el arancel podía llegar hasta el 100%). Ésta era una tendencia antigua que servía para proteger las industrias nacionales. La economía es diferente ahora, sin embargo, y la liberalización de los sistemas bancarios y el aumento del libre comercio es una de las principales armas del desarrollo económico.

En un futuro cercano, se espera la incorporación de Chile a la zona de libre comercio del TLC. Chile es un magnífico candidato porque la economía se ha desarrollado notablemente en los últimos 15 años con una gran diversificación de las exportaciones, un aumento de las inversiones en otros países y una reforma completa del sistema bancario (que va más allá de lo que actualmente tienen los países del TLC). Además, como Chile está en Sudamérica, esto puede ayudar a que el TLC se extienda por todo el continente americano en el futuro.

[1]intensamente; [2]impuestos de importación; [3]*investment*; [4]*customs*

*Por ejemplo:* ¿Todólogo o especializado?

¿Prefieres trabajar solo o en equipo?

**El (La) compañero(a) es de tipo...**

1. ¿todólogo o especializado?
2. ¿líder o seguidor?
3. ¿autocrático o participativo?
4. ¿inmortal o planificador?
5. ¿intuitivo o cerebral?
6. ¿innovador o tradicional?

## Planilla *(Repaso de gramática)*

# Cuándo se usa el tiempo presente de subjuntivo

Throughout the articles and ads in this chapter you have seen descriptions not only of the kind of employees firms are seeking, but of the kind of leadership skills needed to run a successful business. Notice that, in many cases, the **present subjunctive** forms have been used to describe the traits of this "ideal" person.

*Por ejemplo:* Es preciso... que **sepa** escuchar y valorar la importancia del trabajo en equipo.
que **sepa** inspirar confianza.
que **tenga** iniciativa y talento.

In this context, the present subjunctive is needed because the author is **not describing a specific person** whose identity is known, but rather giving **specifications for a person** whose identity is unknown or irrelevant for now. Here is a review of some uses of the present subjunctive.

1. **To give generalized specifications for people, things, ideas and places.**

   You will use the subjunctive in any clause that describes a person, thing, idea or place as a **prototype**. The description is done in very general terms and is nonspecific and hypothetical.

   - You can describe what you know **may** exist.

   | | |
   |---|---|
   | Se busca **un empleado** que **pueda** expresarse en más de un idioma. | (non-specific person; general descriptor provided) |
   | Busco **cualquier firma** que me **dé** la oportunidad de viajar. | (non-specific thing; general descriptor provided) |

   - You can **ask about the existence** of someone or something.

   | | |
   |---|---|
   | ¿Hay **alguien** que **hable** más de un idioma? | (existence uncertain; general descriptor provided) |

   - You can state that you know it **does not exist** at all.

   | | |
   |---|---|
   | Aquí **no hay nadie** que **sea** bilingüe. | (negation of existence; general descriptor provided) |

2. **To describe future events that depend on other events.**

You will use the subjunctive in clauses that begin with certain expressions of contingency, such as the following.

| | |
|---|---|
| **a menos que** → (*unless*) | No voy a aceptar el puesto, **a menos que me ofrezcan** un sueldo fijo. |
| **con tal de que** → (*provided that*) | No importa que el sueldo no sea alto, **con tal de que me manden** al extranjero. |
| **para que** → (*so/in order that*) | Les voy a enviar mi currículo, **para que vean** que tengo experiencia. |

The above three expressions will always require the subjunctive. However, certain other expressions will require the subjunctive **only** when they refer to events in the **future**. In the examples that follow, notice the use of the subjunctive only when referring to a point in the future. When referring to the past, or to what is customarily or generally done, you do not use the subjunctive, but the indicative.

| | |
|---|---|
| **hasta que** → (*until*) | No siempre espero **hasta que entregan** (indicativo) el correo, pero hoy voy a esperar **hasta que llegue** (subjuntivo), porque quiero saber si me contrataron o no. |
| **cuando** → (*when*) | Ayer, **cuando hablé** (indicativo) con el director de personal, me informó que tienen un puesto vacante en la sección de Control de Calidad. **Cuando consiga** (subjuntivo) ese puesto, voy a pedir que la empresa me mande a unos cursos de verano. |
| **en cuanto** → (*as soon as*) | El gerente me llama **en cuanto llega** (indicativo). Deberías contestar **en cuanto te hagan** (subjuntivo) la oferta. |
| **tan pronto como** → (*as soon as*) | Por lo general, es bueno tomar una decisión **tan pronto como se presenta** (indicativo) una buena oportunidad. |
| | Voy a postular a ese empleo, **tan pronto como saque** (subjuntivo) mi título. |

3. **To make recommendations, suggestions, requests.**

You will use the subjuntive in clauses that begin with certain verbs and expressions that are used to order or give advice or recommendation, usually in written form. Note that verbs in this group require the use of indirect object pronouns.

Estimado postulante:
Le **sugiero** que me avise cuándo terminará su carrera y...
Mientras, le **aconsejo** que tome cursos del lenguaje C en...
Aquí en la firma **exigen** que todos sigan el programa de...
Por tanto, le **ruego** que planifique bien y que...
Por eso, le debo **insistir en** que gane tiempo tomando...

Además, **es preciso** <u>que practique</u> sus idiomas porque...
Por ahora, <u>le</u> **agradezco** <u>que me envíe</u> un certificado de...

4. **To make comments of regret, pleasure, displeasure or excuse, or to express personal reaction and commentary.**

You will use the subjunctive in clauses that begin with certain verbs and expressions that are used to express sentiments about the actions of others.

Estimado postulante:
**Lamento mucho** <u>que no tengamos</u> una vacante en Guadalajara.
**Siento mucho** <u>que no pueda</u> asistir a la convención en Mérida.
**Me alegra** <u>que esté</u> interesado en nuestra oficina de Monterrey.
Leímos su currículo y **nos agrada mucho** <u>que haya</u> vivido en Durango.
Espero que no **le desagrade** <u>que estemos</u> ubicados lejos de San Luis.

# Cómo se forma el tiempo presente del subjuntivo

Remember that to form the present subjunctive, you begin with the *yo* form of the present tense and substitute the **opposite** endings.

-**ar** verbs → **e** endings
-**er** verbs → **a** endings
-**ir** verbs → **a** endings

Notice that if the present tense has a stem change (*o→ue; e →ie*), this change will also appear in the subjunctive in all but the *nosotros* and *vosotros* forms of the verb (see *demostrar*). If the present tense has an *e→i* stem change (see *conseguir*) or some other irregularity such as a spelling change (see *tener, ofrecer*), this irregularity will appear in the subjunctive in **all** of the forms of the verb. See Appendix V for a list of these verbs.

## Práctica *(Gramática)*

## 𝒜. Hay una vacante

El gerente de la empresa donde usted trabaja le ha pedido que redacte un aviso de puesto vacante. Él también le dio una lista de características que debe tener el (la) nuevo(a) empleado(a) que necesita la firma. Escriba el aviso en dos partes o párrafos. En la primera parte, incorpore todos los rasgos deseados. Use todos los verbos indicados en la segunda parte.

I. Primera parte: **Gran empresa precisa una persona que...**
II. Segunda parte: **Es preciso que los interesados...**

*Por ejemplo:* tener carácter decidido
>*Gran empresa precisa una persona que tenga carácter decidido.*

| **Primera parte** | **Segunda parte** |
|---|---|
| adaptarse fácilmente al cambio | dirigirse por escrito al gerente |
| encargarse de un nuevo proyecto | enviar un currículum al día |
| disponer de vehículo propio | incluir una foto |
| comunicarse bien | mandar los certificados de notas |
| saber de informática | enviar una carta escrita a mano |
| relacionarse bien con la gente | llenar una solicitud de empleo |
| desear asumir responsabilidades | conseguir una entrevista con el jefe |
| mantener un clima laboral óptimo | |
| dar su máximo esfuerzo | |
| estar dispuesto a mudarse | |

EXCELSIOR
EL PERIODICO DE LA VIDA NACIONAL

Ordene por **Fax** su

CLASIFAX
DE

El Aviso de Ocasión
¡La mejor solución! !

con Cargo Directo a su Tarjeta
Bancomer, Banamex o Carnet

Nombre de la empresa: _____
Persona que ordena este anuncio: _____
Dirección: _____
Colonia: _____ Población: _____
C.P. _____ R.F.C. _____ Tel.: _____

NOMBRE DEL TARJETAHABIENTE _____ FECHA _____
TARJETA _____ NUMERO | | | | | | | | | | | | | | | | |
FECHA DE VENCIMIENTO TARJETA _____ HORA: _____ OPERADOR _____

SECCION _____ PALABRA MINUSCULA: N$2.00    PALABRA MAYUSCULA: N$2.40

Mes:
MARQUE USTED LAS FECHAS DE PUBLICACION:
| Días: | 1 | 2 | 3 | 4 | 5 | 6 | 7 | 8 | 9 | 10 | 11 | 12 | 13 | 14 | 15 | 16 | 17 | 18 | 19 | 20 | 21 | 22 | 23 | 24 | 25 | 26 | 27 | 28 | 29 | 30 | 31 |

LA CLARIDAD CON QUE USTED ESCRIBA SU AVISO, NOS PERMITIRA SERVIRLE MEJOR

_____
_____
_____
_____
_____

**FAX** 703 39 37
De Lunes a Viernes de 10:00 a 17:00 Hrs.
Sábados de 10:00 a 13:00 Hrs.
TELEFONO 705 4444
Exts. 2155, 2158, 2162

CLASIFAX
Avisos Clasificados por Fax
Así de fácil

## B. Consejos

¿Qué les puede decir a unos universitarios novatos que quieren prepararse bien para los empleos del futuro? Escriba una frase de recomendación usando las preguntas indicadas y las siguientes expresiones.

*Por ejemplo:* ¿conocer varios programas de contabilidad (*accounting*)?
*Es imprescindible que conozcan varios programas de contabilidad.*

**(No) Les aconsejo/Sugiero/Recomiendo/Ruego que...**
**Es preciso/aconsejable/indispensable/recomendable que...**

1. ¿sacar un título universitario?
2. ¿adquirir una formación global?
3. ¿especializarse en una máquina?
4. ¿saber hablar otro idioma?
5. ¿capacitarse en manejo de datos?
6. ¿analizar las ofertas de trabajo?
7. ¿comunicarse con...?
8. ¿disponer de movilidad para viajar?
9. ¿elegir una carrera de tipo...?
10. ¿estudiar latín?
11. ¿ir a otro país?
12. ¿seguir cursos de capacitación?

## C. El puesto de mis sueños

Déles a sus compañeros una descripción de lo que usted busca o desea en cada caso.

*Por ejemplo:* un proyecto
*Quisiera conseguir un proyecto que me dé la oportunidad de...superarme. Quisiera trabajar en una empresa donde...no haya problemas financieros.*

1. un cargo
2. una empresa
3. un(a) jefe/a
4. un sueldo
5. un equipo de compañeros
6. un horario
7. un ambiente
8. una oficina

## D. Pensando en el futuro

Entreviste a otro(a) compañero(a) con las preguntas que aparecen en la columna A. Su compañero(a) responderá, incorporando las expresiones que se encuentran en la columna B. Apunte las respuestas y, después de la entrevista, desarrolle un perfil escrito u oral de su compañero(a).

| Entrevistador | Entrevistado |
|---|---|
| 1. ¿Qué piensa hacer en el futuro? | Quisiera...cuando/en cuanto... |
| 2. ¿Cuándo piensa buscar trabajo? | Tan pronto como... |
| 3. ¿Hasta cuándo piensa estudiar español? | Hasta que... |
| 4. ¿Está dispuesto(a) a viajar? | Sí, con tal de que...<br>No, a menos que... |
| 5. ¿Qué consejos les puede dar a los profesionales que piensan trabajar en un país hispano? | Les sugiero que...para que... |
| 6. ¿Qué le agrada y le desagrada de su carrera? | Me agrada que...pero me desagrada que... |

## ⊞ Así se hace

### *Más allá de la entrevista*

Además de hacer un buen papel en la entrevista con el jefe de personal o la directora de recursos humanos, los postulantes hispanos tienen mucho más de qué preocuparse. A menudo, las empresas también exigen que los postulantes den pruebas sicológicas y de personalidad, de habilidad para redactar[1], de capacidad lógica, matemática o técnica, etc., según el cargo al que aspiran. A veces, hasta se analiza la letra[2] de los postulantes, ya que las cartas de postulación se escriben casi siempre a mano.

[1]escribir; [2]escritura

## ℰ. Alumno(a) universitario(a) precisa ayudante

Con la vida tan dura de universitario que usted lleva, es posible que necesite a alguien que le ayude. Con un(a) compañero(a), redacte un anuncio de trabajo solicitando un(a) ayudante (secretario/a, recepcionista, empleado/a doméstico/a, matemático/a, contador/a). Incluyan por lo menos la siguiente información.

1. rasgos/capacidades deseados
2. experiencia laboral que se necesita
3. descripción del cargo que se ofrece
4. responsabilidades del encargado
5. sueldo/beneficios que se ofrecen
6. horario semanal mínimo

# ℱ. Ya está aquí el postulante

Ahora, entrevisten a un(a) postulante al puesto descrito en la Actividad E. Mientras uno(a) de ustedes sirve de entrevistador(a), el (la) otro(a) observa y toma apuntes. Luego, expliquen por qué van a contratar al (a la) postulante o no.

# Panoramas y redacción

## ≡ Papeleo cotidiano *(El arte de escribir)*

### El currículum vitae

Como los hispanos se fijan tanto en las características personales del candidato o postulante a un empleo, hay que preparar con muchísimo cuidado los documentos que lo representan a uno. En esta sección, veamos comunicaciones escritas usadas para...

1. describirse a sí mismo, incluyendo detalles familiares y de formación: el **currículum vitae**.
2. solicitar o postular a un cargo: la **carta de solicitud de empleo**.

### *A.* Piense un poco

Para solicitar un empleo siempre hay que enviarle dos cosas a la empresa:

1. el **currículum vitae**, hoja de vida o historial (*resumé*) y 2) una carta de solicitud de empleo. ¿Qué información va a incluir en su currículum? Haga una lista de los posibles componentes según su propia experiencia.

*Con su título universitario bajo el brazo, es posible que Lupe encuentre trabajo en corto tiempo.*

# B. Estudie el currículum

Mire el currículum de Guadalupe María Guerrero Garza. ¿Qué información ha puesto ella que usted no pensaba incluir? De los datos que usted esperaba encontrar, ¿cuáles no están incluídos?

---

Se usan **los dos apellidos**—paterno (de la familia del padre) y **materno** (de la familia de la madre)—y los nombres.

Aquí se pone si usted es **soltero(a)**, **casado(a)**, **viudo(a)** o **divorciado(a)**.

Dirección de su casa. Fíjese en las abreviaturas de **número**, **número del piso**, **avenida**, **colonia** o **grupo habitacional**, **el estado** y el **código postal**, que siempre va **antes** del nombre de la provincia, estado o ciudad.

Esto indica su origen y a qué se dedican sus padres, especialmente cuando usted es joven. A menudo, indica que su familia lo/la ha preparado desde pequeño(a) para un cierto tipo de negocios o profesión.

Aquí se describe el trabajo que se solicita, indicando las principales funciones a desempeñar.

En orden cronológico, **terminando** con el título más reciente, se ponen los estudios realizados, títulos obtenidos y cursos de especialización tomados. Se incluye la **facultad** (*college of the university*), la universidad o politécnico y la fecha en que se obtuvo el título.

En orden cronológico se ponen los distintos puestos con la fecha, el nombre de la entidad, el título del cargo desempeñado y si fue de jornada completa o parcial (*full- or part-time work*).

Se ponen aquí otros datos profesionales, como otros estudios o cursos en centros de investigación/capacitación, capacidades especiales, dominio de medios informáticos, etc.

Se indican los idiomas que se dominan y su nivel hablado, leído, escrito (regular, bueno, muy bueno, excelente).

Aquí se ponen los nombres de las personas o empresas que puedan servir como fuentes de información. También se puede poner: "Éstas se presentarán a pedido".

Hay que poner la fecha y firmar el currículum.

---

## CURRICULUM VITAE

**DATOS PERSONALES**

| | |
|---|---|
| Apellidos: | Guerrero Garza |
| Nombre: | Guadalupe María Fernanda |
| Lugar de nacimiento: | Cuernavaca, Morelos |
| Fecha de nacimiento: | 1º de febrero de 1971 |
| Nacionalidad: | mexicana |
| Estado civil: | soltera |
| Domicilio particular: | Avda. Juárez Nº 547, 5º piso B |
| | Guadalajara, 45050 Edo. de Jalisco |
| | Tel. 6 25 84 76 |
| Dirección profesional: | Bancomer |
| | Avda. López Mateos Sur 2150 |
| | Guadalajara |
| | 45050 Jalisco |
| | Tel. 62 51 31 3 |
| Nombre/ocupación del padre: | Julio César Guerrero Campins, bancario |
| Nombre/ocupación de la madre: | María Fernanda Garza Cortés, contadora |

**CARGO AL QUE ASPIRA**

Director de finanzas internacionales

**ESTUDIOS REALIZADOS y TITULOS**

| | |
|---|---|
| Octubre 1986–junio 1991 | **Licenciatura en Ciencias Económicas** |
| | Facultad de Ciencias Económicas de la Universidad de Guadalajara |
| Octubre 1991–junio 1992 | **Diploma de Contador** |
| | Instituto Tecnológico de Monterrey |
| Octubre 1996–febrero 1997 | **Máster en Administración de Empresas** |
| | Finanzas Internacionales, Instituto Tecnológico de Monterrey |

**EXPERIENCIA PROFESIONAL**

| | |
|---|---|
| Octubre 1991–junio 1992 | **Banco de Crédito** |
| | Directora de Inversiones Exteriores |
| Marzo 1992–julio 1995 | **Banco Hispano** |
| | Responsable de la Sección Cambio y Divisas |

**OTROS CONOCIMIENTOS**

Dominio de los programas Lotus 123, Windows, Word
Conocimientos de Cobol, Basic, C++

| Idiomas: | Inglés | Hablado: bueno | Leído: muy bueno | Escrito: regular |
|---|---|---|---|---|
| | Francés | Hablado: excelente | Leído: excelente | Escrito: muy bueno |
| | Alemán | Hablado: regular | Leído: muy bueno | Escrito: regular |

**REFERENCIAS**

Banco Hispano, Banco de Crédito

FECHA  *10 de abril del 2001*          FIRMA  *Guadalupe Guerrero Garza*

# ⊞ Así se hace

## El compadrazgo

La familia y la red[1] de amigos y parientes son la mejor fuente de contactos para encontrar trabajo y triunfar[2] en la vida en las culturas hispanas. Por eso, es muy importante cultivar las amistades y afianzarlas[3] por medio de nuevas conexiones, como **el compadrazgo**. Esta costumbre consiste en elegir **compadres**[4], que serán **padrinos y madrinas** de los hijos y también les ayudarán a educarse y conseguir trabajo. Además, los compadres, los padres y los amigos y familiares forman una eficientísima red para hacer contactos y negocios.

[1]*network*; [2]*to succeed*; [3]*to strengthen them*; [4]co-padres

## La carta de solicitud de empleo

### 𝒞. Estudie la carta

Ahora mire la carta de solicitud de empleo que está en la página siguiente. Haga una lista de los tipos de información que contiene.

### 𝒟. Fórmulas

Mire la carta que sigue otra vez y busque en la siguiente lista los sinónimos correspondientes a las expresiones subrayadas en la carta.

1. tengo el gusto de
2. me tomo la libertad de poner énfasis en
3. poseo las características que buscan
4. dar información más completa
5. recomendaciones
6. cuando Uds. deseen
7. expandir
8. no tendrán más que avisarme
9. atentamente/cordialmente
10. incluido
11. buenas noticias
12. les escribo
13. esperando
14. estimados
15. buscan

### 𝓔. Su propia carta

Use la carta de Guadalupe como modelo y redacte su propia carta de solicitud de empleo en la que pone el puesto solicitado, la experiencia laboral que tiene usted, además de las capacidades y conocimientos importantes que quiere destacar. Puede usar uno de los siguientes avisos de trabajo o un anuncio imaginario. Vea las páginas 32 y 33.

*Aunque haya un error en la dirección, cualquiera puede encontrar el Banco de México en el centro.*

Guadalajara, 15 de abril del 2001

Señores
Departamento de Recursos Humanos
Banco de México
Avda. de las Torres 1318
Col. Olivar de los Padres
Apdo. 18 – 954
01780 México D.F.

Distinguidos señores:

Me dirijo a ustedes en relación al anuncio publicado en el diario EXCELSIOR del día 14 de abril, en el que solicitan un Director de Finanzas Internacionales. Me es muy grato ofrecerles mis servicios para llenar dicha vacante, ya que considero que reúno las condiciones exigidas.

Además de detallar mis datos personales y profesionales en el currículum adjunto, me permito destacar mis conocimientos y experiencia en el campo del comercio exterior, adquiridos durante mis años de desempeño en puestos de responsabilidad en instituciones bancarias de reconocido prestigio.

Pueden dirigirse a las referencias citadas en el currículum para solicitar informes sobre mi seriedad y capacidad. Quedo, además, a su disposición para ampliar datos mediante una entrevista cuando les sea conveniente.

A la espera de sus gratas noticias, les saluda Atte.

*Guadalupe Mª Fernanda Guerrero Garza*
Avda. Juárez Nº547, 5º piso B
Guadalajara, 45050 Edo. de Jalisco

Anexos: currículum, foto

Escriba a mano, no a máquina

Este es **el saludo**. También se usa **estimado(a) / respetado(a) / recordado(a) /señor/ señora/ señorita**, según la situación

Esta es la **introducción**. Aquí se pone el nombre y la fecha del periódico donde se publicó el aviso de puesto vacante. He leído en...de fecha...su anuncio de puesto vacante en la sección...

**Descripción del postulante**. En unas pocas frases, el postulante se describe, menciona sus títulos y experiencia y destaca sus capacidades o conocimientos importantes, con sinceridad y sin exageraciones. También se indica qué otra información más detallada aparece en el currículum. Estudié en...y...soy licenciado en / me recibí de...Además,...

**Pedido de entrevista**. En este párrafo, el postulante invita a la empresa a solicitar recomendaciones (informes / referencias) y también expresa su deseo de concertar una entrevista

**La despedida** puede conectarse con el último párrafo de la carta. Mucho le agradecería estudiar mis antecedentes y pedir informes sobre mi desempeño a...

Aquí se enumera todo lo que acompaña a la carta, en el mismo sobre

**La firma**. Se termina la carta con los datos completos del postulante

(a)

**Empresa Líder en
el Ramo de Ingeniería
Solicita**
# INGENIEROS
**Para ocupar diferentes puestos
en las siguientes disciplinas de ingeniería:**

- CIVIL
- MECANICA
- ELECTRICA
- QUIMICA
- ING. AMBIENTAL

**Requisitos:**

Titulados
Experiencia en diseño
  de plantas industriales
Disponibilidad para viajar
Dominio del inglés
Sexo masculino o femenino

**Ofrecemos:**

Excelente ambiente de trabajo
Sueldo fijo competitivo
Oportunidades de desarrollo y
  superación
Formación

**Interesados enviar currículum manuscrito con fotografía
reciente al Apdo. 26-652 México, D.F. 11800**

(b)

**Importante Empresa Internacional
Requiere**
## MUJERES
**que deseen ganar por lo menos
N$ 7.800,00 Mensuales**

~Desarrollando actividad comercial de
  alto nivel
~Que sean creativas y dinámicas con afán
  de superación
~Edad mínima de 25 años
~Buena presencia y alto nivel cultural
~Disponibilidad inmediata

Concertar cita Miércoles de 9:00 a 14:00 y de 16:00
a 18:00 hrs con la Licenciada Isabel Iglesias
al teléfono 569 38 04

(c)

## IMPORTANTE LABORATORIO FARMACEUTICO
### Solicita
**MEDICOS**

**Se requiere:**
Titulado en medicina
Sexo masculino
Experiencia en la industria
  farmacéutica en puesto
  similar
No mayor de 40 años
Presentación impecable
Deseos de superarse
Que disponga de vehículo propio
Responsable, dinámico, creativo
Disponibilidad para viajar

**Se ofrece:**
Capacitación
Excelentes ingresos
Gastos de automóvil
Excelente ambiente
  de trabajo
Superación personal

**Interesados enviar currículum con fotografía a:
Parque Industrial 2145, C.P. 45400, Guadalajara, Jalisco.**

## ¡¡GRAN OPORTUNIDAD!!

**Importante Empresa de reconocido prestigio
Solicita:**

**Personal para sus Departamentos de
Relaciones Públicas y Publicidad**

ocupando cargos de:
- DIRECTORES
- GERENTES
- JEFES

**Se requiere:**

Titulado en cualquier carrera
Disponibilidad inmediata
Edad 21 años en adelante
Interés por superarse

**Se ofrece:**

Desarrollo profesional
Excelente sueldo
Capacitación de acuerdo
 al cargo
Oportunidad de traslados
 internacionales

**Entrevistas Lunes 14 de Octubre a partir de 10 a 13 y de
15 a 18 hrs. (con currículum de preferencia) en: Tenayuca
Nº 55-105 COL. Vertiz Narvarte, con el Ing. Miguel Sandoval.**

---

## Importante Empresa en el Ramo
## Tiendas de Autoservicio

### Precisa

# EJECUTIVO

### Para el área de compra

LIC. en Mercadotecnia o Administración de Empresas
Indispensable experiencia mínima 2 años
 en puesto de Alta Gerencia
Conocimientos de inglés y/o alemán
Ingresos superiores a N$10.000
Currículum manuscrito, Fotografía y Solicitud de Empleo
Que esté trabajando actualmente (No indispensable)

**Interesados que califiquen: enviar currículum
al Fax: 514-21-62 o concertar cita al Tel. 525-03-32.**

---

## GRUPO LÍDER SOLICITA
## GERENTE DE INFORMÁTICA

### ~REQUISITOS

Licenciado en Informática
Estado civil casado
Sexo masculino
Edad de 25 a 35 años
Dominio del idioma inglés
Experiencia de 5 a 10 años
Que conozca equipo Hewlett Packard,
 hp-3000, sistemas de conexiones
Viva por el rumbo o zonas aledañas
Buena presentación

### ~BENEFICIOS

Sueldo a convenir
Semana inglesa
Capacitación

**Interesados presentarse con currículum
y fotografía en: Gobernador Ignacio Esteva Nº 90,
COL. Chapultepec, con el Lic. José Cárdenas.**

## ℱ. Envíe su carta

Ahora, prepare el sobre para enviar su carta, siguiendo el modelo.

Señores
Depto. de Recursos Humanos
Banco de México
Avda. de las Torres 1318
Col. Olivar de los Padres
Aptdo. 18-954
01780 México, México D.F.

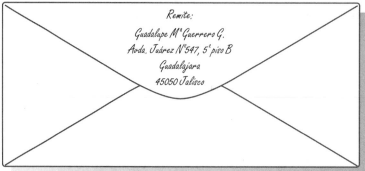

Remite:
Guadalupe Mª Guerrero G.
Avda. Juárez Nº547, 5º piso B
Guadalajara
45050 Jalisco

# ≣ Hoy en día *(La economía y las estadísticas)*

En esta sección de *Saldo a favor* va a estudiar distintos factores de la economía, de la cultura, y de las costumbres de algunos países hispanos. En esta primera unidad, vamos a aprender algunos elementos de estadística, geografía, demografía y economía, y el vocabulario y estructuras relacionadas con estos factores.

## Las expresiones numéricas

Según su función, la manera de decir y de escribir los números cambia muchísimo.

## 𝒜. Direcciones y teléfonos

En la sección *Trasfondo cultural* usted vio las tarjetas de varias personas. Luego, en la sección *Papeleo cotidiano*, vio las direcciones de Guadalupe en su currículum y carta. Observe lo siguiente.

• Los números van siempre **después** de la calle (C.) o avenida (Av./Avda.).

*Por ejemplo:* Avda. Juárez Nº 457, Avda. Vallarta 6023, Huerta 1150

- El código postal va **antes** de la provincia, estado o distrito federal (D. F.).

  *Por ejemplo:* 10181 Tamaulipas

- El piso del edificio se dice con números ordinales y se escribe abreviado así: 1º o 1$^{er}$ (**primero/primer**), 2$^{do}$ (**segundo**), 3º o 3$^{er}$ (**tercero/tercer**), 4$^{to}$ (**cuarto**), 5$^{to}$ (**quinto**), 6$^{to}$ (**sexto**), 7$^{mo}$ (**séptimo**), 8$^{avo}$ (**octavo**), 9$^{eno}$ (**noveno**), 10$^{mo}$ (**décimo**) piso... En general, a partir del piso 11 ya no se usan los números ordinales.

  *Por ejemplo:* Paseo de las Agustinas 115, 7$^{mo}$ piso D
  Pº de las Agustinas 625, piso 16

- Los números de teléfono se escriben de muchas maneras diferentes, separando los números con espacios, puntos (.), guiones (-) o nada en absoluto. Sin embargo, por lo general, los teléfonos se dicen agrupando los dígitos de dos en dos. Cuando hay un número impar (*uneven*) de dígitos, se dice el primer número solo y después los demás de dos en dos.

  *Por ejemplo:* Tfno. **(89) 22 15 10** (ochenta y nueve, veintidós, quince, diez)

  Tel. **752.3248** (siete, cincuenta y dos, treinta y dos, cuarenta y ocho)

  Fax **6960404** (seis, noventa y seis, cero cuatro, cero cuatro)

- A veces, se escribe el prefijo de larga distancia del país y, otras veces, el prefijo de la ciudad. El uso varía mucho.

  *Por ejemplo:* Tel. **(89) 22 15 10** (prefijo de la ciudad 89=Reynosa, México, tel. 22 15 10)

  Tel. **(91) 73-20 59 89** (larga distancia=91, prefijo de la ciudad = 73 Cuernavaca, México, tel.=20 59 89)

  Tel. **(9) 1-463-6262** (larga distancia=9, prefijo de la ciudad=1 Madrid, España, tel.=463-6262)

# *B.* Analice

Lea la conversación que sigue dos veces y luego encuentre y copie los equivalentes de las siguientes frases en inglés.

| | |
|---|---|
| Hello? | May I ask who's calling? |
| I'd like to speak to . . . | To whom am I speaking?/Who is this? |
| This is . . . | I really appreciate it. |
| Delighted, my pleasure | I wanted to ask a favor. |
| Right now. | Sure, any time. |

# ⊞ Así se hace

## Para marcar al extranjero

Para llamar a un país hispano desde los EE.UU.,

usted debe marcar así:                                    y le contestarán:

**011 + prefijo del país +**
**prefijo de la ciudad + número...**

| | | |
|---|---|---|
| para la Ciudad de México: | 011-52-5-4-69-23-18 | **¿Bueno?** |
| para Reynosa, México: | 011-52-89-22-15-10 | **¿Bueno?** |
| para Puerto Vallarta, México: | 011-52-322-70-401 | **¿Bueno?** |
| para Buenos Aires, Argentina: | 011-54-11-4313-9588 | **¿Holá?** |
| para Lima, Perú: | 011-51-14-6392017 | **¿Aló?** |
| para Madrid, España: | 011-34-91-463-6262 | **¿Sí? (Díga/me.)** |

Fíjese que la manera de contestar el teléfono es diferente en distintas partes y que los teléfonos pueden ser de 5, 6 ó 7 dígitos. Los prefijos de los países hispanos son...

| | | | |
|---|---|---|---|
| Argentina | 54 | Honduras | 504 |
| Bolivia | 591 | México | 52 |
| Colombia | 57 | Nicaragua | 505 |
| Costa Rica | 506 | Panamá | 507 |
| Cuba | 53 | Paraguay | 595 |
| Chile | 56 | Perú | 51 |
| Ecuador | 593 | Puerto Rico | 787 |
| El Salvador | 503 | República Dominicana | 809 |
| España | 34 | Uruguay | 598 |
| Guatemala | 502 | Venezuela | 58 |

*"¡Ah, qué bueno! No sabe cuánto le agradezco que se interese en mi solicitud".*

# ⊞ Así se hace

## *Para contestar el teléfono*

Para hablar por teléfono hay que saber ciertas frases fijas...

| **el (la) que llama...** | **el (la) que contesta...** |
|---|---|

(Marca el número.)
—**Quisiera hablar** con el Sr. Lic. Vega.
—De la Ingª. McNaught

(Contesta.) **¿Bueno?**
—Sí, cómo no. **¿De parte de quién?**
—Un momento, por favor.
O:
—Habla Luis Vega. **¿Con quién hablo?**

—**Con** la Ingª. McNaught, licenciado. Nos conocimos en la reunión del TLC.
—Bastante bien, gracias. Fíjese que **quería pedirle** un favor.
—Es que quería conseguir las cifras de exportación de textiles.
—Ah, qué bueno; no sabe cuánto **le agradezco.**
—Bueno, muchísimas gracias. Nos vemos el próximo lunes en la reunión.
—Sí, claro. Bueno, gracias otra vez.
—**Hasta luego.**

—Ah, sí,claro. ¿Cómo está usted, Ingª.?

—Pero, **cómo no.** Aquí estamos, **a sus órdenes.**
—Encantado. Le digo a mi secretaria y se las mando por fax, **ahorita.**
—Por nada; por nada. **Cuando se le ofrezca.**
—Claro, pues. Allá charlamos.

—Encantado. Buen día. **Hasta luego.**

## 𝒞. Practique

Con un(a) compañero(a), escriban una conversación similar a la que acaban de leer y prepárense para representarla ante la clase. Usen las expresiones anteriores y las que siguen, si es necesario.

| | |
|---|---|
| Para identificarse: | Señorita, usted habla con el Sr./la Srta.... |
| Para preguntar por alguien: | Quisiera/Podría hablar con el Abdo.... |
| Para dejar un mensaje: | Quisiera dejarle un recado/mensaje, por favor. |
| Para preguntar con quién desea hablar la persona que llamó: | ¿Con quién desea hablar? |

| | |
|---|---|
| Para decir que la persona llamada no está: | Fíjese que...no está/no ha llegado. |
| Para preguntar si se quiere dejar un mensaje/recado: | ¿Desea dejar algún recado? |
| Para dejar el recado: | Dígale, por favor, que mañana... |
| Para concertar una reunión: | Por favor, ¿sería posible ver a...el viernes a las 11 o a las 12? |
| Para aceptar la reunión: | Sí, cómo no; veamos. A la 1.30 sería mejor. ¿Qué le parece? |
| Para aceptar una llamada por pagar: | Sí, cómo no. Aceptamos el cargo/cobro. |
| Para rechazar una llamada por pagar: | Ay, lo siento mucho. No puedo aceptar. No está... (persona). |

## Estadísticas básicas

Cuando se habla o se informa de algún problema o negocio, a menudo se usan estadísticas básicas para dar una idea más precisa de las magnitudes o frecuencias con que ocurre algo.

1. En casi todas partes (con la notable excepción de México en algunas publicaciones y sólo en ciertos casos), se usa el sistema europeo para escribir los números. Se usa...

| | |
|---|---|
| **una coma** para indicar los decimales | 19,3% de inflación |
| **un punto o un espacio** para indicar los miles | $1230 pesos |
| **un millón/...millones (de)...** | 5 millones de niños |
| **mil millones (de)...** (*a billion*) | mil millones de chinos |
| **un billón/un millón de millones** (*a trillion*)... | un billón de dólares |

*Por ejemplo:*

- La población de la China es de más de mil millones (*more than a billion*): **1.139,06** millones de habitantes.
- La población de los Estados Unidos es de alrededor de **280** millones de habitantes, de los cuales el **28,9** por ciento tiene entre 0 y 19 años de edad.
- La población de México es de alrededor de **99,50** millones de habitantes, de los cuales **49,5** por ciento tienen entre 0 y 19 años de edad.

**2.** A menudo se usan porcentajes o fracciones para referirse a proporciones o porciones de una unidad. Estudie el siguiente cuadro.

| %   | porcentajes | fracciones |
|-----|-------------|------------|
| 100% | el cien por ciento | todo(a) |
| 75% | el setenta y cinco por ciento | ¾, tres cuartos, tres cuartas partes |
| 50% | el cincuenta por ciento | ½, un medio, la mitad |
| 33% | el treinta y tres por ciento | ⅓, un tercio, una tercera parte |
| 25% | el veinticinco por ciento | ¼, un cuarto, una cuarta parte |
| 20% | el veinte por ciento | la vigésima parte, la quinta parte |
| 10% | el diez por ciento | un décimo, la décima parte |

**3.** Estudie el siguiente cuadro con las expresiones numéricas más comunes y úselo cuando deba escribir descripciones de gráficos.

| disminuir<br>menos (–)<br>(menor) | | | | aumentar<br>más (+)<br>(mayor) |
|---|---|---|---|---|
| la menor parte | ← | el promedio | → | la mayor parte |
| es menor que... | | la media | | es mayor que... |
| la minoría | | la mediana | | la mayoría |
| | | lo más común | | |
| casi nunca | | por lo general | | casi siempre |

## ✍. Dígalo en otras palabras

Cuando se habla de millones u otras cifras (números), todo el mundo evita decir la cifra exacta porque es difícil. Con un(a) compañero(a), escriban y digan las siguientes cantidades de otra manera, con palabras.

*Por ejemplo:* EE.UU. = 249,97 millones; 75% urbana

> *En Estados Unidos, la población llega a un cuarto de... y tres cuartas partes es urbana, es decir, vive en ciudades o áreas metropolitanas.*

> Canadá=26,52 millones; 77% urbana *En Canadá, hay 26 millones y medio de habitantes, de los cuales un poco más de las tres cuartas partes viven en las áreas urbanas.*

**Datos de población** (*population*)**, en millones de habitantes y porcentaje de población urbana.**

| En el Occidente | urbana | En el Oriente | urbana |
|---|---|---|---|
| Argentina = 36,61 | 86,2% | China = 1.139,06 | 72,6% |
| Brasil = 173,37 | 74,0% | Japón = 123,54 | 100,0% |
| España = 40,87 | 78,0% | Taiwán = 20,41 | 92,2% |
| México = 99,54 | 72,6% | Viet Nam = 66,20 | 87,6% |
| | | Corea = 42,80 | 92,7% |

## *E.* Compare

Ordene los países de la Actividad D según la población, de mayor a menor, y escriba una comparación entre ellos. Use las expresiones numéricas y de comparación que ha aprendido en esta sección.

*Por ejemplo: El único país en que prácticamente toda la población vive en ciudades es Japón. En general, si comparamos la población urbana de los países occidentales y orientales de la tabla, podemos apreciar que la población urbana es...*

## *F.* Aplique

Rotule (*Label*) el siguiente gráfico en español con la información sobre la población proporcionada en inglés. Recuerde que es necesario hacer varios cambios en las palabras y en las expresiones numéricas al pasar de un idioma al otro.

Millones de habitantes: Brasil 173.3, Venezuela 23.2, México 99.5, Chile 14.4, Argentina 36.7

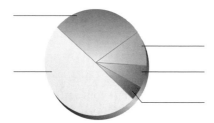

## *G.* Integre

Complete la siguiente descripción del gráfico de la Actividad F. Use el vocabulario que ha aprendido en esta sección.

Los países representados en el gráfico tienen una población combinada de unos 300 _____ de habitantes o, en términos económicos, 300 _____ de clientes o consumidores. La _____ cantidad de población se encuentra en Brasil, con unos 153 _____ de habitantes, seguido por México con 87,8. Estos dos países son los más grandes de _____. Con cifras significativamente _____ les siguen Argentina y Venezuela, con 32,7 y 20,2, respectivamente. Chile es un país muy pequeño, con apenas _____ millones de habitantes.

## ℋ. El desarrollo económico no es automático

Es muy difícil transformar un país subdesarrollado en un país en vías de desarrollo. Por ejemplo, los cambios en las actividades laborales son profundos, pero no llevan a la industrialización y la prosperidad de inmediato. Lea la descripción que sigue y complete esta tabla.

| Trabajadores mexicanos en distintos sectores de la economía | | |
| --- | --- | --- |
| Porcentaje de habitantes en edad de trabajar 1965 (__ %) | | 1989–1991 (54%) |
| Sector industrial | _____ | _____ |
| Sector agrícola | _____ | _____ |
| Sector servicios | _____ | _____ |

Aunque el número de empleos en el sector industrial aumentó de 22% a 31% entre 1965 y 1989–91, el porcentaje de habitantes en edad de trabajar también subió de 49% a 54% en este período. Sin embargo, podemos ver que los trabajadores que permanecieron en el sector agrícola disminuyeron de casi la mitad (49%) a un poco más de la vigésima parte (22%) en 1989–91. Al parecer, la mayoría de éstos se colocó en el sector servicios, que ha subido de casi un tercio (29%) a casi la mitad (47%) de la fuerza laboral.

Como se sabe, el sector servicios no produce bienes económicos y casi no influye en el ahorro y las inversiones de un país. Sin embargo, éste es un sector que absorbe la migración del campo a la ciudad rápidamente y es una expedita solución social. Recuérdese que los gobiernos de los países hispanos no les dan ayuda económica a los desempleados (*unemployed*).

## 𝒥. En Ciudad Juárez

En Ciudad Juárez hay muchas plantas **maquiladoras**, donde se arman (*put together/mount*) artículos producidos en otro país por compañías extranjeras, no mexicanas. Lea la siguiente descripción del empleo en Ciudad Juárez y luego complétela con algunas de las palabras que siguen.

| | | | |
| --- | --- | --- | --- |
| **mayores** | **salarios** | **disminuir** | **menores** |
| **significativa** | **aumentar** | **maquiladoras** | |

En esta ciudad fronteriza, 71,5% del trabajo industrial es proporcionado por las maquiladoras y, por eso, el número de _____ aumentó de sólo cinco plantas en 1966 a 135 en 1983. Como los _____ son bajos y las condiciones de trabajo malas, ⅘ de los trabajadores de las maquiladoras son mujeres. Por lo tanto, tenemos que la actividad industrial en la frontera no es muy _____, puesto que no se produce mucho en términos reales. Las maquiladoras _____ las ganancias de las compañías extranjeras, sin embargo, porque los salarios e impuestos que éstas pagan son mucho _____ que los que tendrían que pagar en una región industrializada. En términos sociales, las maquiladoras también ayudan un poco a _____ la emigración de las mujeres a los EE.UU. en busca de trabajo.

# ▤ Atando cabos
*(Actividades de integración y expansión)*

## 𝒜. Para organizar su vocabulario

En este capítulo, usted ha visto palabras conocidas y sus nuevos derivados. Dé el sustantivo (*noun*) derivado de cada verbo de la lista.

*Por ejemplo:* estudiar
          *un estudio*

| | | | |
|---|---|---|---|
| 1. ofrecer | 4. conocer | 7. arriesgarse | 10. lograr |
| 2. confiar | 5. superar | 8. aumentar | 11. encargar |
| 3. solicitar | 6. dominar | 9. saludar | 12. firmar |

## ℬ. Mi carrera

Prepare un informe oral sencillo (de tres a cinco minutos) para que sus compañeros conozcan mejor su carrera. Elija una de las siguientes opciones.

1. **una descripción general** de su campo de interés o especialización
   ¿Qué conocimientos y capacidades se requieren?
   ¿Cómo es el plan de estudios?
   ¿Cuáles son las ventajas y desventajas de esta carrera?
2. **una mini-clase** para enseñarles a sus compañeros cómo hacer algo relacionado con su carrera o sus estudios. Por ejemplo:
   cómo limpiar/instalar/programar una computadora
   cómo hacer un experimento químico o físico
   cómo analizar un anuncio publicitario

## 𝒞. Para la entrevista

Imagínese que usted es director(a) de personal de una empresa y que está a cargo de las entrevistas a los postulantes. Con su compañero(a), elijan dos rasgos que consideren importantes y, en base a cada uno de ellos, desarrollen por lo menos dos preguntas que puedan hacerle al (a la) postulante para confirmar si él (ella) posee estas características o no.

*Por ejemplo:* equilibrado

> *¿Ha perdido alguna vez en una competencia? ¿Cómo se sintió después?*

## *D.* Cómo superar una entrevista

En grupos de tres, redacten una lista de recomendaciones escritas que puedan servir de guía durante una entrevista. La mitad de la clase debe dedicarse a escribir recomendaciones para los **entrevistadores** y la otra mitad, recomendaciones para los **entrevistados**. Compartan sus ideas con la clase y decidan entre todos ustedes cuáles son los puntos más importantes.

## *E.* Datos personales

Una empresa les exige a todos los postulantes que envíen una descripción personal en forma de ensayo. Escriba un breve ensayo que incluya la siguiente información.

| | |
|---|---|
| Primer párrafo: | Una descripción de su familia |
| Segundo párrafo: | Una descripción personal—personalidad, talentos y habilidades, pasatiempos, intereses y aficiones |
| Tercer párrafo: | Una descripción de su experiencia académica y laboral |
| Cuarto párrafo: | Una descripción del tipo de puesto que usted solicita (**quisiera conseguir un puesto que...**), destacando las responsabilidades que busca, y explicando por qué sería usted el (la) candidato(a) perfecto(a). |

## *F.* Una encuesta de opinión

Con otros compañeros, desarrolle una encuesta para averiguar la actitud de los universitarios frente al mercado actual de trabajo. La encuesta debe consistir en por lo menos diez preguntas. Recuerde que cada pregunta debe ir acompañada de tres o cuatro respuestas fijas, para que se puedan tabular y comunicar los resultados. Después de crear la encuesta, háganles las preguntas a por lo menos cinco estudiantes y anoten los resultados.

*Por ejemplo: En general, ¿cuántas entrevistas cree que hay que tener antes de conseguir el primer puesto?*

> *a. menos de tres*    *c. de seis a ocho*
> *b. de cuatro a seis*    *d. más de ocho*

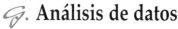

Use expressions for statistical reporting in narrative that you learned in *Hoy en día*. Notice the subject-verb agreement in the example: *Un tercio...cree, la mayoría opina..., una minoría... respondió..., tres cuartos...piensan.* Use a variety of verbs (*dijo que, cree que, respondió que, opina que, piensa que...*, etc.)

## *G.* Análisis de datos

Ahora, analicen los datos que recogieron en la Actividad G y preparen un informe escrito, resumiendo la información en prosa. Usen una variedad de expresiones numéricas y de comparación aprendidas en esta unidad para que su informe sea interesante de leer.

*Por ejemplo:* *Más o menos, un tercio de los entrevistados (30,5%) cree que..., mientras que la mayoría (83%) opina que... Sin embargo, una minoría de nuestros compañeros respondió que... Por otro lado, tres cuartos de ellos piensan que... En general, el promedio...*

## *H.* La vida en la oficina

Elijan una de las siguientes situaciones para representar y, en parejas, prepárense para ponerla en escena.

- Un(a) director(a) de personal muy autoritario(a) y el (la) subdirector(a) discuten la posible contratación de un(a) candidato(a) que acaban de entrevistar. Al (A la) director(a) le gusta el (la) candidato(a), pero al (a la) subdirector(a), no.
- Un(a) director(a) de personal y un(a) postulante discuten el currículum de este(a) último(a). Es evidente que el currículo está lleno de exageraciones. El (La) director(a) de personal trata de confirmar la información, pero el (la) postulante contesta con evasivas.
- Un(a) postulante llama por teléfono al (a la) representante de una empresa para informarse sobre la empresa y enterarse de los puestos que tendrán vacantes.

## *I.* Refranero

Los siguientes refranes nos ofrecen buenos consejos sobre el mundo del trabajo. Elija uno de los refranes como tema y, **sin mencionar** el refrán, escriba un párrafo para ofrecerles consejos a los recién titulados. Léale sus consejos a la clase a ver si pueden adivinar cuál refrán eligió usted.

*Por ejemplo:* *Al llegar la hora de la entrevista, es preciso que recuerden la importancia de la buena presencia. Si quieren que les ofrezcan el puesto, es imprescindible que proyecten una imagen positiva y de seriedad para que la gente confíe en... Por eso, les aconsejo que...*

La clase adivina el refrán: «*Una imagen vale más que mil palabras.*»

*Refranes:*

«Una imagen vale más que mil palabras».
«Donde todos mandan, nadie obedece».
«Muchos pocos hacen un mucho.»
«Lo que poco cuesta, poco se aprecia.»
«Más vale tarde que nunca.»

# Archivo personal

## Vocabulario de la Unidad 1

### Abreviaturas

Abdo./Abda. *lawyer*
Arqto./Arqta. *architect*
Atte. *attentively, sincerely*
Avda. *avenue*
Col. *city section, colony*
C.P. *postal code*
Dn./Dña don/doña
Dr./Dra. *doctor*
Esq. *corner*
Gte. (Gral.) *manager*
Ingº./Ingª. *engineer*
Ing. Com. *commercial engineer*
Lcdo./Ldo./Lcda./Lda./Lic. Licenciado(a)
Mag. magister
Prof./Profa. *professor*
S.A. *corporation*
Sr./Sra./Srta. señor/señora/señorita
tfno./tel. *telephone*

### Palabras relacionadas con el trabajo

el ambiente *atmosphere*
el ascenso *promotion*
el aumento *increase*
el cambio *change*
la capacitación *training*
el currículum (el currículo) *resumé, C.V.*
los datos *facts, data*
el empleo *job, position*
el (la) empleado(a) *employee*
la empresa *company*
la entrevista *interview*
el extranjero *abroad*
la formación *training, education*
el (la) gerente *manager*
la imagen *image*
el interés *interest*
el (la) jefe(a) *boss*
el (la) licenciado(a) *university graduate*
el manejo *management*
la meta *goal*
la oferta de trabajo *job offer*
el personal *staff, personnel*
la plaza *position, place*
el/la postulante *applicant*
el puesto *position*
el reto *challenge*
el riesgo *risk*
la solicitud de empleo *job application*
el sueldo *salary*
el trato *treatment*

### Profesiones, puestos y carreras

el (la) abogado(a) *lawyer*
el (la) administrador(a) de empresas *business administrator*
la administración de empresas *business administration*
la contabilidad *accounting*
el (la) contador(a) *accountant*

### Acciones

adaptarse a *to adapt oneself to*
aprovechar *to take advantage of*
buscar *to look for*
concertar (ie) *to arrange, set up*
conseguir *to get*
convenir *to suit, agree*
correr riesgos *to take risks*
desarrollar *to develop*
desempeñar un cargo *to carry out a responsibility*
dirigirse por escrito *to apply in writing*
encargarse de... *to take charge of*
enviar *to send*
esforzarse (para...) *to exert oneself*
estar dispuesto(a) a... *to be willing to . . .*
inspirar *to inspire*
llenar *to fill out*
luchar por... *to fight for*
mudarse a... *to move to*
ofrecer *to offer*
precisar *to require*
proyectar *to project*
solicitar *to request, to apply for*
superarse *to get ahead*
tomar decisiones *to make decisions*
trabajar en equipo *to work in a team or group*

### Palabras descriptivas

capaz *capable*
cortés *courteous*
de confianza *discreet, trustworthy*
conformista *conformist*
de buen/mal genio *good/bad tempered*
(des)organizado *(dis)organized*
emprendedor(a) *enterprising*
flojo(a) *lazy, slacker*
honrado(a) *honest*
imaginativo(a) *imaginative*
multinacional *international*
ordenado(a) *orderly, neat*
perezoso(a) *lazy*
seguro(a) de sí mismo(a) *sure of himself (herself), assertive*

serio(a) *serious*
tenaz *tenacious*
testarudo(a) *stubborn*
tener...
    afán de superación *desire to succeed*
    amplios conocimientos de *wide knowledge of*
    confianza en sí mismo(a) *self-confidence*
    dinamismo *dynamism*
    dominio de otros idiomas *fluency in other languages*
    don de mando *gift of leadership*
    facilidad de palabra *ease in speaking, articulate*
    ganas de... *desire to . . .*
    pasión por los retos *a passion for challenges*

## El currículum o historial

el apellido (paterno/materno) *last name (paternal, maternal)*
el doctorado *doctorate*
la licenciatura *university degree*
la maestría *Master's degree*
el título universitario *university degree*

## Números y estadísticas

un billón *a trillion*
las cifras *numbers*
un cuarto/la cuarta parte de... *one fourth*
un décimo/la décima parte *one tenth*
la mayor parte *majority*
la mayoría *majority*
la menor parte *minority*
la media *mean*
el medio *one half*
la mediana *median*
un millón de... *a million. . .*
un millón de millones *a trillion*
mil millones de... *a billion. . .*
la minoría *minority*
la mitad de... *one half of*
el porcentaje *percentage*
por ciento *percent*
el promedio *average*
un tercio/la tercera parte de... *one third*
la vigésima parte/la quinta parte *one twentieth/one fifth*

## Expresiones

a cargo de *responsibility of*
a mano/a máquina *handwritten/typed*

## PARA RECONOCER

abrumar *to overwhelm*
aduana *customs*
aislar *to separate*
el ámbito *field, environment*
la barrera arancelaria *importation tax barrier*
la bronca *argument, fight*
los compadres *godparents*
la derrota *defeat*
destacar *to emphasize*
el diario sustento *daily bread*
el (la) dueño(a) *owner*
el (la) heredero(a) *heir*
el ingreso *revenue*
la inversión *investment*
jubilarse *to retire*
el legado *bequest*
el logro *achievement*
los parientes políticos *in-laws*
la población *population*
el poder *power*
la quiebra *bankruptcy*
el recado *message*
la red (familiar) *(family network)*
redactar *to write, to compose*
rodear *to surround*
saltar *to jump, bypass*
el sistema de contratación *recruitment*
triunfar *to succeed*

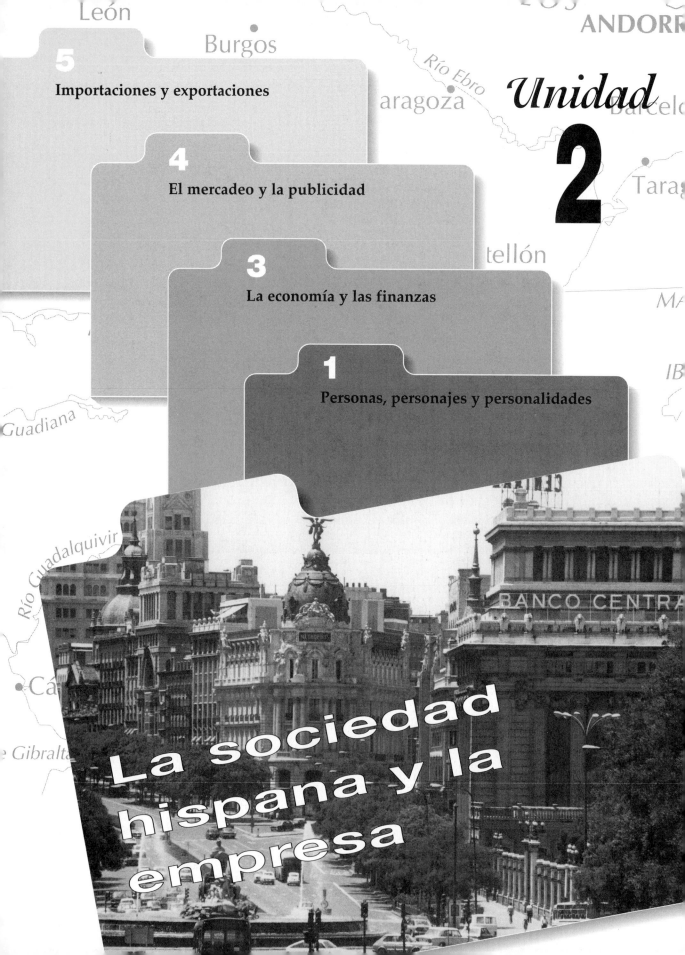

León

Burgos

ANDORR

Río Ebro

aragoza

Barcelo

Unidad

2

Tara

tellón

MA

IB

**5**

Importaciones y exportaciones

**4**

El mercadeo y la publicidad

**3**

La economía y las finanzas

**1**

Personas, personajes y personalidades

Guadiana

Río Guadalquivir

Cá

Gibralt

BANCO CENTRA

La sociedad hispana y la empresa

# Metas

En esta unidad quisiera aprender a...

- ■ conocer mejor España.
- ■ comprender algunos aspectos de la sociedad hispana.
- ■ entender la organización de una empresa española.
- ■ describir y narrar lo que ocurrió en el pasado.
- ■ redactar algunos tipos de cartas y notas de cortesía.

# Contactos y vocabulario

## ▤ Trasfondo cultural *(Temas de la cultura hispana)*

### A. ¿Quién es usted?

Para usted, ¿qué significa la pregunta «¿Quién es usted?» ¿Cómo la respondería? Haga una lista de todos los elementos que forman la **identidad** de una persona.

*Por ejemplo: nombre y apellidos, sexo, etc.*

### B. Para conocernos mejor

Trabaje con dos compañeros, usando la lista que hicieron en la Actividad A. Preparen preguntas para entrevistar a alguien, escribiendo una pregunta por cada elemento de la lista. Luego, usen las preguntas para conocer mejor a un(a) compañero(a).

*Por ejemplo:* origen/nacionalidad: *¿De dónde es usted?*
trabajo/carrera: *¿Qué estudia? ¿A qué se dedica usted?*

C. Which statements characterize respect for an individual's right to privacy and also focus on performance, rather than origin and family circle networking?

### C. Lo más importante...

Lea sobre *la red familiar* en la página 51. Luego, mire las frases que siguen. Marque las que usted cree que corresponden a un(a) hispano(a) con una **H** y las de un estadounidense con una **E**.

1. No puedo hacer negocios con él. Ni siquiera sé de dónde es su familia.
2. No lo conozco lo suficiente para preguntarle por su familia.
3. No importa de dónde venga; lo importante es saber si puede funcionar bien en este puesto.
4. Voy a pedirle que me consiga una entrevista a través de su tía.

### D. ¿Tiene usted enchufes?

Piense en las ocasiones en que alguna persona conocida (*a contact*) lo (la) ha ayudado a conseguir algo. En una frase, describa su relación con esta persona y lo que le consiguió. Siga el modelo.

*Por ejemplo: Un cuñado de mi tío me consiguió una entrevista en...y mi prima me consiguió una solicitud para...*

# ⊞ Así es

## La red familiar

En la lista que hizo en la Actividad A, ¿incluyó usted a la familia? Como usted vio en la Unidad 1, la familia está presente en muchos aspectos de la vida de un(a) hispano(a) y forma también parte integral de la **identidad** de una persona. Por eso, cuando se pregunta «¿Quién es Ud.?», los hispanos mencionarán a su familia cuando hablan de su origen, de la elección de su carrera, del tipo de negocio que tienen, de la región donde viven o piensan vivir y de las metas de su vida. Así piensan los españoles, según una reciente encuesta.

There are many references to the family in the documents presented in Unidad 1. How do you respond to this ranking of priorities?

### PUNTÚE DE 1 A 10 LO MÁS IMPORTANTE

| | |
|---|---|
| La familia | 9,4 |
| La calidad de vida | 8,0 |
| La vivienda | 8,0 |
| El trabajo o profesión | 7,9 |
| El bienestar económico | 7,8 |
| Los amigos | 7,7 |
| Disponer de tiempo libre | 7,3 |
| El medio ambiente | 7,3 |
| Mantenerse en forma | 6,9 |
| El éxito, la posición social | 6,4 |
| La religión | 5,7 |
| Lo que piensen de usted | 5,4 |
| La política | 3,2 |

Nótese que la familia incluye a todos los familiares: amigos, padrinos, compadres y los familiares de estos últimos que se mantienen en contacto y funcionan como un grupo familiar. La principal función de este grupo es ayudarse a todo nivel, especialmente en las relaciones personales y en los negocios y el trabajo.

Por lo tanto, cuando un(a) hispano(a) percibe que necesita ayuda para conseguir algo que le conviene para su carrera o sus negocios, siempre acude a un **compadre, amigo(a)** o **familiar** que conozca a alguien que sirva de contacto (**enchufe, palanca**) con la persona que pueda solucionar el problema. En general, el éxito en los negocios depende de la habilidad con que se usen los **enchufes** que uno tiene.

**padrino (madrina)** (*godfather/godmother*)

**suegro(a)** (*father-/mother-in-law*)

**ahijado(a)** (*godson/goddaughter*)

**cuñado(a)** (*brother-/sister-in-law*)

**yerno** (*son-in-law*)

**nuera** (*daughter-in-law*)

**tío(a)** (*uncle/aunt or parents' friend*)

**nieto(a)** (*grandson/granddaughter*)

**compadre (comadre)** (*godparents, from the parents' point of view*)

# ≣ Punto de embarque

## Problemas de España para ser competitiva en la OCDE[1]

| Dificultades para atraer inversiones | Puesto | Dificultades para competir | Puesto |
|---|---|---|---|
| Protección del medio ambiente | 23 | Presencia en el exterior | 23 |
| Crimen | 23 | Protección del medio ambiente | 23 |
| Terrorismo | 23 | Deseempleo | 23 |
| Desempleo | 23 | Política sobre el tipo de cambio | 22 |
| Incentivos al trabajador | 23 | Efectividad de la política fiscal | 22 |
| Trabajo organizado | 23 | Importación de energía vs. exportaciones productos | 22 |
| Efectividad de la política fiscal | 22 | Tecnología informativa en la dirección | 22 |
| Tratamiento fiscal | 22 | Calidad del producto | 22 |
| Flexibilidad de la dirección en el empleo | 22 | Mujeres profesionales en el trabajo | 22 |
| Justicia | 22 | Política agrícola | 21 |
| Prácticas desleales | 22 | Desregularización financiera | 21 |
| Tecnología informática en la dirección | 22 | Flujo de capital al extranjero | 21 |
| Calidad de productos | 22 | Reciclaje de recursos | 21 |
| Fuerza de trabajo femenina | 22 | Inversión nacional | 21 |
| Mujeres profesionales en el trabajo | 22 | Sustitución de recursos escasos | 20 |
| Disponibilidad de mano de obra formada | 22 | Objetivos a largo plazo | 20 |
| Política agrícola | 22 | Voluntad de delegar de la dirección | 20 |
| Libre circulación del crédito | 22 | Orientación hacia el mercado | 20 |
| Seguridad | 22 | Disputas entre industrias | 20 |
| Expropiación | 21 | Relaciones industriales | 20 |
| Desregularización financiera | 21 | | |
| Flujo de capital al extranjero | 21 | | |
| Reciclaje de recursos | 21 | | |
| Telecomunicaciones | 21 | | |

[1]OCDE... Organización para la Cooperación en el Desarrollo Económico del Tercer Mundo, formada por 24 países industrializados.

## 𝒜. Mire

Mire los gráficos y conteste las siguientes preguntas.

1. ¿Qué país está primero en la lista de los países más competitivos?
2. ¿Qué puesto ocupa España en esta lista?

3. Según estos datos, ¿cuáles son los problemas más graves que enfrenta España en la actualidad?

4. ¿Cuántos problemas tienen que ver con el mercado laboral y con la satisfacción del trabajador? ¿Cuáles son?

# *B.* Piense otro poco

Podemos ver que actualmente uno de los problemas de España es la falta de incentivos para el trabajador. Según usted, ¿qué quiere decir esto? Piense en la sociedad hispana y elija de la siguiente lista las cosas que más podrían incentivar al **trabajador español**.

**Incentivos:**

[ ] participación en la toma de decisiones

[ ] jubilación (*retirement*) a edad más temprana

[ ] atención médica en el mismo lugar de trabajo

[ ] permisos largos cuando nace un hijo o muere un familiar

[ ] sistemas de préstamos para adquirir casa propia

[ ] sistemas de ahorros en que la empresa pone parte del ahorro

[ ] trabajo asegurado para los hijos

[ ] sueldos más altos

[ ] becas de estudio (*scholarships*) para los hijos

[ ] clases de capacitación en la misma planta

[ ] horario flexible

[ ] guardería infantil en el mismo lugar de trabajo

## Para leer mejor

In the following reading you will probably encounter words and expressions that are unfamiliar to you. Since it is not necessary to know **every** word in order to understand the article's meaning, try to **guess** whenever possible, instead of using a dictionary. You can use the following clues.

1. **Context:** Can you guess what the word might mean by looking at the context in which it is used? It is not necessary to be exact at this stage. For example, **trabajar codo a codo** appears in the context of **proximidad**. What might it mean? **Ya no es rentable** appears in the context of **deja de tener ganancias**. What might **rentable** mean?

2. **Cognates:** Does the word look like an English word you know? For example, what might **ataque, maquinaria, arena** and **promover** mean?

3. **Derivatives:** Does the word look like some form of another Spanish word you know? For example, look at **ganancias (ganar), empresarios (empresa), fríamente (frío), obrero (obra), descubrimiento (descubrir)** and **porvenir (por + venir)**.

# *C.* A ver qué dice el artículo

Ahora, lea el siguiente artículo sobre las opiniones de unos jóvenes administradores acerca de la nueva empresa y la sociedad española. Mientras lee, trate de identificar las tensiones que existen en esta sociedad. Luego, complete las siguientes frases con sus propias palabras para resumir los contrastes entre el presente (**ahora/actualmente**) y el pasado (**antes**) que se presentan en el artículo.

## ¿Ganancias? Sí, pero...

1 De unos años para acá, las empresas han añadido a sus organigramas un departamento lleno de promesas. El flamante letrero reza:

### RECURSOS HUMANOS

Ya cansada del comunismo y tratando de curarse de un ataque de liberalismo puro, la economía ha reaccionado y ahora descubre con
5 entusiasmo el cuarto factor de la producción: **el hombre mismo**. Por eso, la revista española *TELVA* le ha preguntado a un grupo de empresarios jóvenes qué piensan de este cambio.

TELVA: Parece que el gran descubrimiento empresarial está ahora en **el factor humano**, que tiene un uso bastante más complejo que la
10 maquinaria más sofisticada. Hasta hace muy poco, los empresarios eran más **patrones** que jefes y por eso los vemos ahora más presentes cuando bajan a la arena a trabajar codo a codo con los empleados. Esa proximidad, ¿no hace más difícil tomar decisiones fríamente?

15 LOURDES: Estar cerca de los empleados no significa caer en un sentimentalismo barato, aunque creo que es un error la objetividad extrema de algunos gerentes que pretenden tomar decisiones sin alma. Creo que hay que pensar en cada empleado, en cada obrero, en cada colaborador y en sus
20 circunstancias. Porque no da lo mismo en un caso que en otro...

JAVIER: Tener las distintas circunstancias en cuenta en la diaria administración de la empresa nos evitaría tener que tomar decisiones extremas cuando las circunstancias sean extraordinarias.

25 ANA: Porque, mira, no se puede perseguir el lucro[1] solamente, sin tener en cuenta la dignidad de las personas en toda su plenitud. La empresa que se olvida que tiene hombres, deja de[2] tener un saldo a favor, deja de tener ganancias y ya no es rentable económicamente.

30 JAVIER: Una empresa en la que se tomen decisiones con un sentido humano de la administración de la empresa, al final se beneficia ella misma en el balance de fin de año, digo yo.

TELVA: A menudo se trabaja en grandes empresas impersonales. Lo triste es que uno pasa muchas horas del día allí...

35 LORETO: ¿Sabes que el otro día escuché en la radio que el Papa[3] planteó la empresa como una necesidad de la comunidad humana? Así reconoce la función de las ganancias, de la producción de riqueza, de sumar el capital al trabajo y obtener un producto. Pero, fíjate bien, también destaca el aspecto humano, el aspecto

40 más filosófico.

PEDRO: Las ganancias han sido el objetivo y la base de la existencia misma de las empresas. Sin embargo, ahora, son la consecuencia lógica de una manera de dirigir y de entender la empresa y **no** un fin en sí mismo, debo recalcar. Las ganancias

45 son indispensables para que una empresa siga funcionando, claro está. Pero, señores, éste no puede ser su único objetivo. Patrones, gerentes y jefes deben tratar a sus empleados y obreros como personas. Y deben satisfacer las necesidades de la sociedad y del cliente y obtener una ganancia: para mí, estos

50 tres objetivos deben ir juntos.

LORETO: Pensando en el porvenir, habría que superar los escollos del capitalismo puro y duro y promover otro sistema de corte humano que favorezca una revitalización de la sociedad civil. No entiendo por qué, por ejemplo, no hay representantes de las

55 asociaciones de telespectadores en el Consejo de RTVE[4]. Hay que tener más asociaciones, más voluntariado, más sindicatos.

[1]dinero, riqueza; [2]*stops, ceases to*; [3]*the Pope*; [4]Radio y Televisión Españolas

*"No tengo ni un momento para sentarme. He tenido que atender gente todo el día".*

## La estructura empresarial tradicional

Típicamente, las firmas o empresas hispanas han seguido el modelo clásico de la organización del **grupo familiar tradicional**. Es decir, los miembros se agrupaban bajo el jefe de la familia (el padre) o de la compañía (el patrón) y recibían de él (y de los otros jefes o gerentes de sección) dirección y un cierto nivel de protección y ayuda. Los empleados no participaban casi nada en la toma de decisiones y, en general, sólo seguían las órdenes de la dirección o de la gerencia de la firma. El estilo de administración tradicional ha sido, por lo tanto, eminentemente autoritario.

1. Antes, nadie pensaba en los trabajadores, sino en... Pero actualmente (ahora) hay departamentos de...
2. Antes, los jefes eran más patrones y más...Sin embargo, actualmente,...
3. Antes, los administradores tomaban decisiones fríamente y sin... No obstante, ahora saben que hay que pensar en...
4. Antes, los gerentes solían reaccionar a una crisis con decisiones extremas. Ahora, sin embargo, suelen planificar y...
5. Antes, los directores sólo pensaban en las ganancias y en el lucro como un fin en sí mismo; pero actualmente saben que hay otros objetivos, como...
6. Actualmente, no hay mucha participación de la sociedad civil en las... Antes, sin embargo,...

## ⅅ. Analice un poco

Con otra persona, completen lo siguiente para resumir algunas de las ideas principales del artículo.
En el artículo, se mencionan...

1. el comunismo vs. _____ .
2. el capitalismo puro vs. _____ .
3. la maquinaria vs. _____ .
4. las circunstancias extraordinarias vs. _____ .
5. el patrón vs. _____ .
6. el lucro vs. _____ .

# *E.* Conozca mejor la organización de una compañía

Según el artículo, las empresas españolas han añadido a sus organigramas un departamento o sección. ¿Cómo se llama este departamento? Agréguelo al siguiente organigrama.

El artículo dice que este nuevo departamento destaca al hombre como el cuarto factor de la producción. ¿Qué factor nombrado en el artículo falta? ¿En qué líneas aparecen los otros factores? Mire la siguiente fórmula y complétela.

Recursos + Trabajo + _____ + Recursos = Producción de
naturales                                    humanos     riqueza

# *F.* Organice la información

Con un(a) compañero(a), busquen palabras y expresiones en el artículo que se asocien a lo siguiente.

*Por ejemplo:* proximidad: *codo a codo, estar cerca,* etc.

1. empresarios
2. empleados
3. dinero
4. responsabilidades
5. sistemas socioeconómicos
6. lo humano

# *G.* Piense en el mensaje

Ubique las siguientes frases en el artículo y, con sus propias palabras, explique lo que quiere decir la persona que habla en cada caso.

1. «...creo que es un error la objetividad extrema de algunos gerentes que pretenden tomar decisiones sin alma.»
2. «La empresa que se olvida que tiene hombres deja de tener un saldo a favor...y ya no es rentable económicamente.»
3. «Las ganancias han sido...la base de la existencia misma de las empresas. Sin embargo, ahora son la consecuencia lógica de una manera de dirigir y de entender la empresa.»
4. «...promover otro sistema de corte humano que favorezca una revitalización de la sociedad civil.»

Le
espera un
gran y feliz
viaje...

Agencia Operadora de viajes

**AVIS**

CARIMUNDI

COSTA CRUCEROS
Estilo Italiano

DESTINOS
EUROPEOS

Euro Vip's

Ibermund

JULIATOURS
AUTOTUR JULIATOURS, S.A DE C.V.

OPESA
TOUR OPERATOR

PE·TRA
La Operadora Mexicana

SOLyMEX

TURAVIA

VIAJES
IBEROAMERICA
MEXICO

ECUADOR
INTERNACIONAL

viajes
marsans

**Espatur 95**

Consulte a su Agente de Viajes
Oficina Española de Turismo.
Tels. 531 1785  545 7322

aeromexico
AmericanAirlines
IBERIA

ESPAÑA

# Así se hace

## Las sociedades comerciales

Toda persona forma parte de un grupo o sociedad. Cuando usamos la palabra «sociedad» en el sentido general, nos referimos a las estructuras, instituciones y costumbres que usa un grupo para organizarse y comportarse. Así, toda sociedad desarrolla su propia cultura en base a sus propios valores y metas y su propia visión del mundo y de la condición humana. Como las empresas están organizadas para un objetivo general común y desarrollan valores y costumbres específicas, las empresas también son **sociedades** y los que pertenecen a ellas se llaman **socios**. En los siguientes ejemplos se puede ver que hay varios tipos de sociedades comerciales.

*Comercial Duero, S.A.*

**Sociedad Anónima:** Una sociedad capitalista (*corporation*) en la que se eligen algunos miembros del consejo directivo. Los socios tienen los mismos derechos mínimos y el capital está dividido en acciones. Se llama **anónima** porque hay o puede haber una infinita cantidad de accionistas (*stockholders*) anónimos que realmente no participan en el manejo de la compañía.

**Baldomero e Hijos, Cía. Ltda.**

**Compañía Limitada** (*Limited Partnership*): El capital de este tipo de sociedad se divide en participaciones iguales e indivisibles y los socios no exceden cierto número.

Ordóñez y Cía., S. en C.

**Sociedad en Comandita/Comanditaria:** En este tipo de sociedad hay dos tipos de socios: los colectivos y los comanditarios (*silent partners*). Cuando el capital de los comanditarios está representado por acciones, la sociedad se llama «Sociedad en Comandita por Acciones» (*Joint Stock Company*).

*Agustín González y Cía.*

**Sociedad Colectiva** (*General Partnership*): Una sociedad con responsabilidad personal, ilimitada y solidaria (*joint*) de los socios.

Según lo que usted sabe de la cultura hispana, ¿cuáles de estas sociedades son más típicas de un grupo familiar?

## 𝓗. Imagínese un momento

Según usted, ¿qué importancia tiene «lo humano» en las decisiones empresariales? ¿Qué obligaciones tienen las empresas con sus empleados y la comunidad? Con dos o tres compañeros, hagan una lista de 1) lo que las empresas **debieran hacer** y 2) lo que **debieran dejar de hacer** para servir mejor a la comunidad y a sus empleados.

*Por ejemplo: Debieran dejar de pensar sólo en el lucro. En cambio, debieran tratar de capacitar más a los trabajadores.*

## ❖ Inventario *(Vocabulario)*

### ❖ Para terminar con un saldo a favor, los empresarios tratan de...

formular una buena política empresarial.
cumplir las leyes del país y las normas del gobierno.
manejar bien los recursos financieros.
planificar bien el presupuesto.
evitar las deudas y los gastos innecesarios.
promover (**ue**) la eficiencia.
aumentar las ganancias.
invertir (**ie**) más en investigación y desarrollo.
destacar el aspecto humano de la empresa.
tener en cuenta la dignidad de la gente.
cumplir sus promesas al personal.
llevarse bien con los socios y los accionistas.
disminuir las quejas de los sindicatos.
mantenerse (**ie**) al día en cuestiones del medio ambiente.

### ❖ Por eso, a menudo tienen que...

despedir (**i**) a los obreros que no son capaces.
contratar obreros capacitados y especializados.
vender las compañías que no son rentables.
dejar de pensar sólo en ganancias y pensar más en su gente.
prestar atención a las demandas de los trabajadores.

### ❖ Antes, los jefes eran sólo...     Pero actualmente,...

| Antes, los jefes eran sólo... | Pero actualmente,... |
|---|---|
| patrones. | trabajan codo a codo con su gente. |
| propietarios. | proporcionan un plan de salud. |
| dueños. | se preocupan del bienestar general. |

### ❖ Antes, los empleados eran sólo...     Pero ahora suelen...

| Antes, los empleados eran sólo... | Pero ahora suelen... |
|---|---|
| dependientes sin poder. | participar activamente. |
| mano de obra barata. | planificar para el porvenir. |

organizadores de huelgas.
promotores de manifestaciones.
víctimas del paro.

exigir mejoras.
luchar por sus derechos.
preocuparse de su salud.

◆ **Los empleados han querido...**

mejores beneficios.
bonos de Navidad más altos.
participación en las ganancias.

**pero no han querido...**

someterse a un plan de ahorros.
aumentar las horas de trabajo.
jubilarse antes de tiempo.

Si usted no entiende cualquiera de estas palabras o expresiones, consulte su
**Archivo Personal** (pág. 89).

# Práctica (Vocabulario)

## A. Asociaciones

Mire la lista de vocabulario y ubique palabras relacionadas con las de la
siguiente lista.

*Por ejemplo:* accionistas

> *acciones, invertir, socios, ganancias, sociedad, participación,*
> *rentable, etc.*

| | | |
|---|---|---|
| **1.** jefes | **4.** rentable | **7.** quejas |
| **2.** personal | **5.** beneficios | **8.** sindicatos |
| **3.** ganancias | **6.** recursos financieros | **9.** poder |

## B. Una buena política empresarial

Para formular una buena política empresarial es necesario tener metas
(*goals*). Piense bien en las siguientes metas y, con un(a) compañero(a),
elijan frases del vocabulario que se refieran a cada una de ellas. En
seguida, denle cuenta a (*report to*) la clase, siguiendo el modelo.

*Por ejemplo:* llevarse bien con los empleados

> *mantener contentos a los obreros, cumplir las promesas, destacar el*
> *aspecto humano*

> **A la clase:** *Para llevarse bien con los empleados, es necesario que*
> *los empresarios mantengan contentos a los obreros, cumplan sus*
> *promesas, destaquen el aspecto humano y...*

**1. Meta N°1:** promover la eficiencia
**2. Meta N°2:** aumentar las ganancias
**3. Meta N°3:** mantener contentos a los obreros
**4. Meta N°4:** hacer un buen papel en la comunidad
**5. Meta N°5:** mantenerse al día en cuestiones del medio ambiente

## C. Papeles

Aproveche el vocabulario nuevo para preparar una breve descripción del papel (*role*) de la siguiente gente. En seguida, déle cuenta a la clase.

*Por ejemplo:* los sindicatos

> *Los sindicatos se dedican a luchar por los derechos de los obreros, a exigir...y a...*

1. el accionista
2. el gerente general
3. el director de producción
4. el director de recursos humanos
5. los socios comanditarios
6. los sindicatos obreros

## D. A Ud. le toca

Piense en cada uno de los siguientes temas y use los verbos indicados (u otros) para escribir frases con sus propias ideas.

| soler | tener en cuenta | evitar |
|---|---|---|
| dejar de | someterse a | prestar atención a... |

*Por ejemplo:* mi afán de superación

> *__Suelo__ estudiar mucho y trato de __someterme__ a un horario. Necesito __tener en cuenta__ lo que exigen las empresas y __prestar más atención__ a mi formación profesional. Voy a __dejar de__...*

Piense en estos temas...

1. mis ahorros
2. los ciudadanos y el medio ambiente
3. los planes para mi jubilación
4. los jefes y sus empleados
5. mi eficiencia
6. mis promesas

## E. Una encuesta

Formen grupos de tres o cuatro alumnos y entrevisten a sus compañeros sobre los siguientes temas. Después de analizar los datos, preparen un resumen para la clase.

*Por ejemplo: Un cincuenta por ciento (La mayoría) dijo que...*

¿Cuántos alumnos...

1. ...no son ciudadanos de los Estados Unidos?
2. ...aprovechan bien sus recursos financieros?
3. ...tienen un presupuesto mensual?
4. ...se someten a un plan de ahorros?
5. ...invierten sus ahorros?
6. ...obtienen ganancias de sus inversiones?
7. ...trabajan codo a codo con un(a) jefe?
8. ...siempre cumplen sus promesas?
9. ...ya piensan en su jubilación?
10. ...se preocupan de su porvenir?

## *F.* Desde mi punto de vista

Piense en la sociedad estadounidense y, con otros dos compañeros, usen ocho de los siguientes verbos para escribir frases que destaquen las necesidades de los Estados Unidos, según Uds.

*Por ejemplo:* formular

> *Opinamos (Pensamos, Creemos) que es necesario que la sociedad (el gobierno estadounidense) formule una política fiscal más efectiva para reducir la deuda pública y...*

1. promover
2. disminuir
3. preocuparse de
4. aumentar
5. aprovechar
6. invertir
7. mejorar
8. exigir
9. tratar de llevarse mejor con...
10. someterse a...
11. cumplir las promesas a...
12. destacar
13. despedir (a)
14. evitar
15. dejar de...
16. tener en cuenta

## *G.* ¿Qué quiere decir...?

Con otro(a) compañero(a), prepárense para explicar qué significa uno de los siguientes términos a una persona que sólo habla español y que no entiende estas palabras y sus connotaciones: *trustworthy, competitive, successful, self-starter, self-made man, ambitious, qualified, know-how, go-getter, input, fringe benefits, welfare system, affirmative action.*

# ⊞ Así se hace

## ¿Qué quiere decir, en realidad?

1. Hay muchas palabras parecidas en inglés y español. Sin embargo, sus connotaciones son diferentes y comunican los valores o énfasis peculiares de cada una de las culturas. Por ejemplo, **familia** y *family* son diferentes en su significado y en los papeles asignados a distintos familiares. Veamos otros ejemplos como **jubilarse** y *to retire*. Lea el siguiente párrafo.

   ...Cuando el español deja de trabajar es porque le jubilan. Jubilar, según el diccionario, es «eximir del servicio a un funcionario por razón de edad o de enfermedad», y en otra acepción: «Dar gritos de júbilo». (Díaz Plaja)

   Por lo tanto, **la jubilación** (no tener que trabajar más), es una ocasión de júbilo para un hispano y su familia, mientras que en inglés *to retire* tiene una connotación negativa, de pérdida del trabajo y la vida activa. Asimismo, usar un «enchufe» o recibir ayuda de amigos o familiares para conseguir algo es neutro en español. En cambio, en la cultura estadounidense, a nadie le gusta acudir a sus «*connections*» para conseguir algo; tiene una connotación negativa y hasta parece poco ético.

2. En algunos casos un valor o concepto no existe, no es aceptado o es ignorado en la otra cultura y, por eso, es casi imposible de traducir. Por ejemplo, *competition, competitive spirit / instinct*, aunque se usan y aceptan en general para una firma, negocio o producto (**la competencia, tener espíritu competitivo**), son bastante negativas cuando se refieren a **una persona** en particular. Por ejemplo, en la publicidad en español, rara vez se nombra o se hace comentarios negativos del producto o compañía que le hace la competencia a otro. Además, si una persona tiene espíritu competitivo, se piensa que es «metalizado» (*money hungry*) o desleal con sus amigos o compañeros.

*Competencia* regularly means **ability** and, along with *la competición*, it is used to talk about sporting events. Also, *competente* = **able, proficient, highly professional** or **technical performance**.

# Contextos y estructuras

## A. Piense

Mire los siguientes titulares del periódico español *El País* y decida a cuál de los siguientes temas se refiere cada uno.

la jubilación           el comercio internacional
los beneficios laborales     la competitividad económica

> **En la tercera edad, formación y ocio deben caminar unidos**

> **Sueldos en crisis: ¿Qué preferimos: un trabajador pobre o un trabajador en paro?**

> **España, a la cola de la competitividad por sus desventajas en el mercado laboral**

> **Objetivo irrenunciable: La búsqueda de una mayor competitividad para nuestros productos**

## B. Lea

Lea el fragmento del periódico español *El País* en la página 65 y decida cuáles de los temas de la Actividad A se mencionan.

## C. Piense otro poco

Según este artículo, ¿cuáles de las siguientes frases son ciertas? ¿Por qué?

1. En el pasado, las empresas españolas y los sindicatos no han logrado comunicarse bien.
2. Antes, las empresas han exigido una ley de huelga.
3. Ahora los empleados de RENFE van a jubilarse a los 70 años.
4. Como no se entendieron bien antes, ahora tratan de corregir la situación.
5. Antes, en la Renfe había mucha confrontación.
6. Para prepararlos para el futuro, les dan clases a los futuros jubilados.

# El País: *Ponte en mi lugar*

1   Una de las razones citadas por los empresarios para explicar su limitada
    competitividad frente a rivales extranjeros es la estrictez[1] de la legislación
    laboral española. Además, estos empresarios y gerentes han encontrado
    otra dificultad en la estrechez de miras[2] de los sindicatos. Por eso, se pidió
    una ley de huelga, por ejemplo. En definitiva, las oportunidades de
5   auténtico diálogo empresa-sindicatos, sobre todo más allá de las
    negociaciones salariales, han sido muy poco frecuentes.

    Según el director general de Recursos Humanos de Renfe[3], Blas
    Alascio:

    «...el elemento clave del mejor entendimiento es que compartimos una
10  información exhaustiva de lo que ocurre en la empresa, con negociación
    permanente de todos los temas de un modo racional. Hemos pasado de
    una cultura de confrontación a una cultura de entendimiento y colaboración
    con el futuro de la empresa.»

    Actualmente, la Renfe se encuentra negociando jubilaciones anticipadas
15  para el personal entre los 58 y 63 años de edad. No se trata sólo de una
    negociación de rentas con la que se intenta convencer a un hombre para
    que abandone la actividad de su vida. Simultáneamente, ya está en marcha
    un programa de preparación de la jubilación, con seminarios sobre calidad
    de vida.

[1]*strictness;* [2]*tunnel vision;* [3]Red Nacional de Ferrocarriles Españoles

# ⊞ Así se hace

## La comunidad europea

La Comunidad Europea (CE) es parte de la Unión Europea (UE) y se encarga de analizar, resolver y proponer normas para regular el comercio entre los países miembros. Por ejemplo, la CE regula la moneda europea, las tasas de cambio, los subsidios que se les darán a ciertos productores, etc.

In this unit, you can learn the Spanish names of many non-Hispanic countries.

Las relaciones entre España y la Unión Europea no han sido nada fáciles, porque España no estaba suficientemente industrializada ni su economía suficientemente desarrollada para formar parte del grupo de países fundadores. España entró en la CE en 1986, después de una gran polémica[1] pública en el país y algo de oposición del exterior. La Unión Europea empezó a funcionar en 1993 y ahora hay sólo un pasaporte para los ciudadanos de los países miembros: Alemania, Austria, Bélgica, Dinamarca, España, Finlandia, Francia, Grecia, Holanda, Inglaterra, Irlanda, Italia, Luxemburgo, Portugal y Suecia.

Las políticas de la UE presentan obstáculos económicos y políticos para España. Por ejemplo, España ha perdido muchas ganancias de exportaciones agroindustriales (verduras, frutas frescas y secas, vino, champaña, aceite de oliva) porque ahora tiene que competir con productos de otros países que les dan subsidios a sus productores. Además, también se han reducido las zonas de pesca para las flotas españolas.

España se opuso a la entrada de Austria, Suecia, Noruega y Finlandia a la Unión, no sólo porque el sistema de votación favorecía a estos países, sino porque ellos votarían en bloque con los países nórdicos, los cuales tienen economías más desarrolladas.

[1]*controversy*

## Planilla *(Repaso de gramática)*

## Para describir y narrar lo que ocurrió desde varios puntos de vista: Tres tiempos verbales

The articles on pages 54 and 55 offer some comparisons between **past** and **present** notions of business and employer-employee relations. Notice that the writers use different verb forms to convey various degrees and perceptions of the past. For example:

- To **summarize the past from a present-time point of view**, the **present perfect tense** was used.

  «Las empresas **han añadido** a sus organigramas un departamento lleno de promesas.»
  (*Companies **have added**...*)
  «Las ganancias **han sido** el objetivo y la base de la existencia misma de las empresas.»
  (*Profits **have been**...*)

- To **describe what used to be** or **what was common and routine practice** in the past, the **imperfect tense** was used.
  «Hasta hace bien poco, los empresarios **eran** más patrones que jefes asequibles...»
  (*...managers **were/used to be**...*)

- To **focus on a specific event or a particular action** or to **narrate a chain of actions** in the past, the **preterit tense** was used.

  «El otro día **escuché** en la radio que el Papa **planteó**...»
  (*...I **heard** that the Pope **proposed**...*)
  «Por eso se **pidió** una ley de huelga, por ejemplo.»
  (*...a strike law **was requested**...*)

In describing the past or narrating events that occurred, speakers and writers choose from these tenses to convey different types of messages, different perspectives, and different time frames. Appropriate use of these tenses allows the listener or reader to distinguish...

the **description** of what things were like in the past from
the **actions or events** that occurred at a particular point in time
and which are the main focus of the narration.

Here is a review of these tenses.

1. Use **the present perfect tense** to summarize the past as viewed from the present. This tense allows us to express what "has happened" or has not happened yet, as it affects our present time perspective. It is often used with expressions such as *hasta ahora, hasta este momento, ya, en realidad, todavía no* and others.

   —¿**Ya** han creado Recursos Humanos aquí?
   —No, **todavía no** han encontrado un buen gerente de sección.

To express the idea "there has/have been," only one form is used: *ha habido*.

**Ha habido** mucha inestabilidad; **ha habido** muchas huelgas.

To form this tense, convert the main verb to a participle by adding *-ado* (*-ar* verbs) or *-ido* (*-er/-ir* verbs) to the stem; then place this form after the appropriate form of the auxiliary verb *haber*. Notice that pronouns are placed **before** the form of *haber*.

| jubilarse | | cumplir | |
|---|---|---|---|
| me he jubilado | nos hemos jubilado | he cumplido | hemos cumplido |
| te has jubilado | os habéis jubilado | has cumplido | habéis cumplido |
| se ha jubilado | se han jubilado | ha cumplido | han cumplido |

**Some irregular participles are...**

| abrir → | **abierto** | decir → | **dicho** | escribir → | **escrito** |
|---|---|---|---|---|---|
| hacer → | **hecho** | inscribir → | **inscrito** | morir → | **muerto** |
| poner → | **puesto** | resolver → | **resuelto** | romper → | **roto** |
| satisfacer → | **satisfecho** | ver → | **visto** | volver → | **vuelto** |

Other verbs with the same roots will follow the same irregular patterns: deshacer–deshecho, devolver–devuelto, suponer–supuesto, descubrir–descubierto.

*Por ejemplo:* Aunque **ha trabajado** codo a codo con sus empleados, este gerente todavía no entiende bien sus quejas.
Aunque el operario **se ha desempeñado** bien, van a tener que despedirlo.

2. Use **the imperfect tense** to picture a **period** in the past, or to describe what occurred (or did not occur) **routinely**, **frequently**, or **customarily**.

This tense allows us to convey a past state of affairs: what used to/would take place or what was happening at the time another event occurred. To form this tense, add *-aba* forms (*-ar* verbs) or *-ía* forms (*-er*/*-ir* verbs) to the stem of the verb.

| quejarse | | promover | |
|---|---|---|---|
| me quej**aba** | nos quej**ábamos** | promov**ía** | promov**íamos** |
| te quej**abas** | os quej**abais** | promov**ías** | promov**íais** |
| se quej**aba** | se quej**aban** | promov**ía** | promov**ían** |

There are only three irregular verbs in the imperfect tense.

| **ser:** | **era,** | **eras,** | **era,** | **éramos,** | **érais,** | **eran** |
|---|---|---|---|---|---|---|
| **ir:** | **iba,** | **ibas,** | **iba,** | **íbamos,** | **íbais,** | **iban** |
| **ver:** | **veía,** | **veías,** | **veía,** | **veíamos,** | **veíais,** | **veían** |

*Iba a* + infinitive is used to state past intentions or what one **was going to do** when something else happened. The word *había*, when it means "there was/there were," is used only in the singular form. The expression *había que*, "it was necessary to...," also has only one form.

*Por ejemplo:* En esa empresa, la situación **iba** de mal en peor. Las ganancias **disminuían** mientras las quejas de los sindicatos **aumentaban**. Siempre **había** huelgas y manifestaciones porque los jefes no **cumplían** sus promesas. Todos **sabíamos** que algo **iba a** ocurrir.

Antes, como los obreros no **podían** participar en la toma de decisiones, no **se sometían** fácilmente a las reglas y **se quejaban** de todo a menudo.

The imperfect tense is often used with expressions of frequency or global time frame.

| | | |
|---|---|---|
| **siempre** | **en aquel tiempo** | **por lo general** |
| **a menudo** | **en esa época** | **todo el tiempo** |
| **antes** | **en aquel entonces** | **casi siempre** |

3. Use **the preterit tense** to focus on a **particular point in time**—to relate an event, to react to an event, or to capture a series of actions in the past.

To form the preterit, add the following endings to the verb stem.

| **plantear** | | **someterse** | |
|---|---|---|---|
| plante**é** | plante**amos** | me somet**í** | nos somet**imos** |
| plante**aste** | plante**asteis** | te somet**iste** | os somet**isteis** |
| plante**ó** | plante**aron** | se somet**ió** | se somet**ieron** |

The preterit tense is often used with certain expressions that focus on . . .

- a specific time frame: *dos horas, tres meses, en la reunión.*
- a particular point in the past: *en seguida, de repente, pronto, a las tres, un día, una vez, el 6 de enero, hace un mes.*
- a sequence of events: *entonces, luego, en seguida, después de eso.*

A very common expression is formed by *al* + infinitive and conveys the idea "on... arriving, entering, seeing, hearing."

*Por ejemplo:* Una empresa multinacional **despidió** ayer a cientos de empleados. **Leyeron** en el periódico que, **al oír** las noticias, los accionistas **se pusieron** furiosos porque el consejo directivo no **previó** la crisis.

Another common phrase, *hace XX años/meses/días que...*, expresses the idea **XX years/months/days ago**.

*Por ejemplo:* **Hace tres años que** conocí al señor gerente general.
**Hace ya un tiempo que** usamos este enfoque humano en la empresa.

Consult Appendix V for irregular, stem-, and spelling-changing verbs in the preterit.

## A. Lo he hecho todo

Entreviste a sus compañeros y averigüe cuántos han hecho las siguientes cosas. Si responden afirmativamente, escriba sus nombres en una hoja de papel. Déle cuenta a la clase, según el modelo.

*Por ejemplo:* enviar una solicitud

*¿Has enviado una solicitud de empleo alguna vez?*
**A la clase:** *Tres alumnos han enviado... Uno ha enviado más de 40 solicitudes, pero todavía no ha conseguido un puesto. Yo también he enviado...y ya he conseguido una entrevista...*

1. firmar un contrato
2. participar en una manifestación
3. escribirle a un funcionario de gobierno
4. inscribirse en un sindicato
5. servir de líder de una organización
6. conseguir un puesto por medio de amigos o familiares
7. romper una promesa
8. hacer un presupuesto
9. quejarse de un(a) compañero(a)
10. votar en alguna elección

## B. Hay que enterarse de todo

Júntese con los compañeros que respondieron afirmativamente a dos de las preguntas de la Actividad A. En seguida, hágales preguntas para conseguir más información. Tome apuntes y déle cuenta a la clase.

*Por ejemplo:* XX ha firmado un contrato.

*¿Cuánto tiempo hace? ¿Qué tipo de contrato firmó? ¿Qué tuvo que hacer? ¿Quedó contento(a) con el contrato?*

## C. Datos biográficos

Complete la siguiente tabla para contarle un poco de su propia historia a la clase. En cada tema,...

1. empiece con el presente (**actualmente; ahora**).
2. luego, describa el pasado en general (**antes**).

3. en seguida, relate algo que ocurrió una vez o mencione un evento específico (**un día, una vez**).

4. por último, diga lo que no ha hecho o no le ha pasado todavía (**en realidad, siempre/nunca, la verdad es que...**).

| | Ahora... | Antes... | Una vez... | Siempre / Nunca... |
|---|---|---|---|---|
| Personalidad: | *Soy...* | *Era...* | *Fui un(a) bobo(a)...* | *Pero, nunca he sido...* |
| Gustos: | | | | *Siempre me ha gustado...* |
| Pasatiempos: | | | | |
| Viajes: | | | | |
| Residencias estudiantiles: | | | | |
| Trabajos: | | | | |
| Estudios: | | | | |
| Amigos: | | | | |
| Ahorros: | | | | |

## ✍. Me acaba de pasar

Averigüe si otro(a) compañero(a) **ha hecho** las siguientes cosas recientemente y cuánto hace que las **hizo**. Luego, siga haciéndole preguntas (usando el tiempo pretérito) para enterarse de otros detalles. Use por lo menos dos de los verbos que se dan a continuación.

*Por ejemplo:* Ha recibido buenas noticias: saber/decir *¿Has recibido buenas noticias recientemente? ¿Hace cuánto tiempo? ¿Qué supiste? ¿Qué dijiste?*

**Preguntas útiles:** ¿Cuándo?/¿Cuánto tiempo hace?/¿Qué hiciste?/ ¿En qué...?/¿Dónde pasó eso?/¿Adónde fuiste?/¿Por qué (no)...?/¿Cómo...?/¿Quién te llamó?/¿A quién llamaste?/¿Con quién hablaste (estuviste)?

**Averigüe si su compañero(a)...**

1. ha ahorrado dinero recientemente: disminuir los gastos/invertir/ seguir un plan

2. se ha quejado de algo recientemente: no estar contento(a)/mejorar la situación/decir/responder

3. se ha puesto nervioso(a) recientemente: ocurrir/sentirse incómodo(a)/hacer para calmarse

4. ha tomado una decisión importante recientemente: decidir/sentirse después/decirle a tus amigos

5. ha recibido malas noticias recientemente: saber/pensar/responder

6. ha estado en otro país recientemente: irse y volver/vivir/hacer/ conocer

7. ha enviado una solicitud de trabajo recientemente: poner información/incluir otros datos/recibir contestación
8. ha leído un artículo sobre el mundo hispano recientemente: aprender/incluir/cambiar de opinión

## E. A evaluar la situación

¿Cuáles de las siguientes metas ya se han alcanzado en los Estados Unidos? Déle su opinión a la clase sobre lo que ya se ha hecho y lo que todavía no se ha hecho.

*Por ejemplo:* disminuir los gastos del gobierno

*Todavía no se ha hecho. Los ciudadanos ya nos hemos quejado mucho del excesivo gasto fiscal, pero todavía no hemos visto cambios.*

1. satisfacer las necesidades básicas de la población
2. abrir paso al libre comercio
3. resolver el problema de la delincuencia en las grandes ciudades
4. promover los derechos civiles de los ciudadanos
5. llevarnos bien con otros países de América
6. ver cambios en la fuerza laboral femenina
7. proteger el medio ambiente
8. disminuir la deuda interna

## F. Inventos y descubrimientos

Los siguientes inventos y adelantos han servido para hacer más fácil y cómoda la vida. Elija uno de ellos y describa cómo era la vida **antes** de cada invento. Luego, indique **qué efectos tuvo** el invento en la sociedad y cómo cambiaron los estilos de vida. Siga el modelo.

*Por ejemplo:* el aire acondicionado, inventado por un estadounidense en 1911

*Antes del siglo veinte, la gente de Estados Unidos estaba más acostumbrada al calor. Usaba abanicos y ventiladores. Sin embargo, mucha gente se enfermaba en el verano y, a veces, los niños y los viejos se morían de calor. **Entonces**, en 1911, un científico estadounidense inventó el aire acondicionado. Ya no fue necesario preocuparse tanto del calor, ni tampoco... Por eso, la gente pudo...*

**Inventos:**

1. el papel, producido por un chino en el año 105
2. el avión con motor, inventado por dos estadounidenses en 1903
3. el bolígrafo, inventado por un húngaro en 1838
4. el teléfono, inventado por un estadounidense en 1876

5. la bicicleta moderna, construida por un inglés en 1885
6. la máquina calculadora, hecha por un inglés en 1833
7. la videograbadora, producida por una empresa japonesa en 1975
8. la minicomputadora, producida por una empresa estadounidense en 1960
9. el televisor, inventado por un estadounidense en 1927
10. la aspirina, fabricada por una empresa alemana en 1889
11. la comida congelada, hecha por una empresa estadounidense en 1924
12. el automóvil, hecho por primera vez por un austríaco en 1864

# Panoramas y redacción

## A. La red familiar

Lea la nota sobre "El individuo y la sociedad" y piense en respuestas a las preguntas que siguen.

1. ¿Cómo puede existir en España **la red familiar**, los padrinos y los amigos, si hay tanto rechazo (*rejection*) a la colaboración?
2. Se ha dicho que este aspecto del carácter español es uno de los factores que más contribuye a la falta de competitividad de España en la Comunidad Europea. ¿Por qué?

---

### ⊞ Así es

### El individuo y la sociedad

En el artículo de la página 55, Lourdes destaca la necesidad de promover una revitalización de la sociedad civil española a través de más representantes, más asociaciones, más voluntariado y más sindicatos. Compare el comentario de Lourdes con la descripción que ofrece el escritor y filósofo Fernando Díaz-Plaja en el siguiente ensayo. ¿Será fácil promover este cambio en la sociedad española? ¿Qué diferencias se distinguen entre la sociedad española y la estadounidense?

El español vive **con** una sociedad, pero jamás inmerso en ella. Su personalidad está recubierta de pinchos que se erizan[1] peligrosamente ante el intento de colaborar en cualquier empresa[2]. En ciencia, esto[3] se llama **labor de equipo** y su falta ha sido muchas veces reconocida como determinante de la lentitud del progreso español...

El español siente, en general, una instintiva animosidad a formar parte de asociaciones. Compárese con Inglaterra o Estados Unidos, por ejemplo, en donde es normal que un ciudadano sea miembro de cinco o seis organizaciones patrióticas, benéficas, religiosas o recreativas. El español no va a colaborar con otros para resolver problemas, sino a encontrar un sitio cómodo en donde él pueda contarle a los demás lo que piensa del mundo.

Adaptado de Fernando Díaz-Plaja, *El español y los siete pecados capitales*
[1] *thorns that stand on end;* [2] *undertaking;* [3] *the latter*

## B. Las organizaciones

¿Es usted miembro de alguna organización o asociación? Elija de la siguiente lista los tipos de grupos en que Ud. ha estado. En seguida, explique de qué manera estas organizaciones pueden servirle de «red» o «enchufe» a Ud., como estadounidense.

clubes académicos o estudiantiles

organizaciones benéficas o caritativas

clubes recreativos o deportivos

hermandades (*fraternities/sororities*)

organizaciones políticas

asociaciones de consumidores

organizaciones religiosas

sociedades profesionales

gobiernos estudiantiles

grupos de voluntarios

grupos de vecinos

sindicatos

Think about the vast number and variety of groups and organizations in U.S. society of "joiners": self-help groups, group therapy, weight watchers, single parents, environmental groups, health awareness groups, etc. These associations function in many ways like the Hispanic *red familiar* and serve to provide not only a support system and *enchufes* but a forum for common interest and a sense of "belonging," of "fitting in;" in short, an identity.

# Papeleo cotidiano *(El arte de escribir)*

Como los hispanos no confían ni se interesan en grupos que no sean el propio círculo de gente conocida, es costumbre escribir cartas de saludo o de agradecimiento a las personas que se han conocido o de las que se ha recibido un favor. En esta sección, veamos comunicaciones escritas usadas para...

1. entrar en contacto con una persona a través de un miembro del círculo: **la carta de presentación**.
2. mantener buenas relaciones con la nueva persona conocida: **la carta de agradecimiento o carta de excusa** por no poder asistir a una reunión social.

## La carta de presentación

Es bastante corriente llevar este tipo de carta cuando se viaja a iniciar contactos de negocios. Esta carta sirve para presentar al portador (el que lleva la carta) a otra persona en particular o a cualquiera en general. De esta manera, los que leen la carta pueden identificar al recién llegado fácilmente, saber de qué compañía viene y poner a su disposición sus servicios y datos. Si el viajero va a visitar varias firmas o instituciones, generalmente lleva varias cartas que lo presentan y que describen...

- **la relación entre el que escribe y la persona presentada.** El escritor de la carta puede ser un amigo, un familiar, un cliente, el amigo o familiar de un cliente, un colega, un empleado, un ex-empleado, etc.
- **el tipo de ayuda que necesita la persona presentada.** Puede ser que necesite que le faciliten las cosas, que lo presenten a otros profesionales, que le ayuden a encontrar un puesto, que le ayuden a conseguir información, etc.

- **la razón de su visita.** Puede ser por motivos particulares o profesionales: para buscar trabajo, ampliar las ventas, estudiar, hacer investigación, abrir un negocio, etc.
- **las cualidades y los méritos del presentado.** Cuando se trata de una carta de recomendación se agrega esto.
- **la fecha de su llegada y la duración de su estancia en la ciudad.** Se incluye sólo cuando es necesario.

Santiago, 2 de enero de 1999

Señores
Compañía Olivarera Ybarra
Sevilla

Estimados señores:

En fecha próxima llegará a ésa la Srta. Dña. María de la Nieves Ortega Arjonilla, hija de uno de nuestros clientes, con quien además de una buena relación comercial nos une una firme amistad. La citada joven piensa permanecer dos meses en Sevilla para asistir a unos cursos que se imparten en la Escuela de Ciencias Administrativas de la Universidad de Sevilla.

Les agradeceremos infinitamente cualquier tipo de ayuda que puedan ofrecerle durante su estancia, especialmente en cuanto a completar sus proyectos de investigación. Estamos seguros de que sabrán atenderle con todo interés, por lo que les damos las gracias y nos ponemos a su servicio.

Aprovechamos la ocasión para saludarles cordialmente.

Atte.,

*José María Mestre Iglesias*
fdo. José María Mestre Iglesias

## A. Explique

Teniendo en cuenta lo que ya sabe de la cultura hispana, ¿por qué podría ser importante llevar una carta de presentación en un viaje?

# B. Analice

Cite la línea de la carta donde se da la siguiente información.

nombre del (de la) portador(a)　　　razón del viaje del presentado

nombre de la empresa destinataria　　fecha de llegada y estancia

lo que une al escritor con　　　　　lo que necesita el/la
el (la) portador(a)　　　　　　　　portador(a)

agradecimiento de atenciones　　　　despedida

## La carta de agradecimiento

Es costumbre agradecer por escrito cualquier atención o ayuda recibida. Mire la siguiente carta, escrita por María de las Nieves Ortega Arjonilla, después de su estancia en Sevilla.

---

Santiago, 2 de julio de 1999

Señor
José Agustín Romero Cádiz
Gerente de Producción
Compañía Olivarera Ybarra
Sevilla

Estimado señor Romero:

　　Doy a usted mis más expresivas gracias por la ayuda que me proporcionó durante mi reciente viaje a Sevilla para completar mi trabajo de campo en su planta. Muy en especial, les agradezco a Ud. y su familia la amable hospitalidad que me brindaron. Sus numerosas atenciones no sólo facilitaron el logro de mis objetivos académicos, sino que me han obsequiado muchos momentos de grata recordación.

　　Esperando que en un futuro próximo podamos mi familia y yo corresponder a sus gentilezas cuando nos proporcionen el placer de su visita a Santiago. Le saludo con el mayor afecto.

Un abrazo de
　　　Mª de las Nieves Ortega A.

---

## 𝒞. Explique

1. ¿Por qué se considera importante el agradecimiento escrito?
2. Según la carta, ¿se limitó la ayuda a sólo cuestiones de negocios?

## 𝒟. Analice

Lea la carta otra vez y dé otras palabras o expresiones que signifiquen aproximadamente lo mismo que...

1. proporcionar (línea 9)
2. agradecer (línea 11)
3. brindar (línea 12)
4. obsequiar (línea 13)
5. grata (línea 14)
6. gentilezas (línea 16)
7. afecto (línea 18)

## ℰ. Escriba

Imagínese que Ud. recibió varias atenciones de una familia de otro país que le facilitó las cosas para buscar trabajo y apartamento. Escríbales una carta de agradecimiento. Use la carta de Mª de las Nieves como ejemplo.

## 𝓕. Una invitación

Lea la siguiente invitación. ¿Quién ha organizado esta fiesta? ¿Qué evento conmemora la fiesta? ¿A qué hora y en qué fecha es la fiesta?

Sevilla, 10 de abril de 1999

La gerencia del Laboratorio "La Maja"
tiene el agrado de invitarle
a su gran fiesta de aniversario
a celebrarse el 25 de los corrientes
en los salones de "La Bombonera" a las 21 hrs.

Esperando contar con su amable presencia quedamos,
como siempre, a sus gratas órdenes.

RSVP                    Cristina Pérez Porto de Córdoba
                                    Gerente

Sevilla, 18 de abril de 1999

Estimada señora Pérez:

Lamento sinceramente que compromisos contraídos con anterioridad me impidan tener el gusto de asistir a la recepción a la que tan amablemente me ha invitado el próximo sábado 25 del corriente.

Espero que muy en breve se presente otra oportunidad en que podamos reunirnos.

Cordialmente le saluda
Julio C. Caballero Muñoz

## ⚡. Cómo excusarse por no poder asistir

Ud. está invitado(a) a la fiesta de aniversario de «La Maja». Desgraciadamente, no le será posible asistir. Escriba una breve contestación para excusarse. Use la carta del señor Caballero de modelo.

## ⊞ Así se hace

### Frases apropiadas

| Para... | se dice... | se escribe... |
| --- | --- | --- |
| un cumpleaños | ¡Feliz cumpleaños!<br>¡Enhorabuena! | Que los cumplas feliz, en compañía de tu familia. |
| una boda | ¡Enhorabuena!<br>¡Que vivan los novios! | Que la dicha y felicidad llenen vuestro hogar. |
| un funeral | Mi más sentido pésame. | Que Dios le tenga en su santo reino. |
| un ascenso | ¡Enhorabuena!<br>¡Felicidades! | Le (Te) felicito; se lo tiene muy bien merecido. |

*La sede de la BASF Española, S. A., está en el Paseo de la Gracia, en Barcelona, la Ciudad Condal.*

# ⊞ Así se hace

## *Desarrollo y crisis en España*

En las dos últimas décadas, España ha tenido un gran desarrollo económico. Los grupos económicos nacionales y también varias empresas multinacionales extranjeras invirtieron grandes cantidades de dinero en crear distintas compañías españolas. Sin embargo, según el periódico español *ABC*:

> España no «está en manos» de las multinacionales, como se ha dicho, porque éstas sólo venden un promedio de 100.000 millones anuales, mientras que las grandes empresas españolas facturan, más o menos, un billón[1] de pesetas al año.

En estos tiempos de reacomodación de la economía mundial, no obstante, todavía no se acostumbra la gente a la prosperidad cuando ya hay otra crisis encima. España enfrenta ahora no su falta de desarrollo interno, sino la seria competencia de países «tercermundistas» que atraen poderosamente a los inversionistas multinacionales con mano de obra más barata y gran cantidad de población menor de 20 años de edad. Esta característica poblacional garantiza abundancia de obreros y de consumidores y luego la veremos como un importante factor de las economías de la América hispana también.

[1] *a trillion*

# ▤ Hoy en día *(La economía y las estadísticas)*

## Desarrollo económico de España

### *A.* Piense un momento

De una crisis económica, lo que siempre nos preocupa más son sus efectos sobre el ciudadano común y su vida cotidiana (diaria). En la siguiente lista, subraye todos los efectos que Ud. haya detectado cuando una crisis económica haya afectado a su ciudad o región.

se van los inversores
se jubilan antes los mayores
cierran las fábricas
bajan las matrículas
escasean (*are scarce*) los trabajos
aumenta la delincuencia
se hipotecan (*are mortgaged*) las casas
se va la gente

reducen parte del personal
contratan gente con experiencia
hay variedad de empleos
cierran algunas secciones
la construcción se detiene
hay manifestaciones de apoyo
disminuyen las ventas al detalle (*retail sales*)
aumentan los divorcios

# B. Lea

Ahora lea un artículo del *ABC* y piense en qué efectos de la actual crisis se notan en España.

## La inversión extranjera en España: ¿Por qué se van las multinacionales?

1  En estos últimos meses se están produciendo preocupantes noticias sobre empresas multinacionales que estaban radicadas en el país y que ahora han decidido reducir o suprimir totalmente su presencia en España. Algunas simplemente se van a otros países. Otras cierran algunos establecimientos fabriles y se concentran en los restantes. Otras, en fin,
5  mantienen abiertas sus industrias pero están reduciendo la plantilla[1] y reestructurando su producción en España. Hemos oído ya los casos de Suzuki, Gillette, Rank Xerox, Osram, Basf y de muchas otras empresas.

No es una sorpresa total. Sabíamos de los temores de los inversores extranjeros; intuíamos que años y años de promesas de reformas
10  económicas nunca cumplidas eran un mal presagio; sospechábamos que a la larga nos afectaría la competencia emergente en los países de Europa Oriental y el Extremo Oriente y conocíamos que España ya no era, como en un pasado reciente, objetivo interesante para el capital extranjero.

¿Por qué se van las multinacionales? En primer lugar, porque vinieron,
15  aunque parezca una perogrullada[2]. En los últimos treinta años, España ha gozado del maná de las inversiones extranjeras. Por ejemplo, un país que apenas tenía tradición de fabricación de automóviles atrajo en unos pocos años a los principales fabricantes mundiales, quienes establecieron sus industrias en nuestra tierra y nos convirtieron en ¡la quinta potencia
20  automovilística mundial! Hemos llegado a producir dos millones de vehículos anuales, cifra superada sólo por Japón, Estados Unidos, Alemania y Francia, colocándonos por delante de Italia y Gran Bretaña.

Mas[3] ya no somos los quintos del mundo. Este puesto lo ha ocupado ahora Corea del Sur y nosotros hemos bajado al séptimo lugar. Así y todo[4],
25  en otros sectores como el químico, el de electrodomésticos o en el de bienes de equipo, la inversión extranjera ha sido fundamental para el despegue[5] económico español. Por eso nos preocupa que se vayan las multinacionales, porque todavía necesitamos más inversión en los enormes procesos de industrialización y de modernización que se han emprendido[6].

[1]el personal; [2]cosa obvia; [3]Pero; [4]Sin embargo; [5]desarrollo; [6]empezado

## *C.* Analice

Lea otra vez el artículo y nombre...

1. tres formas en que las multinacionales reducen sus operaciones.
2. tres posibles causas por las que se van las multinacionales.
3. tres industrias españolas en que las multinacionales invirtieron capital.

## *D.* De Pero Grullo

Con dos compañeros, piensen en una manera de solucionar el problema español y retener a las multinacionales en España. La solución tiene que ser realista y razonable y no debe pedirles enormes sacrificios al consumidor ni a los trabajadores. Explíquenle su solución a la clase. Como se ve en las tablas de la pág. 84, España es un país de poca superficie, con muchas regiones pequeñas que son, en varios casos, multilingües o multiculturales. Además, en España vive la comunidad de gitanos europeos más grande, con un total aproximado de 500.000 habitantes. Esta pluralidad multicultural no está libre de polémica (*controversy*), como se puede ver en el siguiente fragmento.

## *E.* Los idiomas

Según la noticia sobre la ley del catalán, explique qué debe hacerse en los siguientes casos.

1. ¿En qué idioma debe enseñarse matemáticas en una escuela catalana, según el Tribunal Supremo?
2. ¿Quién debe decidir en qué idioma estudiarán los niños, según Ud.?
3. ¿Qué efecto tendría en Estados Unidos si se declarara oficial el idioma inglés? ¿En qué idioma aprenderían a leer y a hacer cómputos matemáticos los niños cambodianos, chinos, vietnamitas e hispanos?

### *La ley del catalán viola derechos fundamentales*

1 El Tribunal Supremo[1], en contra de lo que piensa la Generalitat de Catalunya[2], considera que los niños catalanes tienen el derecho a recibir sus clases en castellano, si así lo eligen sus padres, ya que sólo es obligatorio conocer la lengua oficial del estado español: el castellano. Respecto a las demás lenguas oficiales de las comunidades autónomas,
5 todos sus habitantes tienen el derecho, pero no la obligación, de conocerlas. Ahora el Supremo consultará al Poder Constitucional, el cual se dice que confirmará la ley aprobada hace más de diez años.

[1]Corte Suprema; [2]gobierno de Cataluña

## *La brecha ahorro-inversión*

España y muchos otros países, incluídos los Estados Unidos, necesitan inversión extranjera porque el país no ahorra suficiente dinero para invertir en el desarrollo de su economía. A veces, los países no ahorran lo suficiente porque su gasto público es enorme, porque el ahorro se gastó en otra cosa como una guerra o un grupo privilegiado o corrupto o porque lo que el país produce o vende es de poco valor o existe en muy poca cantidad en comparación a la población que hay que mantener.

El ahorro nacional se puede invertir en...

- **la educación**, formación y capacitación de los jóvenes.
- **la investigación** y el mejoramiento de la tecnología necesaria en el país.
- **la infraestructura**: red de caminos, telecomunicaciones, puertos, almacenaje[1].
- la producción de **energía**.
- la construcción e **instalación de centros productivos**, plantas o fábricas.
- **la construcción** de hospitales, viviendas y escuelas.

El ahorro nacional es **el saldo a favor** de un país; es decir, todo el dinero que gana el país después de pagar su **deuda interna** (deuda pública) y **externa** (lo que se debe a otros países).

[1]*warehousing, storage*

## España

La crisis económica afecta a las distintas regiones españolas de distinta manera. Por ejemplo, si Suzuki y Gillette cierran en Andalucía, esa región pierde miles de trabajos que pueden ser algunos de los pocos trabajos especializados de la región. Veamos algunos datos del país y de las distintas regiones.

### ESPAÑA

superficie=504.750 Km2
religión=católica (96,9%)
moneda=peseta (ptas.)

idioma oficial=español
idiomas nacionales=catalán, vascuence o eusquera, gallego

### PERFIL DEMOGRÁFICO O POBLACIÓN

total=38.872.635 hab.
crecimiento=0,2%
año 2000=41.000.000 hab.
hab. por médico=287
analfabetos=4,2%
Madrid=3.084.673 hab.
Barcelona=1.681.132 hab.
Sevilla=704.857 hab.

urbana=78%
<20 años=28,8%
20–39 años=30,2%
40–64 años=22,8%
>65 años=18,2%

Como se ve en esta tabla, España no tiene tantos jóvenes en edad laborable como los países del Tercer Mundo.

### REGIONES O COMUNIDADES AUTÓNOMAS

| | Capital | Población | Idiomas |
|---|---|---|---|
| Andalucía | Sevilla | 7.040.627 | español andaluz |
| Aragón | Zaragoza | 1.178.521 | español aragonés |
| Asturias | Oviedo | 1.098.725 | español asturiano |
| Baleares | Palma | 767.918 | catalán, español |
| Canarias | Santa Cruz de Tenerife | 1.637.641 | español canario |
| Cantabria | Santander | 534.690 | español, vascuence |
| Castilla-La Mancha | Toledo | 1.651.833 | español castellano |
| Castilla y León | Valladolid | 2.562.979 | español castellano |
| Cataluña | Barcelona | 6.115.579 | catalán, español |
| Extremadura | Badajoz | 1.050.490 | español extremeño |
| Galicia | La Coruña | 2.720.445 | gallego, español |
| Com. de Madrid | Madrid | 5.030.958 | español castellano |
| Murcia | Murcia | 1.059.612 | español, valenciano |
| Navarra | Pamplona | 527.318 | español, vascuence |
| País Vasco | Vitoria-Gasteiz | 2.190.009 | español, vascuence |
| La Rioja | Logroño | 266.286 | español, vascuence |
| Com. Valenciana | Valencia | 3.923.841 | valenciano, español |

# ▤ Atando cabos *(Actividades de integración y expansión)*

## 𝒜. Para organizar su vocabulario

En este capítulo, Ud. ha visto palabras conocidas en muchas formas o derivaciones. En la siguiente lista, dé el sustantivo derivado de cada verbo.

1. gastar
2. ahorrar
3. saldar
4. firmar
5. desarrollar
6. invertir

7. promover
8. competir
9. prometer (*to promise*)
10. ganar
11. enchufar (*to plug in*)
12. jubilar

13. quejar
14. despedir
15. mejorar
16. agradecer
17. obrar
18. endeudarse

## ℬ. Cronología

En parejas, hagan descripciones de cómo ha cambiado la sociedad estadounidense en cuanto a uno de los siguientes aspectos.

**Temas para desarrollar:**

los derechos sociales          las quejas de los obreros
las horas de trabajo           el medio ambiente
los idiomas hablados           el cuidado de los niños

1. Primero, con otro(a) compañero(a), preparen una descripción de las condiciones de antes, usando el tiempo imperfecto.
2. Luego, cambien papeles con otra pareja. A la descripción que preparó la otra pareja, agreguen un párrafo para indicar qué produjo cambios. Usen el tiempo pretérito.
3. En seguida, cambien papeles con otra pareja diferente y **resuman** la situación actual (del presente).

*Por ejemplo:* **Tema:** La mujer estadounidense y el trabajo
**Primer paso:** *Antes, las mujeres no **tenían** muchas oportunidades en el mundo del trabajo. Sólo **podían** ser secretarias, enfermeras, maestras o amas de casa, y siempre **ganaban** sueldos inferiores a los de los hombres...*

**Segundo paso:** *Durante los años sesenta, sin embargo, **hubo** muchos cambios. Las mujeres **empezaron** a unirse para mostrar su poder. **Protestaron** por medio de manifestaciones y se quejaron de...*

**Tercer paso:** *Durante los últimos diez años **ha habido** muchos cambios en la situación de la mujer. Actualmente... No obstante, todavía no **han logrado**...*

## C. Refranero

Trate de describir los aspectos de la cultura hispana contenidos en los siguientes refranes.

No corras tanto, que el tiempo no acaba.
Un hombre bien vestido, en todas partes bien recibido.
A tu hijo, buen nombre y buen oficio.
Hombre prevenido vale por dos.
Donde todos mandan, nadie obedece.
No vale ser marqués, sino saberlo ser.
El comercio mezcla a los hombres, pero no los une.

## D. Érase una vez

Redacte una fábula breve cuya moraleja sea uno de los refranes de la Actividad C. Use el tiempo imperfecto para **desarrollar el trasfondo**, y para **describir a los personajes** y sus **acciones rutinarias**. Use el tiempo pretérito para narrar **lo que ocurrió** un día, una vez, o para **reaccionar** a un evento.

Cuéntele la fábula a la clase, **sin mencionar** el refrán. Sus compañeros adivinarán cuál refrán ha ilustrado. Si quiere, puede empezar con la frase tradicional «**Érase una vez...**»

*Por ejemplo:* *Érase una vez un dueño de una tienda... Era...y tenía... Todos los días, salía... Pero un día, entró en su tienda un cliente...*

# $\mathcal{E}$. Salarios mínimos

Mire la tabla y lea el artículo de la página 88 sobre los sueldos mínimos de los países europeos.

1. Con otra persona, traten de averiguar cuáles son las crisis a las que se refieren las primeras palabras del artículo.

2. Comente lo siguiente, citando datos del artículo:
   a. Los empresarios se preguntan: ¿Por qué crear un puesto aquí si se puede crear en otro país a precio más bajo?
   b. Los españoles menores de 18 años se preguntan: ¿Por qué trabajar?

| Salarios mínimos (mensuales) expresados en pesetas | | | |
|---|---|---|---|
| España | 60.750 ptas. | Grecia | 60.000 ptas. |
| Italia | 38.000–58.000 ptas. | Bélgica | 132.000 ptas. |
| Holanda | 132.000 ptas. | Irlanda | 84.000–104.000 ptas. |
| Portugal | 34.000 ptas. | Dinamarca | 185.000–205.000 ptas. |
| Francia | 117.000 ptas. | Suecia | 166.000–168.000 ptas. |
| Alemania | 145.000–163.000 ptas. | Austria | 98.000–112.000 ptas. |
| Finlandia | 92.000–117.000 ptas. | | |

Consulte un diario o la red electronica (WWW) para saber a cómo está el cambio US\$1=___ptas. También puede consultar El mundo hispano, pág. 222.

# Sueldos en crisis

1  **España.** Tristes crisis. Dejan las opciones más temibles: o lo malo o lo peor. ¿Qué preferimos: un trabajador pobre o un trabajador en paro? Preguntas que no gustan a nadie.

Se preguntan algunos empresarios europeos: ¿Cómo crear empleo si lo mínimo que debe pagar un empresario son unas 100.000 pesetas? ¿Por
5  qué crear un puesto de trabajo aquí si se puede crear en otro país a más bajo precio o sustituir por alta tecnología? Para los sindicatos, eso suena tan mal como una palabrota. El salario mínimo, señalan, es una garantía de subsistencia, pero también un estímulo al empleo. Cuanto más bajo sea el sueldo, mayor es la tentación de vivir de ayudas públicas.

10  La diferencia entre el sueldo de referencia entre España y la mayoría de los países europeos es inmensa. El salario mínimo en España es de 60.750 pesetas en 1994 para los mayores de 18 años (menores de 18 años; 40.020 ptas.). Se puede decir que el salario mínimo en España es similar al que cobran muchas personas en Europa que no trabajan y reciben ayuda
15  pública. Esa ayuda a los más débiles en España ronda las 30.000 pesetas. Para un joven de 17 años, recibir unas 30.000 ptas. puede ser más atractivo que trabajar.

Caro o barato. Ese es el eje de la discusión en Europa sobre el salario mínimo. Sospechosamente repetido está el mismo dato: el salario de un
20  coreano es un 45% del de un español medio; el de un brasileño es un 30%; en la India, un obrero de industrias manufactureras cobra un 10% de lo que gana un trabajador poco calificado en España. Siempre habrá quien haga el trabajo más barato en algún país.

# ❧ *Archivo personal*

## Vocabulario de la Unidad 2

### Palabras relacionadas con la empresa

el (la) accionista *stockholder*
el agradecimiento *thank you*
el ahorro *savings*
los beneficios *benefits*
el bienestar *well-being*
el bono *bonus*
la compañía *company*
la compañía limitada *limited partnership*
la cuestión *issue, question*
la demanda *demand*
el (la) dependiente *clerk, worker*
el derecho *right*
el desarrollo *development*
la deuda *debt*
la dignidad *dignity*
el (la) dueño(a) *owner*
el enchufe *connection*
las ganancias *earnings, income*
los gastos *expenses*
el gobierno *government*
la huelga *strike*
la investigación *research*
la jubilación *retirement*
la ley *law*
la manifestación *demonstration*
la mano de obra *labor force*
el medio ambiente *environment*
las mejoras *improvements*
la norma *the law, custom*
el (la) obrero(a) *worker*
el (la) organizador(a) *organizer*
el paro *unemployment*
el (la) patrón(a) *boss*
el plan de salud *health plan*
el poder *power*
las políticas *policies*
el porvenir *future*
el presupuesto *budget*
la promesa *promise*

el (la) promotor(a) *promoter, agitator*
el propietario *proprietor, owner*
la queja *complaint*
los recursos *resources*
el saldo (a favor) *(credit) balance*
la salud *health*
el sindicato *union*
la sociedad anónima *corporation*
la sociedad colectiva *general partnership*
la sociedad en comandita por acciones *joint stock company*
el (la) socio(a) *partner*

### Acciones

agradecer *to thank*
aumentar *to increase*
contratar *to hire*
cumplir (con) *to fulfill, to obey*
dejar de... *to stop ...*
despedir *to fire, let go*
destacar *to emphasize*
disminuir *to diminish*
evitar *to avoid*
exigir *to demand, require*
formular *to create, formulate*
invertir *to invest*
jubilarse *to retire*
llevarse bien (con) *to get along (with)*
manejar *to manage*
mantenerse al día *to stay abreast of, informed*
participar *to participate*
pensar en *to think about*
planificar *to plan*
preocuparse de *to worry about*
prestar atención *to pay attention*
promover *to promote*
proporcionar *to provide*
someterse (a) *to submit, to yield*

tener en cuenta *to take into account*
trabajar codo a codo *to work closely with*
vender *to sell*

### Palabras descriptivas

capaz *capable, skilled*
capacitado(a) *qualified, trained*
empresarial *relating to business*
financiero(a) *financial*
humano(a) *human*
rentable *profitable*

### Otras expresiones

a menudo *often*
actualmente *currently*
¡Enhorabuena! *Congratulations!*
¡Felicidades! *Congratulations!*
Mi más sentido pésame. *My deepest regrets.*

### PARA RECONOCER

el (la) ahijado(a) *godson/god-daughter*
el almacenaje *storage, warehousing*
brindar *to offer*
la competencia *competition, competence*
la Comunidad Europea (CE) *European Community*
el (la) cuñado(a) *brother-/sister-in-law*
el despegue *(economic) take-off*
la estrechez de miras *tunnel vision*
la estrictez *strictness*
el lucro *money*
la madrina *godmother*
mas *but*
metalizado(a) *money hungry*

el (la) nieto(a) *grandson/daughter*

la nuera *daughter-in-law*

la Organización para la Cooperación en el Desarrollo Económico del Tercer Mundo *OCDE*

el padrino *godfather*

el Papa *Pope*

la perogrullada *truism, platitude*

la plantilla *staff*

la polémica *controversy*

la RENFE Red Nacional de Ferrocarriles Españoles

el (la) suegro(a) *father-/mother-in-law*

la Unión Europea (UE) *European Union (EU)*

el yerno *son-in-law*

*Unidad*

PARAGUAY

BRASIL

Concepción

Asunción

Posadas

**3**

Talcahuano
Concepción
Los A
Te
V

Banco Alas
unidad automática nº 6

Banco Alas

abier
las 24

# La economía
# y las finanzas

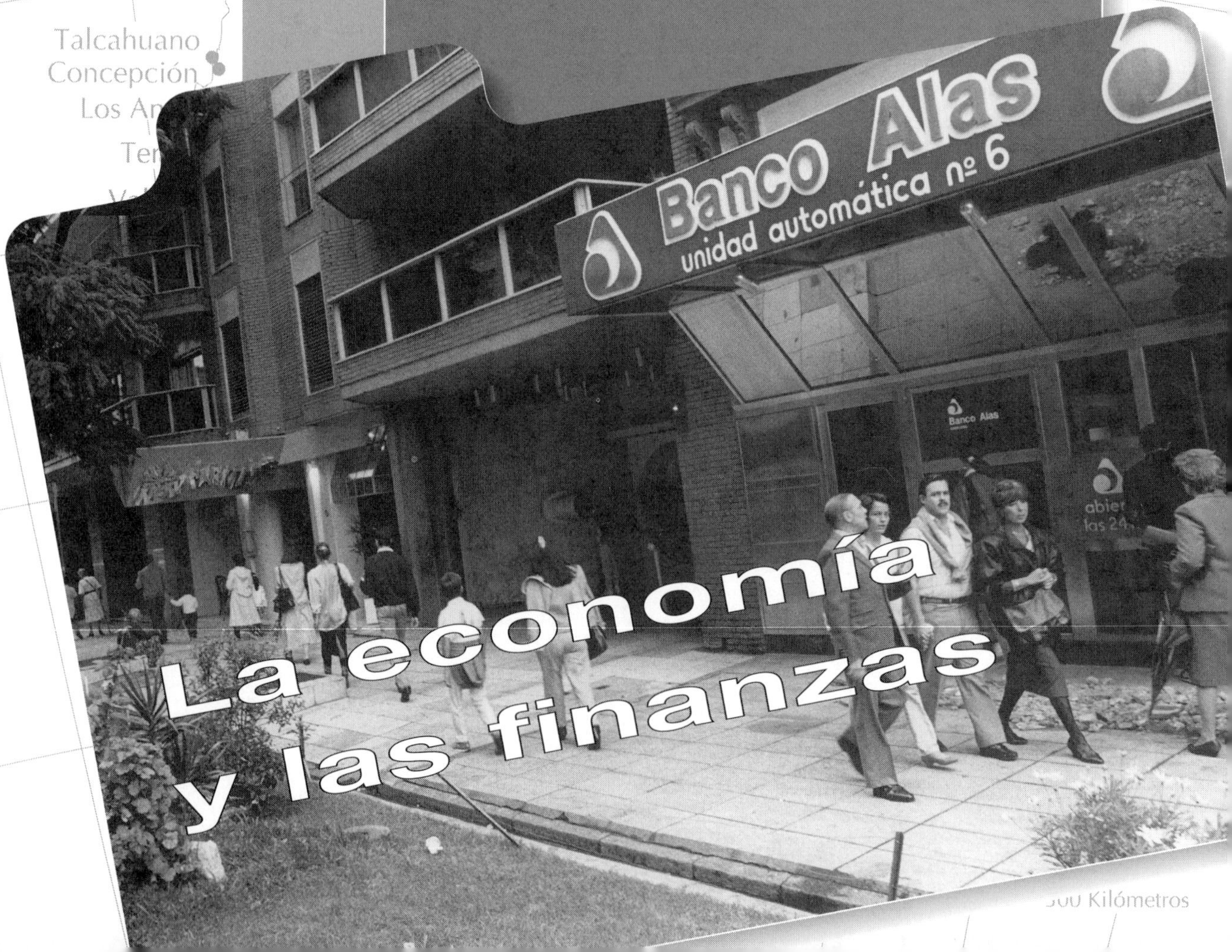

300 Kilómetros

Antofagasta •

Desierto de
Atacama

• Jujuy
• Salta

CHILE

DE LOS ANDES

Caldera •

OCÉANO
ACÍFICO

▲ Cerro
Bonete
(6937m)

• San Miguel
de Tucumán

Río Pilcomayo

Concepción •

**PARAGUAY**

Asunción
⊛
Iguazú

• Posadas

B R A S I

**A R G E N T I N A**

CORDILLERA

La Serena •
Coquimbo •

• La Rioja

Río Paraná

Río Uruguay

San Juan •

• Córdoba

Lago  Rincón
del  Bonete

Viña del Mar •
Valparaíso •
San Antonio •

▲ Cerro
Aconcagua (6960m)

• Mendoza
⊛
Santiago

**URUGUAY**

OCÉAN
ATLÁNT

Buenos Aires • ⊛
La Plata

⊛
Montevideo

# Metas

**En esta unidad quisiera aprender a...**

■ conocer mejor los países del Cono Sur.

■ comprender algunos aspectos de las economías emergentes y de la economía chilena.

■ hablar de los bancos y la banca.

■ describir lo que está pasando ahora, usando el tiempo progresivo.

■ entender y redactar correspondencia relacionada con la banca.

# Contactos y vocabulario

## ≣ Trasfondo cultural *(Temas de la cultura hispana)*

### *A.* ¿Se acuerda?

En esta unidad, se tratan temas económicos, especialmente la industria bancaria, las finanzas, la bolsa (*stock market*) y la inversión del capital. Usted ya sabe mucho vocabulario relacionado con estos temas. Con un(a) compañero(a), hagan dos listas de palabras asociadas con **las finanzas y el dinero**. Sigan el modelo y traten de que las listas sean muy largas.

**Sustantivos:** *el sueldo,...*
**Verbos:** *ganar, prestar,...*

### *B.* Piense un poco

Indique cuáles de las siguientes cosas ha tenido usted alguna vez.

**¿Ha tenido...**

1. ...cuenta corriente (*checking account*)?
2. ...cuenta/libreta de ahorros?
3. ...tarjeta para el cajero automático?
4. ...una caja de fondos (*safe-deposit box*) en el banco?
5. ...tarjeta de crédito?
6. ...una línea de crédito?

**¿Ha tenido que...**

7. ...retirar/sacar parte de sus ahorros?
8. ...transferir fondos de una cuenta a otra?
9. ...cambiar moneda en el extranjero?
10. ...pagar impuestos?
11. ...pedir un préstamo?
12. ...prestar dinero?

### *C.* Mire

Mire los siguientes documentos de países del Cono Sur. Primero, indique cuál de ellos tiene que usarse en las siguientes situaciones. Luego, diga qué información se debe poner en el documento: nombre, cantidad...

1. Para retirar fondos de una cuenta de ahorro, hay que usar...y hay que poner...
2. Para depositar fondos en una cuenta corriente, hay que usar...y hay que poner...
3. Para averiguar cuánto dinero le queda a uno en la cuenta corriente, hay que usar...y hay que poner...
4. Si usted promete pagarle a otra persona una cierta cantidad de dinero, puede usar...y tiene que poner...
5. Si Ud. quiere depositar dólares en su cuenta de ahorros, tiene que usar...y debe poner...

1. Boleta de giro/retiro

| | |
|---|---|
| **Banco de Santiago** | Nº 5050162 |

RECIBI DEL    Banco de Santiago          $ _____

LA SUMA DE _____

_____ PESOS M/L CON CARGO A MI

CUENTA DE AHORRO Nº [            ]

**GIRO DE CUENTA AHORRO**          NOMBRE GIRADOR _____    C.I. _____

"INFORMESE SOBRE EL LIMITE DE GARANTIA ESTATAL A LOS DEPOSITOS"    FIRMA GIRADOR    Vº Bº

10100450-3/600.000Jgos.x2-tam.7,6x18-9/89-Impresos Lai

2. Boleta/recibo de depósito

**Banco de Santiago**          4556893

Este depósito queda sujeto a las condiciones generales fijadas por el Banco para Cuentas Corrientes Bancarias

**DEPOSITO EN EFECTIVO**

| DETALLE | PESOS |
|---|---|
| 10.000 | |
| 5.000 | |
| 1.000 | |
| 500 | |
| 100 | |
| 50 | |
| 10 | |
| 5 | |
| 1 | |
| **TOTAL $** | |

FECHA _____    CUENTA Nº _____

NOMBRE _____

DEPOSITADO POR _____

FIRMA _____

" INFORMESE SOBRE EL LIMITE DE GARANTIA ESTATAL A LOS DEPOSITOS "

10.190.344 2-NOVIEMBRE89    Original

3. Boleta de solicitud de
   saldo

4. Letra (de cambio)

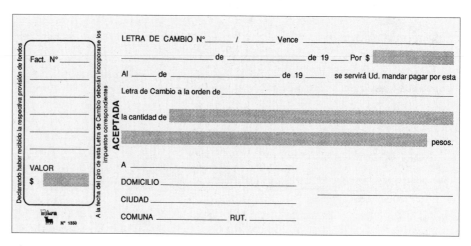

5. Boleta/recibo de depósito en dólares

## Más proverbios

Como ya se ha visto en las dos unidades anteriores, en la cultura hispana abundan los proverbios sobre el dinero. Con un(a) compañero(a), lean los siguientes proverbios y traten de encontrar refranes equivalentes en inglés, si es posible. Luego, agrúpenlos en categorías de: **tener, dar** o **prestar, pedir prestado, querer, comprar, valorar, ganar** o **invertir dinero.**

Pobreza no es vileza.

La avaricia rompe el saco.

Al mal pagador, plazo corto.

Quien a nadie debe, a nadie teme.

No sabe donar quien tarda en dar.

Lo que poco cuesta, poco se aprecia.

Las cuentas claras conservan la amistad.

El ahorro es santo porque hace milagros.

Mejor duerme el deudor que su acreedor.

El tiempo es oro.

Dinero llama dinero.

Todo lo que reluce no es oro.

Cuando el dinero habla, todos callan.

El dinero habla, pero el crédito tiene eco.

El oro hace poderosos, pero no dichosos.

Dinero que prestaste, enemigo que te echaste.

El dinero se ha hecho redondo para que ruede.

## Lea

¿A quiénes se dirige el siguiente anuncio del periódico chileno, *El Mercurio*? ¿Qué dice? Mire los temas que siguen y decida cuál corresponde mejor al mensaje del BCI.

1. es el Banco de Crédito e Inversiones
2. ahora el banco va hasta usted
3. el buen transporte es muy importante para el banco
4. las inversiones en tecnología han aumentado mucho

## ℰ. Analice un poco

Con otra persona, lean el anuncio otra vez y ubiquen qué términos de la columna A corresponden a las definiciones que están en la columna B.

*Por ejemplo:* operaciones por caja
*cobrar cheques*

| A | B |
|---|---|
| **1.** BCI móvil | a. depositar y sacar dinero y cobrar cheques |
| **2.** atención al cliente en el BCI móvil | b. abrir cuentas, obtener tarjetas y créditos, hacer depósitos a plazo |
| **3.** servicios financieros | c. personalizada y automatizada |
| **4.** operaciones por caja | d. una sucursal del BCI que va a cualquier parte |

# La primera sucursal móvil ya llegó a Concepción

### Bci Móvil

Una sucursal bancaria que lleva todos los productos y servicios financieros hasta donde usted se encuentre. Combinando la atención personalizada y los más avanzados servicios automatizados: Autoservicio de Información, Cajero Automático Redbanc, hasta un Tecnobanco Móvil para retirar su Talonario de cheques personalizado.

**Bci**

INFÓRMESE SOBRE EL LÍMITE DE GARANTÍA ESTATAL A LOS DEPÓSITOS

# ⊞ Así es

## *Las monedas hispanas*

Cada país hispano tiene su propia economía y su propia moneda, por supuesto. Preste atención, porque hay varios países que usan distintos **pesos**, así como hay varios que usan distintos **dólares** (Australia, Canadá, EE.UU., Hong Kong y Nueva Zelanda). La tasa de cambio que aparece en la tabla es de agosto de 1996; si Ud. quiere saber el cambio exacto, debe consultar el *Wall Street Journal* o http://www.xe.net/ucc/.

| Países de economías más avanzadas | Moneda | Símbolo | Tasa de cambio por cada US$1 |
|---|---|---|---|
| Argentina | peso | $ | $0,99 |
| Colombia | peso | $C | $C1038,00 |
| Chile | peso | $ | $410,75 |
| Ecuador | sucre | S/. | S/.3225,00 |
| España | peseta | Ptas. | Ptas. 127,00 |
| México | nuevo peso | N$ | N$7,50 |
| Perú | nuevo sol | NS | NS2,45 |
| Venezuela | bolívar | Bs. | Bs.476,00 |
| Uruguay | nuevo peso | NU$ | NU$8,12 |

| Países de economías menores | | | |
|---|---|---|---|
| Bolivia | boliviano | B | B 5,10 |
| Costa Rica | colón | ¢ | ¢215,00 |
| Cuba | peso | $ | $1,00 |
| El Salvador | colón | C | C8,70 |
| Guatemala | quetzal | Q | Q 6,15 |
| Honduras | lempira | L | L 12,50 |
| Nicaragua | nuevo córdoba | $C | $C 8,50 |
| Panamá | balboa | B/ | B/ 1,00 |
| Paraguay | guaraní | Gs. | Gs. 2080,00 |
| Puerto Rico | dólar | US$ | US$1,00 |
| Rep. Dominicana | peso | $ | $ 12,80 |

## ℱ ¿Por qué se llaman así?

Clasifique los nombres de las monedas hispanas en las siguientes categorías.

**Nombres tradicionales**: *peseta,...*
**Nombres de personajes históricos**: *lempira,...*
**Nombres de cosas importantes para el país**: *sol,...*

## 𝒢. Llegó la hora de pagar

Con un(a) compañero(a), llene las siguientes líneas de *pagarés* en la moneda correspondiente a cada país. Use la tabla anterior (Las monedas hispanas) para convertir los dólares en divisa extranjera.

1. En Argentina, pagaré la suma de US$1.200.150, o _____ pesos.
2. En Chile, pagaré la suma de US$15.450.000, o _____ pesos.
3. En México, pagaré la suma de US$13.500.000, o _____ nuevos pesos.
4. En Colombia, pagaré la suma de US$3.950.000, o _____ pesos.
5. En Venezuela, pagaré la suma de US$27.875.000, o _____ bolívares.
6. En España, pagaré la suma de US$3.700.000, o _____ pesetas.

*Pagaré*
*Al firmar esta documento, el deudor se compromete a pagar lo que debe en la fecha de vencimiento determinada o antes.*

SELLADO _____        Vencimiento ___/___/___

№ _____        Por _____

_____ de 19 ___

_____ pagaré ___ sin protesto  Art. 50-D. Ley 5965/63

a _____ Señor _____ o a su orden

la cantidad de _____

por igual valor recibido en _____ a _____

entera satisfacción pagadero en _____

Firmante _____
Calle _____ Tel. _____
Localidad _____

# ≡ **Punto de embarque** *(Introducción y lectura)*

## 𝒜. **Piense y comente un poco**

Se dice que «El dinero llama dinero». Si usted quiere que su dinero llame más dinero, ¿qué hará? ¿Lo invertirá en acciones (*stocks*)? ¿Lo depositará en una cuenta de ahorros? ¿Comprará un certificado de depósito? ¿Comprará bonos del estado o del gobierno federal? ¿Lo dejará en su cuenta corriente? La decisión que tome el inversionista (*investor*) depende de sus recursos financieros, su personalidad, sus metas a corto y largo plazo y también de los servicios que ofrezca su banco. Con un(a) compañero(a), evalúe las tres maneras de invertir, según los doce factores dados. Luego, describa a la persona a quien le convendría hacer cada inversión.

*Por ejemplo: Una cuenta de ahorro le conviene más a una persona que no sea muy arriesgada, que quiera/busque/tenga/(no) pueda...*

| | Cuenta de ahorros | Certificado de depósito | Acciones |
|---|---|---|---|
| Hay bastante riesgo. | | | |
| Existe la posibilidad de grandes ganancias. | | | |
| Se paga comisión. | | | |
| Es bueno para diversificar. | | | |
| Tiene liquidez inmediata. | | | |
| Hay que esperar la fecha de vencimiento. | | | |
| Se deben declarar las ganancias. | | | |
| Hay muchas alzas y bajas en el mercado. | | | |
| Da renta fija. | | | |
| Da renta variable. | | | |
| El inversionista debe prestar atención. | | | |
| Es una inversión a largo plazo. | | | |
| Es fácil hacer esto en su sucursal bancaria. | | | |

## ℬ. **Piense otra vez**

Como la vida actual es bastante complicada, mucha gente decide cómo invertir en base a lo fácil que sea ahorrar o invertir. Por eso, la variedad de instrumentos financieros y la ayuda que le ofrezca un banco al cliente pueden pesar mucho (tener influencia) en la decisión. Con un(a) compañero(a), piensen en tres servicios que podrían ofrecer los bancos de su barrio o ciudad para atraer más clientes comunes y más inversionistas también.

**Por ejemplo:** *El ahorro y las inversiones pueden aumentar si el banco…*
*(aumentar el interés, bajar las comisiones, estar abierto más días/horas, ofrecer ayuda para…)*

## Para leer mejor

In the article that follows, you will probably encounter words and expressions that are unfamiliar to you. Instead of using a dictionary, try to **guess** whenever possible, using the following clues.

**1. Context:** Can you guess what the word might mean by looking at the context in which it is used? It is not necessary to be exact at this stage.

*Por ejemplo:* ¿Cómo atraer más clientes? «Es muy fácil persuadirme a mí», dice…«Lo que tienes que hacer es ofrecerme más servicios y más **comodidad**». Think: in the context of *atraer más, persuadirme, más servicios,* what might *comodidad* mean?

**2. Cognates:** Does the word look like an English word you know?

*Por ejemplo:* La **tecnología**, además de **permitir elevar** la **calidad** del **servicio**…

**3. Derivatives:** Does the word look like another Spanish word you know?

*Por ejemplo:* Todos los bancos se están **esforzando** por responder. «Tengo mucho que hacer y mientras más me **faciliten** las cosas, tanto mejor. Esta guerra me **favorece**».

## *C.* Lea un poco

El artículo de la página 103 presenta varias ideas para aumentar la clientela de los bancos. Lea con un(a) compañero(a) y averigüe…

**1.** quiénes están cambiando.
**2.** quiénes están recibiendo mejor servicio.

## *D.* Mire

Con un(a) compañero(a), mire el artículo y encuentre ejemplos de lo siguiente.

**1.** Hay dos razones para el cambio de las relaciones entre bancos y clientes.
**2.** La tecnología hace que cambien cuatro cosas positivamente.
**3.** Hay cuatro ejemplos de nuevos servicios al cliente.
**4.** Hay al menos cuatro formas de atraer clientes.

### ¿Cómo atraer más clientes?

1 «Es muy fácil persuadirme a mí. Lo que tienes que hacer es ofrecerme más servicios y más comodidad».

Las relaciones entre el banco y los clientes están cambiando cada vez más, no sólo porque la tecnología es muy exitosa sino porque la banca
5 siente la presión de todo negocio: hay que ser competitivo. En estos últimos años, la banca ha aumentado los servicios y también las facilidades que se le dan al cliente. En efecto, parece una contradicción pero, hoy en día, mientras más servicios ofrece un banco, menos clientes van a sus sucursales[1] a efectuar una transacción o un trámite[2]. ¿Cómo así? Es que lo
10 que está predominando es la banca a la distancia y la posibilidad de obtener información inmediata desde la casa o la oficina.
De aquí que la tecnología sea uno de los atributos[3] que más valora la gente al escoger una entidad financiera y todos los bancos se están esforzando por responder. La tecnología, además de permitir elevar la
15 calidad del servicio, hace posible bajar los costos, descongestionar las sucursales y ampliar la gama[4] de servicios que se ofrecen al público. Las inversiones en equipo e instalaciones que están haciendo los bancos no son nada de despreciables. Por ejemplo, en los últimos cinco años, el BCI ha invertido US$12 millones en este ítem. La misma suma destinó el Bhif
20 en los últimos dos años para desarrollar todo el soporte tecnológico destinado a satisfacer las necesidades del público.
Servicios tales como[5] banco al auto, banca telefónica con transacciones automáticas (sin intervención de personas), cajeros móviles, información en línea durante las veinticuatro horas del día son algunos de
25 los ataques y contra-ataques que están realizando los bancos en esta «guerra» por atraer a las personas.
«Estupendo», dice la cliente. «Tengo mucho que hacer y mientras más me faciliten las cosas, tanto mejor. Esta guerra me favorece».
Cuánto cuesta captar[6] un cliente es un secreto guardado bajo siete
30 llaves[7]. Lo que está claro es que los recursos que están utilizándose para lograrlo no son pocos: publicidad, *marketing* directo, fuerza de venta dedicada, canales de venta... En un mercado competitivo y maduro, «una buena estrategia debe tender a desarrollar clientes más que a realizar ventas», indica el gerente de Marketing del Banco de Santiago. La banca
35 chilena responde así a este último desafío.

[1]*branch offices*; [2]*paperwork*; [3]*features*; [4]*range*; [5]*such as*; [6]atraer; [7]muy bien protegido

Some banks use their acronyms. BCI = Banco de Crédito e Inversiones. Bhif = Banco Hipotecario y de Fomento. BC = Banco Central. Bco. Higns. = Banco O'Higgins. CHL usually stands for Chile.

## ℰ. Identifique

Lea el artículo otra vez y, con un(a) compañero(a), ubique dónde se dice lo siguiente en otras palabras.

1. Además de la tecnología, los bancos tienen que ser competitivos hoy en día.
2. La banca ha aumentado la calidad y la comodidad de los servicios.

3. Si se aumentan los servicios, disminuye el número de clientes que va al banco.

4. Si un banco es moderno y eficiente, hay más clientes en su casa o en su oficina.

5. Los clientes eligen un banco según los servicios automáticos que ofrezca.

6. Los bancos han gastado muchísimo dinero en equipo avanzado.

7. Si me ayudan un poco, me siento contenta con el banco, porque tengo mucho trabajo.

## ⊞ Así se hace

### *Los documentos bancarios*

Para invertir en el extranjero, los chilenos no viajan con maletas llenas de dinero contante y sonante[1]. Lo que hacen es llevar **una carta de crédito**, **un pagaré** o **una letra a la vista** de su propio banco, en la que el banco certifica que su cliente posee el dinero y/o los bienes[2] para respaldar[3] la inversión o compra que quiere hacer. Para conseguir cualquiera de estos documentos en divisas[4], es necesario hacerlo a través de un banco, dentro de las normas del gobierno correspondiente.

Muchas veces, los ejecutivos de un grupo económico viajan para conocer personalmente a los ejecutivos del grupo extranjero (cosa muy importante para los hispanos) y para discutir los términos de la inversión primero. Un tiempo después, cuando se cierra el negocio, envían los fondos necesarios por medio de una transferencia electrónica que cubre el monto[5] de la inversión exterior.

[1]*cash;* [2]*assets;* [3]*to support, back up;* [4]moneda dura; [5]el total

## ◆ Inventario (Vocabulario)

### ◆ Con un cajero automático, a cualquier hora del día o de la noche uno puede...

retirar/girar efectivo de su cuenta.

traspasar fondos de sus ahorros a la cuenta corriente.

depositar cheques/efectivo en cualquiera de las dos cuentas.

averiguar el saldo de las dos cuentas.

## ◆ ¡Qué desastre cuando usted pierde su...

carnet/cédula de identidad!

tarjeta de crédito o su tarjeta bancaria!

código secreto para el cajero
automático!

talonario/libreto de cheques!

llavecita de la caja de fondos!

cheque de sueldo por cobrar!

recibo de una compra!

## ◆ Con un solo telefonazo, usted puede averiguar...

el último cheque ingresado a su cuenta (los ingresos o **Haber**).

el último cheque cobrado en su cuenta (los egresos o **Debe**).

el saldo de su cuenta corriente.

la tasa de cambio del yen y del marco alemán.

las tasas de interés de los depósitos a plazos.

las tasas de interés de los préstamos.

## ◆ Para todos los clientes, este banco presta servicios estupendos, entre ellos...

cuenta corriente sin costo de mantención.

banca telefónica.

cajero automático con tarjeta.

caja fuerte/de fondos para valores y documentos importantes.

inversiones a corto, mediano o largo plazo.

## ◆ ¡Vivo para hacer pagos, para mis deudas y para mis plazos fijos!

| | | |
|---|---|---|
| Mis impuestos | se cancelan | anualmente (todos los años). |
| Mi préstamo | de estudios se pide | semestralmente (cada seis meses). |
| | de la matrícula se paga | trimestralmente. |
| Pero | en mi trabajo me pagan | mensualmente (todos los meses). |
| | la comida la pago | semanalmente (todas las semanas). |

## ◆ A nadie le conviene...

girar un cheque sabiendo que está quebrado.

que le den (dar) un cheque sin fondos.

que le protesten (protestar) un cheque.

que le nieguen (negar) una solicitud de préstamo.

que le anulen (anular) un cheque por errores en la firma.

que le endosen (endosar) un cheque dos veces.

◆ **En la casa matriz, no en la sucursal, se hacen cargo de...**

cambiar divisas.

dar cartas de crédito.

custodiar los fondos para negocios internacionales.

traspasar fondos a todo el mundo electrónicamente.

 **Práctica** (*Vocabulario*)

## *A.* Organícese

Diga todo lo que se puede hacer con lo siguiente.

*Por ejemplo:* una cuenta

*Se puede pagarla, tirarla, pedir un préstamo para pagarla...*

1. una tarjeta bancaria
2. una deuda
3. el dinero
4. un cheque
5. un préstamo
6. una caja de fondos

## *B.* Así lo hacemos aquí

¿Cómo se hacen las siguientes transacciones en los Estados Unidos, por lo general? Elija de la siguiente lista: **en efectivo/con tarjeta de crédito/con un cheque/con la tarjeta bancaria/con un préstamo a largo (corto) plazo**

1. pagarle a un taxista
2. dejar una propina
3. comprar una casa
4. pagar la matrícula
5. girar efectivo
6. cancelar una cuenta
7. depositar fondos
8. comprar ropa
9. comprar un carro
10. cambiar divisas

## *C.* ¡Bendita tragatarjetas!

Haga una lista de las transacciones que usted mismo(a) haya hecho en el cajero autómatico e indique con qué frecuencia las hace generalmente. Luego, dígales a sus compañeros cuándo fue la última vez que hizo cada una.

*Por ejemplo: Averiguo el saldo de mi cuenta corriente semanalmente. La última vez que averigüé mi saldo fue hace una semana.*

# $\mathcal{D}.$ Siga mis instrucciones

Con un(a) compañero(a), elijan una de las siguientes transacciones y explíquenle a su grupo cómo se hace. No omitan ningún detalle.

1. cómo cobrar un cheque de sueldo
2. cómo depositar un cheque en una cuenta corriente
3. cómo calcular el precio en dólares de un artículo que se compró en Argentina, México, Venezuela...
4. cómo cambiar moneda en un país extranjero
5. cómo solicitar una tarjeta de crédito
6. cómo pagar algo con un cheque en Estados Unidos

# ⊞ Así es

## Cuesta mucho equilibrar la balanza

Si usted piensa que es difícil hacer cuadrar su presupuesto personal, ¡imagínese cómo será equilibrar las entradas y salidas de capital de todo un país!

Cada economía nacional está basada en los ingresos o ventas al exterior y los egresos o compras de artículos extranjeros. Todas estas transacciones se hacen con divisas o moneda dura como el dólar, la libra, el yen y el marco. Para saber el estado de la economía, el gobierno o el Banco Central de cada país lleva la cuenta de las ganancias por exportaciones y los gastos por importaciones. Con estas cifras, se calcula el saldo a favor o en contra del país, que se llama **la balanza de pagos**.

Si un país importa más de lo que exporta, su balanza de pagos es negativa. Desgraciadamente, la mayoría de los países está en esta situación. Por el contrario, cuando la balanza es positiva, hay más trabajo, más ingresos de impuestos para el gobierno y más crecimiento económico para el país en general.

Para ser más específicos, también se calcula cuánto dinero tiene un país en su cuenta corriente. En el **Haber** se ponen todos los ingresos de las exportaciones y en el **Debe** se anotan los gastos en importaciones y la ayuda financiera que se les da a otros países. Por supuesto, si se gasta más en importaciones y en ayuda exterior, la cuenta corriente tiene un déficit muy claro.

**ingresos – (egresos + ayuda exterior) = superávit[1] o déficit nacional**

[1] *surplus*

# E. Mi presupuesto

Haga su presupuesto semanal o mensual, incluyendo sus ingresos
(sueldo, préstamos y ahorros) y todos sus gastos y pagos fijos en las
columnas correspondientes. Si su presupuesto no cuadra (el Debe es
más grande que el Haber), indique cómo va a solucionar el problema.

**Debe**

**Haber**

_____     _____
_____     _____
_____     _____
_____     _____
_____     _____

# Contextos y estructuras

## A. Piense un poco

Cuando usted escucha la frase «países ricos», ¿en qué países piensa? Con un(a) compañero(a), hagan una lista de cinco países que ustedes consideran «ricos» y otra lista de cinco países que ustedes considerarían «en desarrollo». Luego, expliquen por qué los eligieron. Mire *Así es* de la pagina 110. Según ustedes, ¿cuáles de las siguientes características de la economía tienen mayor influencia para separar los países ricos de los países en desarrollo?

relativa estabilidad o fluctuación (alzas y bajas del mercado)

explotación de recursos naturales

industrialización y producción de mercancías

estabilidad o turbulencia política

bienestar y calidad de vida de la población

poder adquisitivo del consumidor

tasa de ahorro nacional

capacitación de la fuerza laboral

riesgo para los inversionistas extranjeros o nacionales

deuda externa

deuda interna o déficit nacional

## B. A ver qué dice el artículo

Ahora, usted va a leer un artículo sobre algunos cambios en el equilibrio de la economía mundial. Mientras lo lee, preste atención a los siguientes temas y apunte algo de información sobre ellos.

**1.** las economías que crecen más

**2.** el pronóstico para el futuro

## C. Analice un poco

¿Qué quiere decir...?

**1.** en el párrafo 1, «estos países»
    a. países de la OCDE
    b. países en desarrollo

**2.** en el párrafo 2, «lo mismo»
    a. industrializarse
    b. duplicar el ingreso

**3.** en el párrafo 3, «esta situación»
    a. la velocidad de la expansión
    b. la expansión de G. B. y EE.UU.

**4.** en el párrafo 4, «estas economías»
    a. las emergentes
    b. las desarrolladas

# ⊞ Así es

## Países ricos y pobres

Hasta ahora, el mundo estaba dividido en países industrializados, unos pocos países semi-industrializados y una gran mayoría de países no industrializados o el Tercer Mundo. Los países pobres tenían economías muy débiles centradas en la exportación de materias primas[1] y a menudo necesitaban apoyo[2] financiero del exterior. Actualmente, sin embargo, la línea entre ricos y pobres es muy leve, porque muchas economías del Tercer Mundo se están diversificando y abriéndose hacia el comercio mundial.

Eliminando las barreras comerciales para exportar e importar mercaderías[3], estas economías emergentes están introduciendo un elemento nuevo en la economía mundial: un crecimiento muy acelerado y una multiplicación rapidísima de las inversiones. Aunque siempre hay peligro de desestabilización de la economía, la tentación de ganar mucho dinero en un corto plazo ha movilizado muchos capitales de los países ricos hacia los países emergentes. Entre los países hispanos que han atraído más capitales a sus economías tenemos a Chile, Argentina, México, Venezuela y Colombia, considerados ahora países con economías emergentes de crecimiento espectacular.

[1]*raw materials;* [2]*support;* [3]*goods, merchandise*

*En la Bolsa de Buenos Aires, más vale estar acostumbrado al gentío y al ruido.*

# Las nuevas estrellas

1   Los hombres de negocios y los políticos de la mayoría de los países ricos se están sintiendo un poco más animados, porque las economías de la OCDE[1] probablemente van a registrar un crecimiento más acelerado que aquél observado en los últimos cuatro años. Sin embargo, el crecimiento

5   de dos a tres por ciento que pueden esperar estos países en los años venideros todavía parece flojo frente al crecimiento de entre cinco y seis por ciento del que están disfrutando los países en desarrollo. Por eso, enormes cantidades de divisas continúan llegando a los mercados de valores[2] de los países más pobres del mundo.

10        Esta expansión no es un milagro sino que indica un cambio fundamental y extraordinariamente rápido en el equilibrio de la economía mundial. Actualmente, el número de países que se están industrializando no tiene precedentes y lo están haciendo con una rapidez mucho mayor que la que mostraron sus predecesores. De hecho, durante sus

15   revoluciones industriales en el siglo XIX, Gran Bretaña y Estados Unidos tardaron cerca de 50 años en duplicar los ingresos reales per cápita. No obstante[3], los tigres asiáticos[4], Brasil y China están logrando lo mismo en una sola década.

        Esta situación ya ha dado por tierra con[5] la antigua noción de que el

20   mundo rico representado por la OCDE domina toda la economía mundial. Si se mide[6] en la forma adecuada—utilizando las paridades de poder adquisitivo[7] para convertir los PIB[8] a dólares—el denominado Tercer Mundo y el ex bloque soviético ya representan casi la mitad de la producción de todo el mundo.

25        ¿Cuánto va a durar este *boom*? Si las economías en desarrollo y las de la OCDE siguieran expandiéndose a la misma velocidad relativa del último decenio[9], dentro de veinticinco años la OCDE representaría sólo un poco más de la tercera parte de la producción total del mundo. Por supuesto, ponerse al nivel de los demás es más fácil que tomar la delantera[10],

30   especialmente en un mundo donde la tecnología y el capital son cada vez más cambiantes. Quizás con esta meta en mente, muchos gobiernos de Asia, Latinoamérica y Europa Oriental están abrazando por fin el mercado libre y las políticas fiscales sólidas. Siempre que se mantengan firmes en estas políticas, estas economías tienen una buena posibilidad de mantener

35   su expansión.

[1]Organización para la Cooperación en el Desarrollo Económico del Tercer Mundo, formada por veinticuatro países industrializados; [2]*stock exchanges*; [3]*nevertheless*; [4]Japón, Corea del Sur, Hong Kong, Singapur y Malasia; [5]ha destruido; [6]*one measures*; [7]*purchasing power*; [8]*Gross National Product*; [9]década; [10]*lead*

## D. En otras palabras

¿A qué párrafo corresponde cada resumen?

___La industrialización moderna se extiende por más países y es muchísimo más rápida que la Revolución Industrial del siglo pasado.

___En el año 2020, más o menos, los países ricos generarán sólo el 33% del total de la producción mundial.

___En la actualidad, los países en desarrollo producen casi tanto como los países desarrollados.

## E. El mundo está cambiando

Lea otra vez el artículo y con un(a) compañero(a), traten de resumir algunos de los cambios que han ocurrido recientemente en la economía mundial. En sus propias palabras, completen las siguientes frases usando el pasado imperfecto.

1. **Antes**, los países en desarrollo..., pero **actualmente** están disfrutando de un crecimiento muy rápido.
2. **Antes**, los países de la OCDE..., pero **en la actualidad** el equilibrio de la economía mundial está cambiando con rapidez.
3. **Antes**, ...pero **ahora** muchos gobiernos de estos países están abrazando el mercado libre y las políticas fiscales sólidas.

### ⊞ Así es

### *El ahorro es santo porque hace milagros*

Tal como la gente común, los países deben ahorrar parte de lo que ganan con sus exportaciones para poder estabilizar sus economías. Las mejores maneras de ahorrar son invertir en infraestructura, comprar activos o acciones y divisas extranjeras, y comprar **pagarés** de la deuda externa de países desarrollados como los EE.UU.

A veces, sin embargo, por falta de supervisión gubernamental o por pura corrupción, los ingresos del país o los préstamos exteriores se invierten en transacciones especulativas en vez de infraestructura. Esto pasó en la época de «la plata dulce» en la Argentina y también en los EE.UU. «La plata dulce» se perdió casi toda y esto contribuyó a aumentar la deuda externa e interna de EE.UU. y de varios países hispanoamericanos a fines de los años 70 y principios de los 80.

¿De qué manera malgasta Ud. «su plata dulce»?

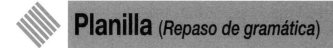

# El tiempo progresivo y los pronombres complementarios

In the article on page 111, the author used the *progressive* tense to convey actions that are continuing or *currently in progress*.

> *Por ejemplo:* ...Los hombres de negocios y los políticos **se están sintiendo** un poco más animados.
>
> ...el número de países que **se están industrializando** no tiene precedentes y **lo están haciendo** con una rapidez mucho mayor que la que mostraron sus predecesores...
>
> ...enormes cantidades de divisas **continúan llegando** a los mercados de valores de los países emergentes.
>
> Si las economías en desarrollo y las de la OCDE **siguieran expandiéndose** a la misma velocidad relativa del último decenio, dentro de 25 años la OCDE representaría sólo un poco más del 33% de la producción mundial.

Notice in these examples how the present participle (*el gerundio*) is combined with another verb, such as *estar*, *continuar* or *segui*r to form the progressive tense. This tense is similar to the English *-ing* forms "are expand**ing**," and "are industrializ**ing**." However, as you review the formation and use of the present participle, notice that its use in Spanish is different in many ways from its use in English.

## $\mathcal{A}$. Formación del gerundio (*present participle*)

To form present participles, drop the *-ar*, *-er*, and *-ir* endings of infinitives and add *-ando* or *-iendo* as shown below.

| | | |
|---|---|---|
| ahorrar | ahorr**ando** | **Ahorrando** puedes llegar lejos. |
| correr | corr**iendo** | Se vino **corriendo** de la bolsa con las buenas noticias. |
| expandir | expand**iendo** | Las economías de los países emergentes continúan **expandiéndose**. |

1. Stem-changing *-ir* verbs will also have a stem change in their present participles ($e \rightarrow i$, $o \rightarrow u$). For example: *invirtiendo* (invertir), *sintiendo* (sentir), *muriendo* (morir), *transfiriendo* (transferir).
2. With some verbs, such as *ir* (to go), it is necessary to replace the *i* with a *y*. For example: *ir* $\rightarrow$ *yendo*

| **-uir, -oir** verbs: | disminuir | **disminuyendo** | oír | **oyendo** |
|---|---|---|---|---|
| **-eer, -aer** verbs: | creer | **creyendo** | caer | **cayendo** |

3. Note that any necessary pronouns can be attached to the present participle and an accent mark placed to retain the original pronunciation, as indicated below.

*Por ejemplo:* Chile está **expandiéndose** poco a poco por el Pacífico, **sintiéndose** ya seguro de su entrada al TLC en el continente americano.

## B. Usos del gerundio

1. **Progressive tenses.** Progressive tenses are used to indicate that an action is/was/has been in progress. They are most commonly formed by using the present participle with a form of the verb *estar.*

*Por ejemplo:* Muchos países del ex bloque soviético **han estado industrializándose** con gran rapidez. Lo malo es que **están haciéndolo** en un clima de gran inestabilidad política.

Other verbs, however, may also be used with the present participle, according to the meaning one wishes to convey.

- Use *seguir* and *continuar* to convey duration or repetition of an action, as in "to continue to do something" or "to keep (on) doing something."

*Por ejemplo:* Si los gobiernos **continúan implementando** políticas tendientes a la liberalización del mercado, no se corre ningún riesgo en las nuevas bolsas.

- Use **ir(se)/venir(se)/andar** to convey duration, repetition, movement, or progress toward a goal.

*Por ejemplo:* Como **andaba pensando** en alzas y bajas **venía planeando** una estrategia para disminuir el riesgo.

2. **Present participles used as adverbs.** Present participles can also be used as adverbs, alone or with another verb like *entrar, salir, vivir, pasar, terminar, acercarse.*

*Por ejemplo:* El gerente se pasa el día **trabajando** y **planificando** las distintas operaciones.
**Pensándolo** bien, creo que debemos invertir más en los fondos latinoamericanos o asiáticos.
**Malgastando** y **especulando** en la bolsa como lo hacían, era muy difícil capitalizar la economía y así se perdió la «plata dulce» por toda América.
**Siendo** de Estados Unidos, estoy acostumbrada a la estabilidad política.

3. You can also use the present participle to describe an action that was in progress when something else happened.

**Estaba revisando** los resúmenes diarios cuando, de repente, vi cuánto había ganado y me alegré muchísimo.

# *C.* Límites y restricciones en el uso del gerundio

1. Progressive tenses are **not** used to refer to future actions as is done in English. Nor are they used as in the English statement "they are sitting/standing/lying over there."

| | |
|---|---|
| *The representatives are arriving on the morning flight.* | Los representantes **llegan/llegarán** en el vuelo de la mañana. |
| *We have to talk to the man sitting over there.* | Tenemos que hablar con ese señor que **está sentado** allá. |

2. While English commonly uses the **-ing** forms of verbs as adjectives, Spanish forms adjectives in other ways, as in the following examples.

| | |
|---|---|
| *banking, mining, farming industries* | las industrias **bancarias**, **mineras**, **agrícolas** |
| *the emerging economies* | las economías **emergentes** |
| *a checking account* | una cuenta **corriente** |

3. Contrary to English, the present participle in Spanish **cannot** be used as a noun in Spanish. To name an activity or action for which English usually uses the gerund, such as **investing**, **paying bills**, **traveling**, and **saving**, Spanish uses the infinitive or another noun. Compare the following.

| | |
|---|---|
| *Traveling is what interests me the most.* | **Viajar** es lo que más me interesa. |
| *Making money is generally the result of assuming greater risks.* | **Ganar** más dinero es, por lo general, el resultado de **asumir** mayores riesgos. |
| *Banking liberalized its practices.* | **La banca** liberalizó sus prácticas. |

4. Spanish uses the **infinitive** in many other cases in which English would use the **-ing** form.

| | |
|---|---|
| *I was thinking about investing in...* | Pensaba **invertir** en... |
| *I started saving in...* | Comencé a **ahorrar en...** |
| *I regret not being able to invest in...* | Siento no **poder invertir en...** |

5. Spanish uses the **infinitive** after all adverbs and prepositions, when English would require **preposition + -ing**.

| | | | |
|---|---|---|---|
| a | al (momento de) | en vez de | para |
| a fin de | antes de | gracias por | sin |
| además de | después de | junto con | tras |

*Por ejemplo:* Sólo **después de controlar** la hiperinflación y la tendencia **a evadir** los impuestos, Brasil puede aspirar a que se le considere una economía emergente sólida.

## D. Los pronombres de objeto directo e indirecto con el progresivo

| Pronombres | | | |
|---|---|---|---|
| **objeto directo** | | **objeto indirecto** | |
| me | nos | me | nos |
| te | os | te | os |
| lo(la) | los(las) | le | les |

These pronouns attach to progressive verb forms, as well as to infinitives and commands. Don't forget that the indirect pronoun comes first and that *le* and *les* change to *se* when followed by *lo*, *la*, *los*, or *las*.

*Por ejemplo:* Voy a decir**le** que no puede ir. → Voy a decír**selo**.
Para **explicárselo**, hay que **mostrárselo**.
**Pagándosela** ahora, no solucionas nada.
**Préstamelos**, por favor.

## Práctica (Gramática)

## A. Un buen consejo no tiene precio

Muchos dichos y refranes en español empiezan con el gerundio. Con un(a) compañero(a), completen las siguientes frases para desarrollar sus propios dichos. Usen un gerundio diferente en cada caso. El número 11 es para crear un refrán completamente original.

*Por ejemplo:* **estudiar**
*Estudiando*, se aprende más.

**gastar/pedir un préstamo/practicar/tolerarse/hablar claro/escuchar/ observar/viajar/leer/ahorrar/prestar dinero/trabajar**

1. ...se aumenta la riqueza.
2. ...se conserva la amistad.
3. ...se disminuyen las quejas.
4. ...se supera la gente.
5. ...se solucionan los problemas.
6. ...se comunica mejor.
7. ...se comprende la cultura.
8. ...se amplían los conocimientos.
9. ...se duerme mejor.
10. ...se quiebra el banco.
11. ¿...?

# B. ¿Cómo lo comunica usted?

Diga cómo comunica usted sin palabras las siguientes emociones y sentimientos.

*Por ejemplo:* la pena
> *La comunico bajando los ojos y retirándome.*

1. la impaciencia
2. el nerviosismo
3. el aburrimiento
4. el enojo, coraje o furia
5. la confusión
6. el agradecimiento
7. la desilusión
8. el desagrado
9. la satisfacción
10. el entusiasmo

# C. Autoevaluación

Mire los siguientes temas e indique sus metas personales en cada caso. En seguida, evalúese con respecto a estas metas. Siga el modelo, use el tiempo progresivo y trate de que las frases sean largas y variadas.

*Por ejemplo: Respecto a mi dominio del español, **hablar y escribir** bien son mis principales metas. **Continúo estudiando** y **voy ganando** más confianza. **Ando...**en español; **paso las noches estudiando** español y, aunque **sigo cometiendo** errores, **estoy...**mejor que nunca.*

**Respecto a...**   **Estoy/Sigo/Continúo/Ando/Voy/Paso los días y las noches...**

1. mi nivel crediticio
2. mi plan de ahorros
3. mis conocimientos del mundo hispano
4. mi formación profesional
5. mi dominio del español
6. mis ingresos

# D. Como siempre

Hay pares de conceptos que están íntimamente unidos. Describa la relación entre ellos. Siga el modelo.

*Por ejemplo:* Los bancos y los clientes
> *Los bancos siguen prestándoles dinero a sus clientes.*

1. los sueldos de los empleados y la gerencia
2. el consumidor y las tarjetas de crédito
3. las instituciones de caridad y los donantes
4. los clientes de un banco y los cheques
5. el aspirante a un empleo y el trabajo disponible

## *ℰ.* Perdí mi tarjeta

Si usted pierde su tarjeta bancaria, puede hacer algunas operaciones en la caja buzón. Mire usted el sobre para la caja buzón, lea las instrucciones y explique cómo se hacen las siguientes transacciones.

*Por ejemplo: Se puede depositar un cheque, llenando una boleta de depósito...*

1. saldar una cuenta
2. depositar cheques
3. pagar una deuda

**Banco de Chile**

## CAJA BUZON

*SOLO DEPOSITOS Y PAGOS CON CHEQUE*

*Use sólo un sobre
para todas sus operaciones y ...
¡Gane Tiempo!*

**Pago de Servicios (∗)**
Cancele con cheque nominativo y cruzado, a la orden de
la entidad acreedora. Incluya también el talón de pago.

(∗) Para su mayor comodidad, suscríbase al servicio de
Pago Automático de Cuentas en cualquier sucursal
del Banco de Chile.

**Depósito con Documentos**
Llene una boleta de depósito y endose todos los documentos que
deposita, indicando en cada uno el número de la cuenta corriente.

**Pago de letras**
Extienda su cheque, nominativo y cruzado, a nombre del Banco de Chile.
Incluya también el aviso de vencimiento correspondiente.
Las letras canceladas le serán enviadas por correo.

**Pago de Créditos y Tarjetas Visa del Banco de Chile**
Para ambos casos extienda su cheque, nominativo y cruzado,
a nombre del Banco de Chile, adjuntando el comprobante de pago.

**IMPORTANTE:**
Los depósitos y pagos recibidos hasta las 14:00 hrs.,
serán abonados el mismo día.

INFÓRMESE SOBRE EL LÍMITE DE GARANTÍA ESTATAL A LOS DEPÓSITOS

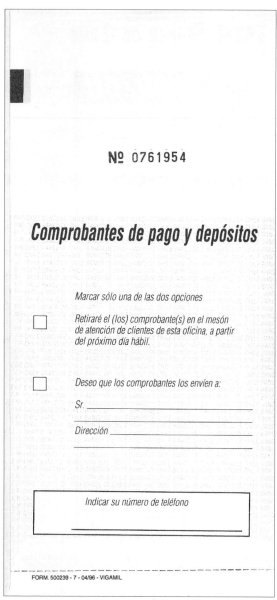

N° 0761954

## *Comprobantes de pago y depósitos*

*Marcar sólo una de las dos opciones*

☐ *Retiraré el (los) comprobante(s) en el mesón
de atención de clientes de esta oficina, a partir
del próximo día hábil.*

☐ *Deseo que los comprobantes los envíen a:*

*Sr.* _____

*Dirección* _____

*Indicar su número de teléfono*

_____

FORM. 500239 - 7 - 04/96 - VIGAMIL

# Panoramas y redacción

## ▦ Papeleo cotidiano *(El arte de escribir)*

### Correspondencia bancaria

Como en toda la correspondencia comercial, las cartas al banco o del banco deben proporcionarles a sus lectores información clara, concreta, completa y ordenada, sin sacrificar el tono cordial. Al enviar un mensaje, el propósito es no sólo comunicar, sino también persuadir, motivar, despertar interés e inspirar confianza en el cliente o en el funcionario bancario. En este sentido, la carta comercial sirve como representante y embajadora (*ambassador*) de la empresa o de un individuo. Algunas características importantes de estas comunicaciones son...

- **la claridad y la coherencia:** orden lógico de palabras y frases, ideas bien conectadas con palabras conectivas y sin frases vagas.
- **la brevedad:** entrar al tema de una manera concisa. Incluir todos los detalles necesarios (número de cheque o depósito, fechas) y evitar los innecesarios.
- **la cordialidad y la motivación:** tacto, cortesía, vitalidad, tono amigable y formas cultas de la lengua. Evitar expresiones de reproche y frases de estructura negativa. La carta debe ser discreta y diplomática para crear y mantener la buena voluntad.

| CONTENIDO | EXPRESIÓN Y DESARROLLO DE IDEAS |
|---|---|
| ¿Se han incluido los detalles importantes? | ¿Se presentan ideas concretas, bien desarrolladas y sin frases excesivamente largas? ¿Está claro el mensaje? |
| **USO DEL IDIOMA** | **TONO** |
| ¿Se ha evitado el uso de palabras redundantes y superfluas y de frases vagas? | ¿Es cortés? ¿Tiene tacto? ¿Es discreto? ¿Motiva al cliente? |

## *A.* Piense un momento

¿Ha recibido alguna vez una carta de su banco? ¿Por qué razón? Con un(a) compañero(a), hagan una lista de distintos tipos de cartas que una persona...

1. puede recibir de un banco.
2. puede escribirle al banco.

## B. Piense otro poco

Elija uno de los siguientes tipos de correspondencia bancaria y con un(a) compañero(a) hagan una lista de toda la información que esperan encontrar en ella.

*Por ejemplo:* apertura de una sucursal (*branch*)
   *tipo de empresa, dirección de la sucursal, fecha de la apertura, servicios proporcionados, historia de la empresa, incentivos al cliente*

1. negar solicitud de préstamo
2. conceder crédito
3. solicitar referencias comerciales
4. anunciar una oferta especial
5. enviar publicidad
6. traspasar fondos
7. remitir pago
8. reconocer un error

## C. Identifique el propósito

Indique el propósito o fin de los siguientes fragmentos de cartas. Use la lista de tipos de correspondencia bancaria de la Actividad B.

1. Tenemos sucursales en las principales ciudades del mundo, lo que nos coloca en posición favorable para el comercio internacional. Nos sería muy grato atender cualquier consulta que deseen hacernos para facilitar el desarrollo de sus negocios.
2. Nos permitimos sugerirles que si desean abrir una línea de crédito con nosotros, se sirvan enviarnos sus referencias comerciales y bancarias.
3. Pagaré a treinta días fecha, a la orden del señor Dn. Antonio García Echaurren, la cantidad de Bs./80.000, por concepto de la carga recibida.
4. De acuerdo con nuestra conversación telefónica, hemos cambiado la fecha de vencimiento de sus pagos para el último día de cada mes. Para su conveniencia, le enviamos un nuevo libreto de talones (cupones).
5. Me dirijo a usted para ofrecerle una excelente oportunidad que le permitirá rentabilizar al máximo sus ahorros. Después de leer el folleto, envíenos su solicitud y le daremos curso a la brevedad.
6. Adjunto les remito el cheque Nº 5840679 por la cantidad de $549.080,75 para cancelar el saldo total del importe de su factura.
7. Acusamos recibo de su envío de ¢40.951, cuyo importe abonamos a su cuenta como pago por las siguientes facturas.

## D. Analice un poco

¿Qué asocia usted con las siguientes expresiones? Anote todas las palabras o frases que pueda recordar o encontrar en los fragmentos de cartas de la actividad C.

*Por ejemplo:* plazo

  *préstamo a corto plazo; préstamos a largo plazo*

1. crédito
2. una cantidad
3. la deuda
4. los depósitos
5. el agradecimiento de envío
6. las expresiones de cortesía

## *E.* La carta y la buena voluntad

Si usted fuera el(la) cliente, ¿cómo reaccionaría al leer los fragmentos que siguen? Lea las oraciones e indique cuáles motivarán al lector. Recuerde que siempre es mejor expresar lo negativo de una manera positiva.

> No comprendemos por qué no hemos recibido todavía su cheque en pago de su préstamo a corto plazo. A pesar de las numerosas cartas de reclamación que le hemos enviado, ninguna de ellas ha tenido respuesta.

> Usted olvidó firmar su cheque. Envíenos otro lo más pronto posible...

> Agradeceremos el pronto envío de su cheque para mantener su nivel crediticio.

> Su oportuna respuesta mantendrá el prestigio y crédito comerciales que ha tenido su empresa durante tantos años.

> Usted todavía no nos ha enviado su cheque en pago de su línea de crédito, por lo que estamos muy preocupados.

> Sírvase llamar a nuestro representante.

## *F.* Redacte

Redacte unas líneas para comunicar lo siguiente de manera cortés, usando las fórmulas recomendadas.

1. De una empresa al cliente: Pague su cuenta, por favor.
2. De un banco al cliente: Hemos cerrado su cuenta corriente.
3. De una empresa a otra: Ya enviamos un cheque por intermedio del Banco Central.
4. De una empresa al cliente: Gracias por su pago de la deuda.

**FRASES ÚTILES**

**Para agradecer alguna atención, información, o pago**

Muchas/Muchísimas gracias por enviar/aclarar/cancelar...

Le(s) agradecemos el envío de...

Le(s) estamos muy agradecidos por...

**Para enviar información solicitada**

Tenemos el agrado de adjuntar/remitirle/enviarle...

Según sus instrucciones, cumplo con mandarle(s)...

Me (Nos) complace enviarle(s)...

**Para pedirle o recordarle algo al lector**

Sírvase informarnos..., por favor.

Llamamos (nuevamente) su atención a...

Por medio de la presente, le ruego (*ask, request*) se sirva enviar...

**Para anunciar malas noticias**

Lamentamos comunicarle el cierre de su cuenta/línea de crédito...

Mucho sentimos informarle que, a partir de esta fecha,...

*En Santiago, la fachada de la oficina matriz del Banco Central de Chile inspira respeto.*

## ⊞ Así es

### El banco de todos los bancos

El banco padre de todos los bancos en los países hispanos es el **Banco Central**. En los Estados Unidos se le conoce como el *Federal Reserve Bank*.

  ¿Qué hace el Banco Central?

- Dicta las normas del crédito y establece el valor del dinero, fijando la tasa de interés.
- Dicta y regula las normas de cambio de moneda extranjera, fijando las tasas de cambio.
- Supervisa las prácticas comerciales de todos los bancos del país, dictando normas y enviando auditores cuando es necesario.

# ▤ Hoy en día *(La economía y las estadísticas)*

## La transformación económica de Chile

### 𝒜. Repaso de geografía

En esta unidad, se han mencionado varias regiones geográficas y culturales. Mire el mapa de la página xxi y dé tres países de cada una de las siguientes.

1. Latinoamérica
2. la Cuenca (*Basin*) del Caribe
3. Norteamérica
4. Cono Sur
5. los tigres asiáticos

## ▦ Así es

### *El modelo chileno*

En este momento, la estrella de Sudamérica es Chile, porque en los últimos 15 años se ha transformado de un país monocultor[1] (exportador de cobre exclusivamente) del Tercer Mundo en un país que liberalizó la banca y el sistema arancelario[2] para promover el libre comercio a través de sus fronteras. Con una economía acelerada, los chilenos exportan ahora una diversidad de productos, capitales y *know how* a toda América y Europa y también a la cuenca del Pacífico. Por ejemplo, la exportación de *software* ha aumentado en un 117% desde 1990 y los servicios chilenos de colocación de profesionales se usan en todo el Cono Sur.

Las exportaciones principales son minerales (58,2%), productos industriales (29,67%, incluido el papel), frutas, vegetales y vinos (8,3%). El cobre sigue siendo «el sueldo de Chile», pues alcanza[3] al 47,9% de las exportaciones totales.

[1]que explota sólo un producto; [2]*duty tariffs*; [3]llega

*La mayor riqueza de Chile está en la cordillera y las grandes explotaciones mineras. Esta es la mina de cobre Andina.*

# B. Piense un poco

Para ahorrar y no malgastar las ganancias, los capitalistas chilenos compran compañías, acciones y divisas extranjeras. ¿Y usted o sus padres? ¿En qué podrían invertir para ahorrar? Elija dos tipos de negocios de la lista de **rubros** (categorías) y dé dos ejemplos específicos de productos de cada uno.

*Por ejemplo:* Es bueno invertir en **servicios públicos**, porque la gente siempre va a necesitar mucha energía. Puedo invertir en energía hidroeléctrica, porque es bueno para el medio ambiente.

**RUBROS:**

| | |
|---|---|
| telecomunicaciones | horticultura y frutas |
| transportes | pesquería (pescados, mariscos, salmonídeas) |
| hospitales | viticultura (vinos) |
| construcción | minería (cobre, oro, hierro) |
| calzado y ropa | servicios públicos (agua, gas y electricidad) |
| hotelería y turismo | instrumentos financieros (acciones, seguros, |
| tecnología | pagarés) |

# C. Lea y organice la información

Lea el siguiente fragmento del periódico chileno, *Estrategia*, y trate de averiguar...

1. ...qué cambio se está produciendo en la situación de Chile a nivel mundial.
2. ...cuánto va a invertir o ahorrar anualmente en el FMI.
3. ...qué ganancias va a tener con esta inversión.

### Nuevo status en el Fondo Monetario Internacional: Chile pasa de país deudor a acreedor

1 Por primera vez, nuestro país ha cambiado de status, abandonando su calidad de duedor para pasar a ser un país acreedor. La nueva situación se explica porque, pese a no vencerse el plazo todavía, al prepagar en septiembre de 1995 la cifra de US$ 1.333 millones al FMI*, la nación terminó todos sus compromisos financieros con dicha institución. En
5 general, los países acreedores asumen en papel activo en la formulación de las políticas crediticias del FMI.

En razón de lo anterior, el FMI solicitará a nuestro país que trimestralmente deposite un monto que no supera los US$ 30 millones en un "tramo de reserva", que es similar a una cuente corriente, ya que
10 el gobierno puede girar de esta reserva cuando haya necesidad. Estos depósitos son, en realidad, una inversión internacional de Chile, ya que los intereses se calculan en base a las tasas de interés del dólar y otras divisas.

*Fondo monetario internacional

## D. Analice otro poco.

Aparee los términos de ambas columnas, según lo que acaba de leer.

| | |
|---|---|
| **pese a no vencerse el plazo todavía** | financieras |
| **cifras** | no mayor de treinta millones de dólares |
| **terminó sus compromisos financieros** | importe |
| **crediticias** | cantidad |
| **en razón de lo anterior** | ya pagó la deuda |
| **monto** | aunque todavía no era el plazo |
| **no supera los US$ 30 millones** | por eso |

## E. ¿Y qué hace don Andrónico?

Lea el siguiente artículo sobre un famoso inversionista y trate de averiguar lo siguiente.

1. dónde invierte su dinero
2. en qué rubros prefiere invertir

### *Dinero llama dinero*

1 El forjador[1] del grupo económico más importante de Chile, don Andrónico Luksić Abaroa, nació en el puerto nortino de Antofagasta, donde en 1915 se había establecido su padre, inmigrante croata. A los diecisiete años, ingresó a la Escuela de Derecho de la Universidad de Chile. Al terminar su
5 carrera, su madre (hija de una rica familia boliviana) le regaló un cheque, con el que viajó a Europa. Allá se dio cuenta de las ganancias que generaba el negocio de las divisas.

Regresó al puerto en 1950, con el triple del dinero con que había partido y sin ninguna intención de quedarse. Fue entonces cuando su tío,
10 don Juan Abaroa, le propuso comprar un porcentaje de la concesionaria Ford de Antofagasta, puesto que tenía dinero suficiente en el bolsillo. Al poco tiempo, el joven Andrónico también terminó adquiriendo una mina de cobre. Aunque la concesionaria daba buenas ganancias, la mina no daba los frutos esperados y, por eso, cuando la compañía japonesa Nippong
15 Mining Co. le ofreció comprarla, aceptó de inmediato.

No obstante, grande fue su sorpresa cuando, al fijar[2] el precio de la mina en "unos 500 mil", refiriéndose a pesos, el intérprete japonés dijo *"five hundred thousand dollars"*. Así fue como, a los veintisiete años de edad y con 500 mil dólares en el bolsillo, inició su escalada[3], comprando
20 participaciones en varias empresas mineras y obteniendo el control de otras como Lota Schwager (minas de carbón), Madeco (manufactura y tubos de cobre), Luchetti (productos alimenticios), Colcura (minas) y el Banco de Santiago.

En la década de los ochenta, decidió compartir el mando de sus
25 negocios con sus hijos, entregando el área industrial a Guillermo y la financiera a Andrónico. Para sí, se reservó la parte minera, en la que comparte responsabilidades con Jean Paul. Fue precisamente con la ayuda de ellos que inició su actual etapa de expansión internacional que, en estos últimos años, incluye dos filiales[4] de CCU (bebidas gaseosas y cerveza) en
30 Argentina y una en Croacia, y negocios de Madeco y CCU (en conjunto con la Anheuser-Busch) en Argentina y Perú. No cabe la menor duda de que los Luksić, con sus recursos familiares y magníficos profesionales, controlan algunos de los negocios más sólidos y refrescantes del país.

[1]fundador, creador; [2]estableció; [3]ascenso; [4]*subsidiaries*

## ✐ Un capitalista de lujo

Complete las siguientes frases para resumir las movidas (*moves*) exitosas de don Andrónico.

**1.** Su primer capital fue... Este capital aumentó...veces en Europa.

**2.** Volvió a Antofagasta y adquirió...

**3.** No todo fue buen cálculo de inversionista; también tuvo buena suerte porque...

4. Con medio millón de dólares, don Andrónico...

5. Los Luksić tienen tres hijos que se llaman...

6. Como los negocios se empiezan y permanecen en la familia, cada hijo está a cargo de una parte de las inversiones Luksić...

## ⊞ Así se dice

### *Las siglas*

Para leer o escuchar las noticias comerciales y financieras, es necesario saber varias siglas[1] muy comunes y algunas abreviaturas. En general, las letras de una sigla en español son casi las mismas del inglés, pero el orden es diferente. Mire el modelo.

*Por ejemplo:* OECD → **OCDE** → *Organización para la Cooperación en el Desarrollo Económico del Tercer Mundo*

[1]acronyms

## ✐. Adivine las siglas

Complete la siguiente tabla de siglas.

| inglés | español | Nombre completo en español |
|--------|---------|----------------------------|
| UN | (O)NU | (Organización de las) Naciones Unidas |
| EEC | CEE | Comunidad Económica Europea |
| EU | UE | Unión _____ |
| OAS | OEA | _____ de los Estados Americanos |
| NAFTA | TLC | Tratado de _____ _____ de América del Norte |
| GATT | AGAC | Acuerdo General sobre Aranceles y Comercio |
| GNP | PIB | _____ Interno Bruto |
| ... | Mercosur | Tratado (Acuerdo) Comercial del _____ |
| WB | BM | _____ Mundial |
| OPEC | OPEP | Organización de _____ Exportadores de Petróleo |
| IMF | FMI | Fondo _____ Internacional |

**Abreviaturas:**

| | | |
|---|---|---|
| Stgo. | Santiago de _____ | Santiago, Chile |
| Rep. Arg. | República _____ | Argentina |
| Bs. As. | _____ Aires | Capital |

## ℋ. Mejor que escribamos

Con un(a) compañero(a), digan a qué organizaciones o instituciones deben escribirles para conseguir lo siguiente. Si no saben el nombre exacto de la organización, den uno aproximado, según lo que han aprendido sobre siglas y nombres.

*Por ejemplo:* estadísticas sobre las exportaciones chilenas
*Hay que escribirle al Banco de Santiago/Banco Central de Chile/Ministerio de Economía de Chile.*

Quisiéramos conseguir estadísticas, información o asesoramiento sobre...

1. exportaciones argentinas o uruguayas
2. la industria maderera o pesquera de Chile
3. las distintas tasas de cambio del dólar en Stgo.
4. índices de salud en el Cono Sur
5. préstamos para el desarrollo de la infraestructura en la región andina
6. el clima y los recursos naturales argentinos
7. préstamos para modernizar el puerto de Bs. As.
8. el mercado accionario de la Argentina o Chile
9. préstamos para liquidar la deuda externa de Argentina
10. estadísticas sobre el nivel de educación y capacitación de los jóvenes chilenos

## ℐ. Aquí mismo

Piense en su propio estado o en una región que conozca bien y haga tres listas: a. sectores económicos que se necesitan desarrollar, b. productos que se pueden exportar, c. *know how* que se puede exportar. En seguida, escriba tres párrafos que describan su región desde el punto de vista del desarrollo económico.

# ≣ Atando cabos
*(Actividades de integración y expansión)*

## 𝒜. Argentina en grande

Argentina siempre viene en envase (*package*) grande, porque es el país hispano más grande de América del Sur y la capital cultural del Cono Sur. Practique su habilidad para decir y comprender cifras grandes con las siguientes estadísticas. Elija una cifra, léala en voz alta y la clase adivina de qué se trata.

*Por ejemplo:* Ud. lee: En 1992–93, la población urbana era de 86,2%.
Ud. dice: «mil novecientos noventa y dos, noventa y tres; ochenta y seis coma dos».
La clase adivina: «la población urbana»

1. Argentina y Chile se parecen un poco, si los comparamos en cuanto a la proporción de habitantes que tienen menos de 20 años. En Argentina, la tasa es de 38,4%, mientras que en Chile es de 40,3%. México es excepcional, sin embargo, porque ¡casi la mitad! o 49,3% de la población tiene menos de 20 años.

2. En 1986–89, el consumo de calorías diarias per cápita era de 3168 calorías en Argentina.

3. En Argentina, la tasa de cambio por dólar en 1996 era de 0,9905.

4. En el Distrito Capital o microcentro, la población alcanza a 2.960.976 habitantes.

5. En la Gran Córdoba, segunda ciudad en tamaño, hay 1.179.067 habitantes.

6. En el Gran Buenos Aires, la población es de alrededor de 12.582.000 habitantes, mayor que la del Gran Sao Paulo, que era de 10.063.110 en 1987 y la del Gran Santiago de Chile, que tenía sólo 5.236.321 en 1990.

7. La población total de Argentina era de 32.608.687 habitantes en 1991, que no es mucho comparada con la del gigante sudamericano, Brasil, que era de más o menos 150.368.000 en 1990. Por el contrario, Chile sólo tenía 13.173.000 en 1990.

8. Para el año 2025, se calcula que la población de Argentina será de alrededor de 44.000.000 habitantes, mientras que en Chile se estima que la población llegará a unos 19.000.000, y en Uruguay, unos 4.000.000 habitantes.

## B. Para organizar su vocabulario

En esta unidad, usted ha visto palabras conocidas en muchas formas o derivaciones. En la siguiente lista, dé el sustantivo derivado de cada verbo.

| | | |
|---|---|---|
| 1. prestar | 5. imponer | 9. depositar |
| 2. recibir | 6. saldar | 10. cambiar |
| 3. pagar | 7. contar | 11. ingresar |
| 4. endeudar | 8. traspasar | 12. invertir |

## C. El conquistador de Charlotte

Complete la siguiente historia de la vida real con algunas palabras de la lista.

**ahorrar/encontrar/puesto/ahorros/empresa/acciones/inversiones/ computadoras/construcción/servicios públicos/transporte/ingeniería**

Con los _____ que juntó mientras era estudiante de _____ de la Universidad de Chile, el joven ingeniero de 27 años, don Manuel Zapata, partió a sacar un Máster en Negocios en la Universidad de Carolina del Norte. Primero, trabajó como ayudante de ingeniero, pero esa empresa despidió a mucho personal y así perdió su primer _____ .

Afortunadamente, _____ otro trabajo de programador de _____ y su sueldo subió en un 50% de inmediato. Entonces, empezó a _____ e invertir. Después, trabajó en la Duke Power, en el rubro _____, pero abandonó este puesto para abrir su propia _____, la Zapata Engineering Inc. Por varios de sus veinticinco años en el país, ha participado activamente en la vida cívica de Charlotte, creando el Comité de Inversiones Extranjeras de la Cámara de Comercio y también cultivando contactos que son muy útiles para sus negocios en el rubro ingeniería y _____ .

## D. Soy así por buena razón

Diga qué características tiene usted por ser quien es. Refiérase a su país, su cultura, su ciudad, estado o región geográfica, su familia, su universidad, su nacionalidad, su profesión, su edad, etc. Siga el modelo y use el tiempo progresivo.

*Por ejemplo: Siendo estadounidense, vivo pensando en...y deseando... Por otro lado, siendo californiano, ando...y... Además, siendo estudiante de...me paso el día estudiando, etc.*

## E. Versos del interior

Escriba un poema personal que capte bien quién es, no sólo como individuo, sino como ciudadano del mundo. Trate de comunicar distintos aspectos de su ser, señalando el cambio de perspectiva según se indica. Preste atención al modelo, usando gerundios según el esquema 3, 2, 1.

| *Por ejemplo:* Nombre completo: | *(escriba su nombre completo aquí)* |
|---|---|
| Dé **tres** gerundios: | *Voy sonriendo, cantando, divirtiéndome,* |
| Agregue **dos** gerundios: | *tocando la guitarra, conversando a gritos* |
| Ponga **un** gerundio que cambia la perspectiva: | *y también pensando en* |
| Agregue **tres** gerundios: | *cómo seguimos contaminando, destruyendo, perdiendo la tierra.* |
| **dos** gerundios: | *Sintiéndome triste, preocupándome por el porvenir.* |
| **un** gerundio: | *Vivo soñando y no quiero despertar.* |

## F. En cámara lenta

Imagínese un escenario en un lugar conocido. Descríbaselo a sus compañeros en cámara lenta (*in slow motion*), enfocándose en las acciones y dando detalles. Sus compañeros van a adivinar dónde está usted.

*Por ejemplo: Estoy rodeado(a) de gente. Me estoy sofocando. Todos están mirando las paredes de nuestro pequeño compartimiento. Nadie dice nada. El señor que está a mi lado sigue...y otra persona...* La clase adivina: *Estás en el ascensor.*

# G. Papeles y personajes

En grupos de dos o tres, escriban el guión (*script*) de un mini-drama en el banco. Sigan el modelo y den 1. lo que dicen los personajes y 2. la descripción de los gestos que hacen, en forma de gerundio.

*Por ejemplo:* —*Ya le endosé el cheque*—*le dijo a la cajera,* **mostrándole**
*su firma.*

**Ideas para el minidrama:**

1. El cajero automático le da un saldo de US$165, cuando usted sabe que no hay fondos en su Haber.
2. Un(a) empleado(a) se equivoca y envía su traspaso electrónico **dos veces**, dejándole su cuenta sin fondos.
3. Usted está quebrado(a) y debe convencer al (al/la) gerente del banco de que le dé una línea de crédito por US$500 para sacar el auto del garaje, poder trabajar y cancelarlo todo.

# H. Puesta en escena

Llegó la hora de poner en escena el mini-drama que escribieron en la actividad anterior. Asígnense los papeles y actúen para sus compañeros(as) de clase.

# J. Para mantenerse al día

Consulte el resumen diario de transacciones de la Bolsa de Nueva York (NYSE) del periódico de su cuidad para darle a la clase los siguientes datos sobre una de las estas compañías chilenas: Banco Central, Bhif, Cristalerías, Endesa, Enersis, Madeco, Cervecerías Unidas CCU, Banco de Santiago, Banco Santander de Chile, etc.

1. precio de cada acción a la fecha
2. porcentaje de rentabilidad
3. precios más altos y bajos del año

# Vocabulario de la Unidad 3

## Palabras relacionadas con la economía y las finanzas

la banca telefónica *telephone banking*
el banco *bank*
la caja fuerte/de fondos *safe-deposit box*
el cajero automático *automatic teller*
el carnet/la cédula (de identidad) *(ID) card*
la carta de crédito *letter of credit*
la casa matriz *home office, headquarters*
el cheque (sin fondos) *(bad) check*
el código *code*
el costo de mantención *service charge*
la cuenta corriente (de ahorro) *checking (savings) account*
el Debe *debit*
la deuda *debt*
las divisas *hard currency*
el efectivo *cash*
el Haber *assets*
los impuestos *taxes*
las inversiones *investments*
los ingresos *income*
la línea de crédito *line of credit*
la llave *key*
las monedas *coins, currencies*
el plazo (fijo) *(fixed) installment payment*
el préstamo *loan*
el saldo *balance*
la sucursal *branch office*
el talonario/el libreto *check book*
la tarjeta bancaria/de crédito *bank/credit card*

la tasa (de cambio/de interés) *(exchange/interest) rate*
los valores *valuables, stock*

## Acciones

anular *to void*
averiguar *to verify, find out*
cambiar divisas *to exchange, change money*
cancelar (una cuenta, deuda) *to pay (off)*
cobrar *to collect, to charge, to cash, to debit*
convenir(le) a uno *to suit, to please*
custodiar *to take care of, to manage*
depositar *to deposit*
endosar *to endorse*
girar *to withdraw*
ingresar *to credit*
invertir (ie) *to invest*
negar *to deny, turn down*
protestar un cheque *to refuse a check*
retirar *to withdraw*

## Expresiones de cortesía para la correspondencia comercial

A partir de esta fecha... *As of this date . . .*
Cumplo con... *I comply with . . .*
Lamentamos/Mucho sentimos... *We regret . . .*
Le(s) agradecemos.../Le(s) estamos muy agradecidos por... *We thank you . . .*
Le(s) ruego... *I request . . .*
Me/Nos complace... *I/we are pleased to . . .*

Me/Nos sería muy grato... *I/We would be very grateful . . .*
Por medio de la presente... *through (by means of) this document/letter . . .*
Siento tener que informarle que... *I regret to inform you that . . .*
Sírva(n)se... *Please be so kind as to*
Tenemos el agrado de... *We are pleased to . . .*

## Otras expresiones

a (corto, mediano) largo plazo *(short, medium) long-term*
anualmente *annually*
mensualmente *monthly*
semestralmente *every six months*
semanalmente *weekly*
trimestralmente *quarterly*

## PARA RECONOCER

las acciones *stocks*
la balanza de pagos *the balance of trade*
los bienes *assets*
la bolsa/el mercado de valores *the stock exchange*
el déficit *the deficit*
el egreso *expense*
el (la) embajador(a) *the ambassador*
el envase *the package*
la escalada *the rise*
fijar *to establish, to fix*
la filial *the subsidiary*
el (la) inversionista *the investor*
la materia prima *raw material*

monocultor *one-crop, one-product producer*
el monto *the total sum*
la movida *the movement*
las mercaderías *goods, merchandise*
el presupuesto *budget*
respaldar *to support, back up*
el rubro *category*
el superávit *the surplus*
el trámite *paperwork*

*Unidad*

**4**

OCÉANO ATLÁNTICO

SAN CRISTÓ
Y NIEVES

BARBUD

ANTIGU

GUA

HONDURAS

DO

ICARAGUA

a400mts

A

con Energía Solar

El mercadeo y
la publicidad en
el mundo
hispano

Residencial Helios

Urbis
TEL. 2512435

OC

PACI

BRASIL

La Cuenca Caribeña, Venezuela y Colombia

# Metas

En esta unidad quisiera aprender a...

▨ conocer mejor la Cuenca del Caribe, Venezuela y Colombia.

▨ comprender algunos aspectos del mercadeo y de la publicidad.

▨ analizar y usar el lenguaje publicitario.

▨ usar bien la gramática de la publicidad: el *se* pasivo y las órdenes o imperativos.

# Contactos y vocabulario

## ▤ Trasfondo cultural *(Temas de la cultura hispana)*

### A. ¿Se acuerda?

En grupos de dos o tres, elijan uno de los siguientes negocios y hagan una lista de **los artículos o productos que se venden en ellos.**

*Por ejemplo:* la ferretería

> *En la ferretería se venden herramientas, materiales de construcción, artículos eléctricos, utensilios de cocina, electrodomésticos, etc.*

1. boutique
2. librería/papelería
3. frutería
4. carnicería/charcutería
5. pescadería/marisquería
6. mueblería
7. perfumería/droguería
8. joyería/bisutería

### B. Nosotros, los consumidores

Remember to use the subjunctive to give specifications for non-specific people, places, things (see *Unidad 1*).

Elija **un producto** de una de las categorías de la Actividad A y, con otros compañeros, traten de pensar en algunas de las características en que se fijaría (*would notice*) el consumidor al decidir comprarlo o no comprarlo. Piensen en cosas como **color, tamaño, sabor, aroma/fragancia, frescura, valor nutritivo, comodidad, uso/versatilidad, durabilidad, garantía escrita, prestigio de la marca, diseño, precio, material/tela, seguridad, conveniencia.** Luego, sigan el modelo y escriban una descripción general.

*Por ejemplo:* una nevera (*refrigerator*)

> *Por lo general, el consumidor busca una nevera que sea grande, económica, bien diseñada, fácil de limpiar y de mantener en buenas condiciones. No quiere que sea muy cara, ni difícil de operar. Además, quiere que tenga mucho espacio y que no haga mucho ruido. Por supuesto, también quiere que dure mucho y que...*

### C. Si fuera vendedor(a)...

Ahora, imagínese que usted tiene que **venderles** este producto (de la Actividad B) a los consumidores. Para hacer esto, usted debe conocer muy bien al grupo consumidor, porque cada grupo se diferencia en cuanto a factores como **la edad, el sexo, el estado civil, la profesión u ocupación, la región geográfica, los gustos e intereses, la clase socioeconómica, la nacionalidad, la educación, el tamaño del grupo familiar,** etc.

1. Con un grupo de compañeros, elijan cuatro o cinco factores de la lista y describan a un segmento **específico** de consumidores.

   *Por ejemplo:* sexo, edad: *una joven de 23 años*
   estado civil: *soltera*
   educación: *título universitario*
   clase social: *ingreso bruto de US$ 20.000*
   región geográfica: *Vive en...*
   intereses: *Le gusta...*

2. Luego, elijan un producto que quisieran venderle a este tipo de consumidor (un coche, un equipo estereofónico, una prenda de ropa, etc). Denle el producto y la descripción del (de la) consumidor(a) a otro grupo para que ellos desarrollen una descripción del producto **de manera que atraiga a este(a) consumidor(a).**

   *Por ejemplo: Este tipo de consumidor(a) prefiere un coche que sea...deportivo, de color... y que tenga...*

3. Del otro grupo ustedes reciben un producto y la descripción de un(a) consumidor(a). Ahora les toca desarrollar una descripción del producto para este(a) consumidor(a).

## ✎. Escriba

Imagínese que usted tiene que venderles un producto **a los consumidores hispanos.** Elija un producto de las categorías de la Actividad A y, con otros compañeros, desarrolle una encuesta (*survey*) de por lo menos cinco preguntas para averiguar los deseos y necesidades de este tipo de consumidor.

**Piensen en cosas como...**

la frecuencia y el tipo de compras.
la frecuencia de uso del producto.
cuánta gente va a usar el producto.
cuántas horas al día se usa el producto.
qué otros productos se comprarían antes de adquirir éste.

el estilo de vida.
las costumbres familiares.
las marcas preferidas.
el horario de actividades.
el espacio disponible en la casa.

*Por ejemplo:* Producto: *una nevera (un refrigerador)*

Focus on what you know of your own culture and of Hispanic cultures to develop survey questions. Look at the example (sample survey). Why would these questions be important in developing and marketing this product? How might your own responses differ from those of a Hispanic consumer? What other questions might be added to this survey?

Esta es la única cola que ven los pasajeros de Mexicana.

Con una sola llamada usted recibe boletos y pases de abordar donde y cuando usted quiera, incluso en el aeropuerto, 90 minutos antes de la salida de su vuelo.

Pases de abordar de ida y vuelta.

Selección anticipada de número de asiento.

Mostradores especiales en el aeropuerto... para que la única cola que vea en Mexicana sea la de nuestros aviones.

Y todo esto sin que le cueste un peso.

Servicio disponible en la Cd. de México y área Metropolitana.

DOCUMENTACION EXPRESS

El nuevo servicio de Mexicana que le permite llegar a su vuelo sólo 30 minutos antes de la salida.

LLAMENOS HOY MISMO
3 25 09 90
O CONSULTE A SU AGENTE DE VIAJES

En Mexicana lo queremos conquistar
MEXICANA

## ℰ. Conozca mejor la cultura hispana

Al tratar de vender un producto o servicio, las empresas multinacionales tienen que adaptar su campaña publicitaria según la cultura. Mire los dos anuncios de la aerolínea Mexicana y conteste lo siguiente.

1. ¿Son iguales los mensajes de los dos anuncios?
2. ¿En qué se diferencian los dos grupos de consumidores a quienes se dirigen los anuncios?
3. ¿Qué palabras específicas se usan para atraer a cada grupo?
4. ¿Qué conocimientos culturales se usaron en estos dos anuncios?

## Más Tiempo *para estar* Con Los Suyos

**Para brindarle el mejor servicio sin escala entre Nueva York y México.**

En Aeroméxico no sólo nos preocupamos por llevarlo a su destino a tiempo, lo que nos ha convertido en la aerolínea con mayor índice de puntualidad, sino que también estamos siempre muy a tiempo para brindarle tarifas competitivas cuando viaje desde Nueva York a cualquier destino mexicano:

### Itinerario desde el Aeropuerto JFK

| Vuelo | Sale | Llega | Opera |
|---|---|---|---|
| AM 401 | 2:10 a.m. | 6:10 a.m. | sábado domingo lunes |
| AM 405 | 9:00 a.m. | 1:00 p.m. | diariamente |
| AM 403 | 5:00 p.m. | 9:00 p.m. | diariamente |

¿Qué espera? Este es el tiempo perfecto para hacer sus planes de Navidad llamando a su Agente de Viajes o a Aeroméxico... y disfrute de ese servicio impecable que sólo los suyos le pueden brindar, ya que toda nuestra tripulación es mexicana, lo que hace que usted sienta todo el calor y hospitalidad de México desde que está a bordo.

Para más información o reservaciones, llame a su agente de viajes o gratuitamente a Aeroméxico al 1-800-AEROMEX (1-800-237-6639).

**aeromexico**®

Vuelva con los suyos

### *¿Qué es el mercadeo?*

En pocas palabras, el mercadeo es las cinco **Pes**: **P**erfil del consumidor, **P**roducto, **P**recio, **P**unto de venta y **P**romoción. Aunque comúnmente se piensa que «mercadeo» y «promoción y publicidad» son equivalentes, hay otras etapas muy importantes en este proceso. En rigor (*in fact*),...

1. Primero, hay que hacer una descripción completísima del **producto** y del **perfil** del consumidor, a la vez que se estudia a fondo el mercado y los competidores.

2. Entonces, se formula **la estrategia a largo plazo** (o filosofía general) para presentar el producto a los consumidores y se diseñan **las tácticas a corto plazo** (técnicas publicitarias y de promoción) que se usarán para poner en práctica la estrategia.

3. Luego, hay que estudiar los costos, los márgenes de utilidad[1] y la red de distribución para determinar la demanda y el precio de venta.

4. Después del lanzamiento[2] del producto, hay que seguir controlando su calidad y recogiendo datos tanto sobre ventas y grado de satisfacción de los compradores como sobre la efectividad de la campaña publicitaria y de promoción.

5. Después, hay que empezar el ciclo otra vez, modificándolo todo según los datos recogidos.

También se debe pensar en la...

**Oferta:** Hay que conocer bien el **producto** en relación a otros productos semejantes, especialmente sus características principales y atractivos, tales como función, precio, diseño, calidad, durabilidad, velocidad y versatilidad.

**Demanda:** Hay que conocer bien al **consumidor** y preguntarse cómo es el consumidor típico de este producto y cuáles son sus deseos y necesidades.

[1]*profit margins;* [2]*launch*

# ▤ Punto de embarque *(Introducción y lectura)*

## *A.* Piense un momento

Mire los anuncios de las páginas 141 a 144 y, en cada caso,...

1. diga qué imagen evoca el producto
2. nombre las emociones que genera la imagen y
3. describa al sector de consumidores a quien se dirige.

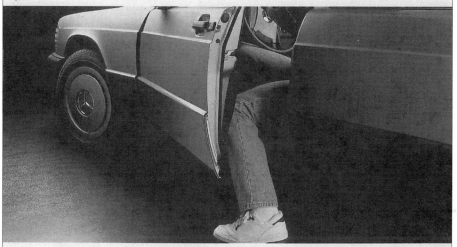

# Es ejecutivo, tiene un 190 y no lleva Corbata.

## Mercedes 190. Los tiempos cambian.

► Vive al día. Es independiente y trabaja duro. Se merece una recompensa. Por eso ponemos a su alcance el Mercedes 190.

► Porque los Mercedes de la Clase 190 están estudiados detalle a detalle para personas que se conducen por la vida con dominio.

► Personas que saborean el éxito y aprecian el silencio.

► Mercedes-Benz Clase 190.

Porque se puede ser joven y tener clase.

Mercedes-Benz

## ℬ. Piense otro poco

Para vender, una empresa tiene que conocer bien al sector específico de consumidores que puede comprar el producto. Para aumentar las ventas, sin embargo, también hay que atraer a **otros** grupos de consumidores. Elija uno de los siguientes productos y haga dos listas de adjetivos:

1. una lista de los adjetivos que usted asocia con el producto y
2. otra lista que se podría usar para atraer a **otro** grupo de gente.

¿Qué tipo de mujer maneja un Saab?

La mujer que considera la belleza un complemento a la sabiduría. Y viceversa.

Por eso elige un automóvil que combina líneas y curvas atractivas con un rodaje y funcionamiento extraordinario.

Y como el tipo de mujer que maneja un Saab sabe exactamente lo que quiere y cómo conseguirlo, ella va directamente a Tamiami Saab. Porque sólo en Tamiami Saab puede elegir el modelo que más le gusta. Tamiami Saab es el único "dealer" en el condado de Dade que tiene la línea completa de Saabs desde sólo $16,950. Además de opciones para arrendarlos desde $249 al mes.

Forma y sustancia. Un automóvil europeo reune ambas cualidades. Al igual que la mujer que lo maneja.

Tamiami Saab. Belleza y sabiduría que se salen de lo corriente.

TAMIAMI SAAB

8250 S.W. 8 STREET • MIAMI, FLORIDA 33144
305 • 266 • 5500

*Ivette Planas, Presidenta, Interior Design, Inc.*

*Daisy Bermello, Manager, Bermello & Associates Architects, Inc.*

*Dra. Ena Casanova, Pediatra*

Por ejemplo, se venden muchos *blue jeans* para jóvenes, pero ¿cómo se les podrían vender a los mayores?

Coca-Cola
comida rápida de McDonald's
acceso a la red electrónica (*Internet*)

Corvette o Firebird
tocadiscos compactos
*blue jeans*

# Familiarízate.

Papá, mamá, abuelita, los niños. Si estás formando tu familia es momento de familiarizarte con el Civic Sedán de Honda, el automóvil que es más amplio de lo que muchos imaginan.

En su espacioso baúl prácticamente cabe de todo: desde el carrito del bebé o las compras del supermercado, hasta el equipaje completo para unas buenas vacaciones.

Es sólido, ágil y se maneja con estabilidad gracias a su potente motor y a su exclusivo sistema de suspensión de doble brazo en A.

Además es muy confiable. Siempre te sentirás tranquilo de llevar a tu familia a bordo de un gran auto.

Para familiarizarte aún más con él, visita con tu familia a un concesionario Honda y prueba uno.

## HONDA
### ¡Algo grande está pasando!

Civic Sedán EX

## Para leer mejor

In the article that follows on page 146, you will probably encounter several new words and expressions. Instead of using a dictionary, try to **guess** by using the strategies you learned in the previous units. After you guess some unfamiliar terms, you can also try to locate and thread together **topical phrases** that can guide your comprehension of each paragraph.

Por ejemplo: **Párrafo 1**. mercado de refrescos; quinta posición; 3 años más tarde; segundo lugar

Look at the article paragraph by paragraph and select phrases that best represent each of them.

**Párrafo 2.** gaseosa *Colombiana*;...

**Párrafo 3.** creatividad de Beccassino; cambiar una tendencia;...

**Párrafo 4.** mercado: *Colombiana* "la nuestra";...

**Párrafo 5.** ejemplos de comerciales:...

**Párrafo 6.** estrategia es planificación a largo plazo; táctica es...

**Párrafo 7.** *Colombiana* y otros productos;...

## 𝒞. A ver qué dice el artículo

Ahora, lea con cuidado la estrategia publicitaria que se desarrolló para vender un producto colombiano. Lea los dos primeros párrafos y conteste lo siguiente.

### Primer párrafo:
1. ¿De qué producto se trata?
2. ¿Qué cambios hubo en las ventas entre 1990 y 1993?
3. ¿Quién logró (*was able to*) hacer este cambio?

### Segundo párrafo:
1. ¿Había problemas con este producto?
2. ¿Qué características tenía este producto?
3. ¿En cuál sector de la población se vendía mejor? ¿Por qué seguía comprando el producto este sector?
4. ¿Qué sector de la población **no** compraba el producto? Explique por qué.
5. ¿Cambiaron el producto o alguna otra cosa?

## 𝒟. Resuma el mensaje

Ahora, lea el artículo entero para saber cómo se usó la publicidad para convertir en **ventaja** (*benefit*) lo que antes se consideraba una **desventaja** (*disadvantage*). Luego, explique qué quieren decir estas dos frases del artículo.

1. «¡Nos gustaba *Colombiana*, pero nos avergonzaba por lo que representaba. Pero, lo que representaba era lo que somos.»
2. «*Colombiana* salió a proponer ser uno mismo, ser Yo. Y desde esa individualidad, unirnos a otras individualidades con las cuales tenemos una identidad de fondo: el ser colombianos».

## *Estrategia en el mundo de la publicidad*

1 Hacia junio de 1990, cuando se puso en marcha[1] la nueva estrategia publicitaria, *Colombiana* defendía angustiosamente un 7% de la participación en el mercado de refrescos de Colombia, ubicada[2] en la quinta posición por marcas. Tres años más tarde, estaba en segundo
5 lugar, detrás de Coca-Cola. El hombre que ha contribuido a este verdadero milagro[3] es Angel Beccassino, en la actualidad el creativo más exitoso del mercado colombiano.

A mediados de 1990, la gran mayoría de los jóvenes colombianos asociaba *Colombiana* con la peor imagen deseable. En aquel entonces, la
10 juventud percibía a la gaseosa *Colombiana* como parte del país de sus padres y abuelos, pero no como parte del país que ellos deseaban. Sin embargo, al margen de esta apreciación juvenil que la consideraba un producto anticuado, a los adultos—según las investigaciones realizadas en todo el país—el producto les seguía gustando: gustaba la suavidad de
15 su sabor, su dulzura, el color...y el hecho de que[4] se llamara "Colombiana". Es decir, no existían problemas de producto. La única dificultad era que los jóvenes asociaban las hamburguesas con la Coca-Cola y la comida tradicional con *Colombiana*. Y, en el estilo de vida deseado por la juventud, es obvio que la gaseosa estadounidense estaba
20 más cerca de sus gustos.

Entonces, entró en juego la creatividad de Beccassino, quien asumió la responsabilidad de diseñar la estrategia de *Colombiana*. Él partió de las siguientes consideraciones:

a) Sólo se puede cambiar una tendencia de mercado si se convierte
25 en "opinión pública" otra nueva tendencia.

b) En una etapa de la vida del país en que los jóvenes empiezan a presionar sobre el poder político, exigiendo y logrando nuevos objetivos, esa ampliación de la participación, esa evolución hacia la democracia participativa, tiene que reflejarse también en la
30 publicidad. Por lo tanto, es conveniente abandonar el esquema[5] tradicional de la publicidad vertical (del emisor[6] que planifica una estructura de mensaje y luego la impone al destinatario), para entrar en una publicidad viva, de diálogo constante, algo así como la incorporación de la democracia a la publicidad.

35 c) La estrategia debe entenderse como la estructura arquitectónica en que se basan las acciones posteriores. Y la táctica debe entenderse como el trabajo necesario (campañas, mensajes) para cumplir progresivamente el diseño estratégico, para concretarlo en resultados.

40 «Si la mayoría del mercado estaba de acuerdo en que *Colombiana* era 'la nuestra', una parte de lo que somos, de nuestra identidad, el problema se centraba en que nadie nos hacía sentir bien con lo que somos, nadie nos estimulaba en dirección de lo real, de la verdad que hay en nosotros. Nos gustaba *Colombiana,* pero nos avergonzaba[7] por lo que
45 representaba. Pero lo que representaba era lo que somos. Y para eso era necesario dejar atrás el pasado, el folclorismo de la publicidad anterior del producto, y penetrar en el terreno de una personalidad moderna,

'ganadora'. Coca-Cola proponía ser un estilo de vida, un 'todos' ideal, luego de haber colonizado culturalmente sobre cómo debe ser ese
50 'todos' ideal. *Colombiana* salió a proponer ser uno mismo, ser Yo. Y desde esa individualidad, unirnos a otras individualidades con las cuales tenemos una identidad de fondo[8]: el ser colombianos, y por tanto, ser diferentes, únicos, en comunión con el sabor[9] único de *Colombiana* y con una delicada trama de pequeños hilos[10] de identificación...», explica
55 Beccassino, que cada vez que habla de publicidad no puede ocultar su entusiasmo.

El audio de algunos comerciales muestra claramente la filosofía que hay detrás de la estrategia:

«*A veces dudas tanto en hacer algo que quieres... Y después, cuando*
60 *te animas[11] a hacerlo, te das cuenta[12] que era verdad, que era una delicia, como sospechabas. Y te preguntas, '¿por qué no lo hice antes...?' ¿Crees que alguna vez aprenderemos?*»

*Otro texto del comercial:*

«*Desde antes de Colón, hasta* **Colombiana**, *pasaron muchas cosas*
65 *en la Tierra. A través de ellas aprendimos que no nos gusta perder...*»

*Uno más:*

«*En cada* **Colombiana**, *hay algo que me une a lo que siempre he sido y a lo que voy a ser...*»

Entonces, ¿qué es exactamente la «estrategia» en publicidad? «La
70 estrategia—responde Beccassino—es la seguridad de saber cómo funciona lo que estamos haciendo. Estrategia es pensamiento global, visión amplia, planificación a largo plazo. Táctica es el trabajo a corto plazo, coyuntural, al servicio de la estrategia. Las agencias de publicidad tradicionales trabajan tácticamente, aunque a eso lo llamen estrategia. Ahí
75 está la diferencia que se traduce[13] en resultados. La verdadera solución a cualquier problema de imagen es ver más lejos y saber diseñar la forma de movernos para llegar a aquéllo que hemos comprendido es posible alcanzar[14]. Contar con un buen trabajo estratégico en publicidad es contar con ese mapa que permite llegar a donde uno quiere, en el menor
80 tiempo y por el camino menos costoso. La publicidad, aún siendo algo así como la poesía de la industria, no es un invento de inspiración o genialidad: la publicidad es trabajo estratégico, arquitectura de emociones.»

Junto a la gaseosa *Colombiana* muchos otros productos
85 encomendados[15] a Beccassino se han revitalizado en el mercado, porque él «sabe vender como muy pocos». Con magia y...¡estrategia!

[1]*put into effect;* [2]*located;* [3]*miracle;* [4]*the fact that;* [5]*diagram;* [6]*ad creator;* [7]*we were embarrassed;* [8]*deep down;* [9]*taste;* [10]*a delicate weave of fine threads;* [11]*you motivate yourself;* [12]*you realize;* [13]*translates;* [14]*to reach;* [15]*given, trusted to*

## E. Analice

Mire el texto de los tres comerciales citados en el artículo. ¿Cómo se expresan los siguientes mensajes para atraer al consumidor joven?

unir el pasado con el futuro
unir lo antiguo con lo moderno
descubrir lo nuevo a través de lo conocido
reconocerse a sí mismo a través de los orígenes/de la tradición
hacer sentir orgullo de la identidad nacional

## F. Comente

Según Beccassino, ¿cuál es la diferencia entre «estrategia» y «táctica»?

## G. Explique

Ubique las siguientes frases en el artículo y, con **sus propias palabras**, explique lo que quiere decir el autor en cada caso. Dé ejemplos si puede.

1. «Sólo se puede cambiar una tendencia de mercado si se convierte en 'opinión pública' otra nueva tendencia».
2. «...es conveniente abandonar el esquema tradicional de la publicidad vertical (del emisor que planifica una estructura de mensaje y luego la impone al destinatario), para entrar en una publicidad viva, de diálogo constante».
3. «La estrategia debe entenderse como la estructura arquitectónica... Y la táctica...como el trabajo necesario...para concretarlo en resultados».
4. «La verdadera solución a cualquier problema de imagen es ver más lejos... »
5. «La publicidad,...como la poesía de la industria, no es un invento de inspiración o genialidad: la publicidad es...arquitectura de emociones».

## H. Identifique

Según el artículo, dos atributos de la gaseosa *Colombiana* son su **suavidad** y su **dulzura**.

1. Dé los **adjetivos** correspondientes a estos sustantivos abstractos: **frescura, limpieza, alegría, suavidad, dulzura**

*Por ejemplo:* belleza → *bello(a)*

2. Dé los **sustantivos** correspondientes a estos adjetivos: **cómodo, seguro, ágil, fácil, veloz, feliz, tranquilo**

*Por ejemplo:* leal → *lealtad*

## J. Escriba.

Como ustedes conocen mejor su mercado local o regional, con otro(a) compañero(a) escriban **tres consejos** para un analista de mercado que piensa trabajar en el área de ustedes.

*Por ejemplo: Se debe/Se puede/Se necesita...hacer una encuesta a los universitarios, porque ellos son una población flotante que alcanza a 15 mil habitantes en el otoño.*

*¡Sólo la Inca Kola tiene el sabor nuestro!*
*Búsquela en la tienda hispana más cercana.*

# ⊞ Así se hace

## *La publicidad*

Como su nombre lo indica, **la campaña publicitaria** es un conjunto de acciones y actividades cuyo fin[1] es «conquistar» el mercado con un producto para lanzarlo[2] por primera vez o para aumentar las ventas. Una buena campaña genera demanda por el producto y comprende aspectos muy decisivos como...

- crear el nombre del producto y su lema publicitario[3];
- hacer una descripción tan buena del producto o servicio que se logre...
- ...crear la necesidad de este producto en la mente de los consumidores;
- crear el mensaje de venta y pensar en el tono, las palabras y las imágenes que se usarán para crear curiosidad por las ventajas que ofrece el producto;
- decidir los canales de transmisión del mensaje (TV, radio, prensa, correo, teléfono, ventas directas) y las horas;
- calcular el costo de la propaganda;
- diseñar instrumentos para evaluar los efectos de la publicidad.

Piense en un producto y elija **dos** buenas palabras para crear un lema atrayente.

[1]*whose aim;* [2]*to launch it;* [3]*slogan*

# ❖ **Inventario** *(Vocabulario)*

### ❖ Para poner en marcha la campaña publicitaria, se debe...

hacer una buena encuesta preliminar.
recoger datos sobre los consumidores.
formular bien la estrategia publicitaria.
diseñar las tácticas con cuidado.
analizar bien el mercado.
contar con un buen equipo de mercadeo.
lanzar un producto de alta calidad.

### ❖ Por lo general, se logra más con...          que con...

| | |
|---|---|
| un buen lema. | un envase caro. |
| un precio justo. | envíos por correo. |
| un buen diseño. | colores chillones. |
| alta calidad. | trucos publicitarios. |
| una amplia gama de clientes | grupos etarios específicos. |

◆ **Un buen fabricante debe tomar en cuenta ciertos factores culturales...**

el origen nacional del grupo.

los gustos y las exigencias.

el estilo de vida.

la competencia local.

las costumbres familiares.

la imagen preferida.


◆ **También entran en juego...**

los valores, las creencias y las actitudes del grupo.

las preferencias de aroma, color, sabor y textura.

la identificación de una marca tradicional con un producto.


◆ **Al elegir, el consumidor se fija**

**tanto en...**

la buena imagen.

la durabilidad.

la marca preferida.

los letreros camineros.

la ganga, los descuentos y la rebaja semanal.

**como en...**

la historia del producto.

el diseño del artículo.

la oferta del día.

los consejos de la familia.

la calidad.


◆ **Para el lanzamiento del producto estaban presentes...**

los directivos de la firma.

las promotoras.

los agentes de publicidad.

los vendedores.

la prensa.


◆ **Hoy en día se exige mucho porque los consumidores saben...**

protegerse contra el fraude.

distinguir entre lo mejor y lo excelente.

pedir una garantía de calidad.

disfrutar de las ventajas de la competencia.


◆ **El consumidor siempre**

**quiere...**

subir de estatus.

estar a la moda.

sentirse cómodo y seguro.

**mas nunca quiere...**

equivocarse.

arriesgarse mucho.

perder el tiempo en devoluciones.

◆ **Los grandes retos de la publicidad son no sólo...**

...estimular las ventas **sino** entretener a la gente.

...captar nuevos sectores **sino** satisfacer a los viejos clientes.

...señalar las ventajas del producto **sino** garantizar su calidad.

...tentar al consumidor **sino** tener cuidado de no engañarlo.

...atraer la atención del consumidor **sino** convencerlo de las maravillas del producto.

...poner al alcance del consumidor un producto, **sino** persuadirlo para que lo compre.

## Práctica (Vocabulario)

## *A.* Organícese

Elija por lo menos tres palabras o frases que se asocien directamente a cada una de las siguientes etapas del mercadeo.

*Por ejemplo:* la presentación del producto
*envase...*

1. las características del producto
2. el análisis del mercado de consumidores
3. la campaña publicitaria
4. la venta del producto
5. la gente que ayuda a lanzar el producto

## *B.* Por eso

Complete las frases de una manera lógica para indicar los factores que influyan en los siguientes casos. Siga el ejemplo, usando **tanto...como** y el nuevo vocabulario.

*Por ejemplo:* disminuyen el precio de venta
*Tanto los descuentos como las rebajas disminuyen el precio de venta.*

**Tanto...como...**

1. ...estimulan las ventas de un producto
2. ...tientan a la gente
3. ...son retos para los publicistas
4. ...entran en juego, si se quiere conocer al cliente
5. ...pueden engañar al consumidor
6. ...ayudan a promocionar el producto

# C. Al revés

Complete las siguientes recomendaciones usando el nuevo vocabulario, como en el ejemplo. Use **sino** para indicar lo contrario (*not...but rather*).

*Por ejemplo: Para estimular las ventas, los descuentos **no** se deben disminuir, **sino**...aumentar.*

1. Para aumentar la buena imagen, no se puede insistir en el precio, **sino en**...
2. En la campaña publicitaria no se puede engañar al cliente, **sino**...
3. No se puede vender un producto pasado de moda, **sino**...
4. No se logra mucho con colores chillones, **sino**...
5. El consumidor no se fija en los envases caros, **sino**...

# D. Clientes exigentes

Use los elementos en paréntesis para escribir frases como las del ejemplo. Se debe indicar **lo que quiere** y **lo que no quiere** la gente.

*Por ejemplo:* El consumidor exige que las tiendas...(dar descuentos/ rebajas, engañar, ofrecer amplia gama, marcas, perder el tiempo en devoluciones)

*El consumidor exige que las tiendas **den descuentos y rebajas** semanales y que **ofrezcan una amplia gama** de artículos de **marcas** preferidas.*
*No quiere que las tiendas lo **engañen** o que lo **hagan perder el tiempo en devoluciones**.*

1. El consumidor exige que los productos...(tener buen precio/diseño/ envases caros/durabilidad/colores chillones).
2. El consumidor exige que los vendedores...(engañar, ofrecer descuentos, garantizar, hacer envíos por correo, equivocarse)
3. El consumidor exige que la publicidad...(señalar ventajas, engañar, entretener, tentar con trucos, atraer la atención)
4. Los agentes de publicidad quieren que los consumidores...(fijarse en el producto, pedir una garantía de calidad, exigir mucho, aumentar las ventas, quejarse)
5. El fabricante quiere que la agencia de publicidad...(estudiar el mercado, tomar en cuenta la competencia, subir las ventas, atraer a la gente, lograr ventas con trucos, prometer demasiado)
6. Las asociaciones de consumidores quieren que los compradores... (arriesgarse, equivocarse, protegerse, disfrutar de la competencia, sentirse seguros, ser engañados)
7. Las asociaciones de consumidores quieren que los fabricantes... (garantizar calidad, lanzar productos de baja calidad, aumentar la seguridad, disminuir los costos de envase, usar trucos publicitarios)

# *E.* Tácticas y estrategias

Use palabras y expresiones de la sección **Inventario** para describir estrategias dirigidas a uno de los siguientes grupos etarios: madres jóvenes, personas mayores o adolescentes.

*Por ejemplo:* *Estrategias*: **Se debe** encuestar a **una amplia gama de consumidores, tomando en cuenta** varios **grupos etarios. En la encuesta, entran en juego... No sólo** hay que **fijarse** en... **sino también** en...

# Contextos y estructuras

## A. Resuma

Ahora va a leer varios puntos de vista de distintos publicistas.

1. Al leer los comentarios, haga una lista de algunos de los aspectos más importantes de la publicidad, según estos publicistas.

*Por ejemplo: los hábitos de consumo, lo coloquial, el amor, etc.*

2. Desarrolle por lo menos 10 reglas o recomendaciones para publicistas, según estos comentarios.

*Por ejemplo: La buena publicidad debe llegar a la gente y quedarse.*
*El publicista tiene que tocar las fibras humanas.*

**José María Raventos, Agencia FCB/PUMA S.A**: «Los hábitos de consumo han cambiado...la gente exige más y tiene más alternativas de elección... La buena publicidad debe convencer a largo plazo, llegar a la gente y quedarse, debe crear una imagen del producto y ser creíble. La publicidad no inventa nada. Sólo recoge lo que está en el aire y le da una forma nueva... Muchas veces lo que funciona en publicidad es lo coloquial, lo sencillo...»

**James Evans, Agencia Atlas Thompson Publicidad**: «El reto de la publicidad es tocar las fibras humanas. El amor, la familia, la sensualidad, la rumba, la música, el rechazo al racismo, la generosidad... Debe romper esquemas, pero sin perder relevancia... Los requisitos para competir en el mundo publicitario de hoy son el recurso humano y la actitud».

**Christian Toro, Publicidad Toro DDB Needham**: Cree que el publicista tiene que estar alerta y bien informado: «La creatividad es el motor de todo...tanto en los medios de comunicación como en las nuevas formas de promocionar un producto... El éxito en la publicidad es un trabajo en equipo. La medida de la creatividad es la efectividad».

**Gonzalo Antequera, Procesos Creativos/DMB&B**: «La publicidad es seducción... La publicidad consiste en convencer a alguien de algo, con ética y con responsabilidad. Sin engaños, pues sólo así se puede asegurar la permanencia en el mercado».

**Alberto Villar-Borda, McCann Erickson Corporation, S.A**: «El papel de la publicidad es motivar al consumidor. No hay que ganar premios (*prizes*), sino resultados». El éxito de su agencia radica en «el espíritu de equipo entre los empleados...el énfasis dado por la compañía a nivel mundial en el área creativa...y un buen departamento de planificación estratégica en función del cliente, el consumidor y sus necesidades».

What are the *fibras humanas* in Hispanic societies? In your own culture(s)? Successful advertising "interacts" with the human psyche, targeting deeply-held values, desires, and fears and evoking corresponding images of pleasure, comfort, desired status, acceptance, group membership. Examine U.S. ads to determine what these *fibras humanas* might be.

## B. Piense otro poco

Según José María Raventos, "Los hábitos de consumo han cambiado... la gente exige más y tiene más alternativas..." Con otros compañeros, piensen en los cambios que han ocurrido desde los años 50, 60 o 70 hasta ahora. Elijan uno de los siguientes aspectos y **comparen el pasado y el presente**. Den ejemplos y sigan el modelo.

*Por ejemplo:* la variedad de productos, el número de marcas

> **Antes**, *no había tanta variedad de productos... Por ejemplo, si una persona quería comprarse «jeans», sólo elegía entre dos o tres marcas de calidad, precio y estilo semejantes.* **Ahora**, *el consumidor tiene que tomar muchas decisiones: ¿Los quiere con botones o cremalleras (zippers)? ¿De pierna ancha (wide) o ajustada (tight)? ¿Con bolsillos (pockets) adelante o atrás? ¿De marca o de precio bajo?*

¿Cómo han cambiado...

la variedad de productos, el número de marcas?

los conocimientos del consumidor típico?

el horario y las actividades del consumidor típico?

las preocupaciones y necesidades del consumidor típico?

la actitud del consumidor típico?

la información disponible al consumidor típico?

## C. A ver qué dice el artículo

En el artículo de la página 157, un publicista puertorriqueño de una gran agencia multinacional de publicidad presenta sus ideas sobre los retos actuales de la publicidad. Conteste las siguientes preguntas según lo que aprendió usted del artículo.

1. ¿Qué empresa multinacional es cliente de esta agencia de publicidad?
2. ¿Qué cambios sociales le han presentado nuevos retos a esta agencia de publicidad? ¿Por qué?
3. ¿Qué cambios han ocurrido en las técnicas publicitarias?

## D. Resuma el mensaje

Según este artículo, es difícil atraer a un grupo específico.

1. ¿De qué grupo se trata? ¿Cuáles son las características de esta generación, según los publicistas? ¿Está usted de acuerdo? ¿Por qué?
2. Según Benítez, ¿cuál es el «secreto» del éxito? ¿Está usted de acuerdo? Explique.

## Los grandes retos de la publicidad

1   El control remoto de un televisor y la comunicación integrada tienen a publicistas como Rafael Benítez Gorbea dando la batalla de sol a sol. Más conocido como «Rafa», el director del departamento creativo en Puerto Rico de una de las agencias más importantes del mundo—McCann
5  Erickson—está consciente de los grandes retos de la publicidad en el presente y en el futuro. «Los primeros segundos de un anuncio son ahora más importantes que nunca. ¿Por qué? Porque existe un televidente[1] con el poder de un control remoto en la mano...»

  Otro reto es la generación entre 18 y 29 años que ha estado expuesta[2]
10 a la televisión toda su vida. Es una generación que no tiene ni ídolos ni héroes. Según un estudio de McCann Erickson, estos jóvenes están subdivididos en pequeños segmentos, desconfían de todo y no creen ni en la luz eléctrica. Para Benítez, el objetivo de cualquier anuncio es vender...y para vender hay que partir de una estrategia, de una idea distinta que
15 cautive[3] a las nuevas generaciones. «Si ese anuncio entretiene y no vende, ¡no sirve!»

  Gracias al desarrollo de la comunicación integrada, la estrategia publicitaria utiliza ahora la TV, la radio, la prensa, el correo, el teléfono... En todos se buscan segmentos específicos. Un ejemplo perfecto es Coca-
20 Cola, que, por primera vez en su historia, ha creado 26 campañas de promoción. «Los anuncios de Coca-Cola van en todas direcciones y precisamente reflejan parte de la inquietud de las nuevas generaciones, donde no hay uniformidad y todo es cambio continuo», manifiesta Benítez. Desde hace décadas, McCann Erickson tiene a su cargo[4] la estrategia publicitaria de esta famosa bebida.
25   Con grandes triunfos en la publicidad puertorriqueña, «Rafa» reconoce que su «secreto» ha sido «no encasillarme[5]...renovarme siempre». A los 47 años y con sólo 18 en publicidad—comenzó como periodista—Benítez enfatiza: «No puedo darme el lujo de pensar que estoy viejo...como publicista debo hacer borrón y cuenta aparte[6] todos los días».

[1]una persona que mira la televisión; [2]*exposed*; [3]*captivates*; [4]*is in charge of*; [5]*not to lose touch*; [6]*begin from scratch*

*Para evitar que el cliente cambie de canal, hacen falta imaginación y talento.*

## E. Imagínese

Como representante de la generación entre 18 y 29 años, usted va a servir de consultor en una agencia de publicidad. ¿Está usted de acuerdo con el análisis de su generación que ha hecho esta agencia? Ayúdeles a los jefes a venderle productos a este sector de consumidores. Escríbales un perfil del consumidor típico de su generación. **Piense**: ¿Cómo es? ¿Qué desea? ¿Qué busca? ¿Cómo toma las decisiones? ¿Qué «secretos» de esta generación puede usted contarle a esta agencia?

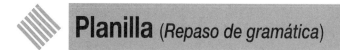

## Planilla *(Repaso de gramática)*

## La gramática de la publicidad: El uso del *se* reflejo pasivo y las órdenes o imperativos

### El uso del *se* reflejo pasivo

In the article on page 159, you encounter several examples of the reflexive *se* used in "passive" sentences. "*Se* passives" are used when the **action** is the focus of the statement and there is no interest in indicating who or what is causing that action. Notice the contrast between **active** and **passive** constructions below and how the passive forms de-emphasize the doers or agents of the actions.

*Por ejemplo:*

**Active with agent:**     *Los publicistas pusieron en marcha su nueva estrategia publicitaria.* (focus on who did it)

**Passive:**     *La nueva **estrategia** publicitaria **fue puesta en marcha** (por los publicistas).* (focus on what was done)

**Passive with *se*:**     *Se puso en marcha una nueva estrategia publicitaria.* (focus on what was done, with no mention of "doer")

Constructions with *se* are extremely common in oral and written Spanish when there is no interest in mentioning **who** did something, but merely in stating that something was done. These constructions consist of *se* followed by a third-person verb form in the appropriate tense. As you read the following examples taken from the articles in this unit, think of how each could be communicated in English.

*Por ejemplo:* En todos (los medios) **se buscan** segmentos específicos.

- Sólo **se puede** cambiar una tendencia de mercado si **se convierte** en "opinión pública" otra nueva tendencia. ...el problema **se centraba** en que nadie nos hacía sentir bien con lo que somos.
- La estrategia debe **entenderse** como la estructura arquitectónica en que **se basan** las acciones posteriores.

Notice that there are many ways to translate *se* passives into English.

**1.** They can be translated by inserting a non-specific subject such as **one** or **you**.

Sólo **se puede cambiar**...     *One/You can only change . . .*
...si **se convierte** en     *...if one/you make(s) another tendency*
opinión pública otra tendencia.     *become public opinion.*

# ⊞ Así se hace

## ¡Hay que conocer bien el mercado!

Según su cultura y la región geográfica donde vivan, los grupos familiares tienen distintos estilos de vida. Para lograr éxito en los negocios, se debe estudiar las características principales de los estilos de vida y el clima de la zona. De otra manera, podemos cometer el error de ofrecer productos que no son necesarios o deseables en un lugar.

Por ejemplo, aunque Santafé de Bogotá esté a 2.630 m. de altura, por su latitud y por estar en un valle no se necesita equipo de limpieza de nieve allí. Sí se necesitan buena calefacción para las noches frías de la cordillera, ropa adecuada para este clima y toda clase de muebles e implementos para las largas veladas[1] también. Además, hay gran demanda de vehículos con tracción en las cuatro ruedas (tanto camionetas como furgones[2] y «station wagons») porque llueve mucho y los caminos no son muy buenos. Según los siguientes datos, ¿qué productos podrían venderse bien en Colombia, si la economía anda bien y la gente tiene poder adquisitivo para comprarlos?

| | |
|---|---|
| Población en 1991 | 33.613.000 |
| Población en el año 2000 | 38.000.000 |
| Población urbana | 70% |
| Grupo etario de 0 a 19 años | 46% |
| Grupo etario de 20 a 39 años | 33,7% |
| Personas por cada vehículo | 24 |
| Estaciones transmisoras de TV | 56 |
| Teléfonos | 2.909.000 |
| Caminos pavimentados | 8% |

[1]long evenings; [2]vans

---

**2.** Or, you can use a passive verb phrase.

El cambio **se puede ver**...     *The change **can be seen** . . .*
La publicidad **se usa** para...     *Advertising **is used** to/for . . .*
**Se exige** garantía de calidad.     *Guarantee of quality **is demanded**.*

### Cómo se forman las construcciones con *se* pasivo

**1.** Generally, *se* passives are formed in any tense by using *se* and the appropriate third person (singular or plural) form of the verb.

| | |
|---|---|
| El comercio **se abre** a las cuatro. | *Stores* **open** *at four.* |
| Estos envases **se venden** mucho. | *This kind of packaging* **sells** *well.* |
| Los contratos **se firmaron** ayer. | *Contracts* **were signed** *yesterday.* |
| **Se están considerando** varios lemas. | *Several slogans* **are being considered.** |
| **Se ha lanzado** ya la nueva bebida. | *The new beverage has already been* **launched.** |
| No **se ha encontrado** ninguna solución. | *No solution* **has been found.** |
| **Se necesita** imaginación para promover un producto. | *Imagination is* **needed** *to promote a product.* |

2. However, when the recipient of the action is a **person or animal** (an animate being), only the **singular form** of the verb may be used and the preposition *a* must be inserted right after it to avoid confusion. Study the following.

Animate cases: *se* + singular third person verb + *a*

| | |
|---|---|
| Ya **se pagó a** los publicistas. | *The advertisers* **were** *already* **paid.** |

Had the plural form been used, the meaning would have changed in this manner:

| | |
|---|---|
| Ya **se pagaron** los publicistas. | *The advertisers already* **paid themselves.** |

3. The *se* passive construction follows the same rules for pronoun placement that you reviewed in Unidad 3. *Se* will be placed before the conjugated verb form or attached to infinitives, command forms, and present participles.

*Por ejemplo:* No **se tomó** en cuenta la competencia. Es un error.

La estrategia debe **entenderse** como.

Se **están buscando** otras agencias. Están **buscándose** otras agencias.

## Cómo se usa el *se* pasivo

You will find *se* passives very useful when no subject needs to be expressed and also when you want to make your oral or written Spanish more idiomatic. However, if you **do** need to specify **who** did the action, you may **not** use a *se* passive construction. In a case like "The company sent me the bills," you have two options.

1. Use an **active** construction: *La empresa me* **envió** *las cuentas.*
2. Use an **active** construction and stress the object by using it along with a direct object pronoun: *Las cuentas me las envió la empresa.*

You have probably also come across another use of *se* passive: for **impersonal** expressions such as "it is said that...," "they say," or "it is known that..." In these cases, the verb **always** appears in the **singular form** and is followed by *que*.

> *Por ejemplo:* **Se dice que** (*It is said that*) la creatividad es el motor de la publicidad.
>
> **Se entiende que** (*It is understood that*) los hábitos de consumo han cambiado.
>
> **Se sabe que** (*It is known that*) el reto de la publicidad es tocar las fibras humanas.

## Las órdenes o imperativos

In the ads on pages 143 and 144, you saw command forms used to address the consumer directly and attract his or her attention quickly. Although these forms are usually called **commands** in English, in advertising their function is to capture attention and invite or persuade consumers to try or buy something (not to command them to do it).

Study these *tú* and *Ud.* command forms and the placement of the pronouns that accompany them.

| Tú: | **Familiarízate. Visita...** y **prueba** uno. |
| | **Dale** el sí al Toyota. |
| Ud. | **Manéjela** hoy y **descubra**... |
| | **Acostúmbrese** a estar por encima de los demás. |

In Spanish, advertisers have to decide whether to address the consumer as *usted* or *tú* (or *vos*, another version of *tú* that is used by numerous national groups of Hispanics*). They must consider if the ad aims for more personal, intimate appeal (*tú*) or if it must sound more elegant or businesslike (*usted*). Once the decision is made, however, the pronouns cannot be mixed. If you choose to address your audience with *tú*, you must be consistent and use the corresponding pronouns and possessive adjectives.

| | **tú** | **usted** |
|---|---|---|
| reflexive pronoun | **te** | **se** |
| possessive adjective | **tu, tus** | **su, sus** |

### Cómo se forman las órdenes o imperativos

Study the following chart, which presents the *tú* and *usted* commands, both affirmative and negative. Notice that pronouns are **attached to affirmative commands** and **placed before negative commands** in a certain order, when more than one is necessary.

---

*\***Vos**, *not* **tú**, *is used in Argentina, Uruguay, Paraguay, Bolivia.* **Vos** *coexists with* **tú** *and* **Ud.** *in Chile, Perú, Costa Rica, Ecuador, Colombia, Nicaragua, Guatemala.*

| | |
|---|---|
| Reflexive + Direct, | Reflexive + Indirect, or Indirect + Direct |

Notice the accents on some of the affirmative commands (*cómpratelo, cómprese-lo*). To help you remember when an accent will be required, use the following **1+2, 2+1** rule. **Add** an accent mark to keep the **original stress of the verb** if . . .

1+2: the command is **one** syllable and you add **two** pronouns: **dáselo**
2+1: the command is **two** syllables and you add at least **one** pronoun: **tiéntate**

- *Tú* **commands.** Keep in mind the following about *tú* commands.
  1. The *tú* **affirmative** commands are the same as the *él/ella/Ud.* form of the present tense, with any necessary stem changes. The **negative** commands require the *tú* form of the **present subjunctive**.

| | Tú | | Usted/Ustedes | |
|---|---|---|---|---|
| **Affirmative** | Use *él/ella/Ud.* form of the present tense | | Use *usted/ustedes* forms of present subjunctive | |
| | *Probar: prueba* | *Recoger: recoge* | *Probar: pruebe(n)* | *Recoger: recoja(n)* |
| | *Contar: cuenta* | *Invertir: invierte* | *Contar: cuente(n)* | *Invertir: invierta(n)* |
| | *Confiar: confía* | *Conseguir: consigue* | *Confiar: confíe(n)* | *Conseguir: consiga(n)* |
| **with pronouns** | Attach pronouns to the end | | Attach pronouns to the end | |
| | *Pruébalo* (Buy it) | | *Pruébelo* | *Pruébenlo* |
| | *Cuéntaselo* (Tell it to him) | | *Cuénteselo* | *Cuéntenselo* |
| | *Consíguetelo* (Get it for yourself) | | *Consígaselo* | *Consíganselo* |
| **Negative** | Use *tú* form of present subjunctive | | Use *usted/ustedes* forms of present subjunctive | |
| | *No pruebes* | *No recojas* | *No pruebe* | *No recoja* |
| | *No cuentes* | *No inviertas* | *No cuente* | *No invierta* |
| | *No confíes* | *No consigas* | *No confíe* | *No consiga* |
| **with pronouns** | Place pronouns before the command form | | Place pronouns before the command form | |
| | *No se lo cuentes* (Don't tell him/her) | | *No se lo cuente* | |
| | *No te lo consigas* (Don't get it for yourself) | | *No se lo consiga* | |

  2. Some common verbs are irregular in their **affirmative** forms.

| | | | |
|---|---|---|---|
| ir(se): | **ve(te)** | ser: | **sé** |
| hacer: | **haz** | salir: | **sal** |
| venir: | **ven** | poner(se): | **pon(te)** |
| decir: | **di** | tener: | **ten (mantén)** |

Because *ve* and *sé* are ambiguous, *anda* and *debieras/puedes ser* are frequently used instead.

- **Usted commands.** Keep in mind the following about *usted* commands.

1. All forms require the **present subjunctive**. If you need to review the present subjunctive, including irregular and stem-changing verbs, go to Unidad 1 (page 21) and the Appendix.
2. If you are talking to a group of people (*ustedes*), you will use plural forms of the subjunctive. However, this form of address is not as common in advertising, where the intent is to appeal directly to the individual consumer.

## Práctica (Gramática)

### A. Las mil y una maravillas

Use el «**se** pasivo» para destacar los atributos de por lo menos **dos** de los siguientes productos y servicios. Estudie los ejemplos.

*Por ejemplo:* un restaurante de comida rápida
  *Se abre temprano; se cierra tarde.*
  *Se sirven platos muy ricos a un precio módico.*

| | |
|---|---|
| **1.** la ropa de algodón | **5.** un televisor |
| **2.** unos electrodomésticos | **6.** una pasta de dientes |
| **3.** comida congelada | **7.** unas herramientas |
| **4.** un banco | **8.** un bolígrafo |

### B. Claro que sé hacerlo

¿Recuerda cómo se hacen las siguientes cosas? Elija una. Mencione al menos cuatro pasos y use frases con **se**.

*Por ejemplo:* cómo usar un boleto inteligente en el metro
  *Se **introduce** el boleto en la ranura* (slot) *y **se espera** que la máquina marque la tarifa según la hora del día. Después, **se lee** cuánto dinero le queda al boleto y **se pasa** por el torno* (turnstyle).

1. cómo hacer un depósito en la cuenta corriente
2. cómo hacer una llamada de larga distancia
3. cómo superar una entrevista de trabajo
4. cómo escribir una carta de agradecimiento o de presentación
5. cómo poner en marcha una campaña publictaria

Be sure to make distinctions between *tú* and *usted* forms of address with these groups of people.

# *C.* Buenos consejos

Déle consejos a la siguiente gente usando los verbos en paréntesis para indicarle **lo que debe hacer** y **lo que no debe hacer**. Agregue más consejos, si puede.

*Por ejemplo:* A sus padres, que quieren irse de vacaciones... (fijarse bien en los detalles, no olvidarse de pedir habitación de no fumar, conseguirle la rebaja de la tercera edad (*senior citizens*)

*Fíjense bien en los detalles, no se olviden de pedir habitación de no fumar*, etc.

1. A un(a) amigo(a), que piensa comprarse ropa en una rebaja semanal... (tener cuidado, probársela primero, no comprársela sin pensar, fijarse en la calidad, preguntarles por la posibilidad de devolución)
2. Al señor Ramírez, que piensa comprarle un coche a su hijo... (protegerse contra el fraude, exigir una garantía, conseguir un buen precio, pedirles los documentos necesarios, elegir un coche deportivo, no ser engañado por el vendedor)
3. A la mamá de usted, que piensa comprar de un catálogo... (no arriesgarse, buscar marcas conocidas, leer bien la descripción, no equivocarse con los números, incluir la dirección completa, pagarlo con tarjeta de crédito)
4. Al jefe de usted, que piensa viajar al extranjero... (hacerlo pronto, no perder el tiempo, analizar los costos, saber algo de la cultura, adaptarse a otro estilo de vida, disfrutar de sus vacaciones)

# *D.* La voz del consumidor

Si usted tuviera la oportunidad de expresarles sus quejas a la siguiente gente, ¿qué les diría? Dígales 1) lo que deben hacer y 2) lo que no deben hacer.

*Por ejemplo:* a los publicistas que diseñan anuncios comerciales para la televisión

| **Sí** | pero | **No** |
|---|---|---|
| *Entreténgannos más.* | | *No nos traten de engañar con trucos publicitarios.* |
| *Destaquen las ventajas del producto.* | | *No critiquen tanto a los competidores.* |

1. a los que nos envían ofertas por correo
2. a los dependientes (clerks) de tienda
3. a los dueños y gerentes de tiendas
4. a los fabricantes o vendedores de coches
5. a los monopolios

# *E.* Cómpratelo

Con otra persona, desarrolle frases publicitarias para tentar al consumidor a probar los siguientes productos. Primero, para cada producto decidan si van a usar **tú** o **usted.** Luego, usen formas imperativas (órdenes familiares y formales) negativas o afirmativas, según sea necesario.

*Por ejemplo:* un coche deportivo
        ¿Tú o usted?: *tú*
        *«Siéntete libre. Vive una nueva aventura.»*
        un coche de lujo
        ¿Tú o usted?: *usted*
        *«Acostúmbrese a la elegancia. No se conforme con menos.»*
        *(. . . Don't settle for less.)*

1. equipo estereofónico
2. viajes y cruceros
3. un jabón o detergente
4. una gaseosa nueva
5. un perfume
6. una sopa de bajas calorías
7. gafas (anteojos) para el sol
8. vitaminas para gente joven

# Panoramas y redacción

## ▤ Papeleo cotidiano *(El arte de escribir)*

### El lenguaje publicitario

### *A.* Analice

Para hacerle la promoción a un producto o servicio, los publicistas juegan tanto con las palabras como con las ideas, con el fin de captar la atención del consumidor. Con sus compañeros, analicen el anuncio de la página 167 y expliquen lo siguiente.

1. ¿Qué «producto» se promociona?
2. ¿Qué metáfora se emplea en este anuncio? ¿Qué relación hay entre «desayuno» y «la información económica»? ¿Qué palabras se usan para unir ambas (*both*)?
3. ¿Qué significa la frase «La información económica que más alimenta y enriquece»?

### *B.* Piense

En los anuncios comerciales se encuentran muchos verbos del tipo de *enriquecer* que vienen de adjetivos como *rico, grande, viejo.* Por ejemplo: **«Ayuda a embellecer tu ciudad con un Volvo».** Explique el significado de los verbos de la Columna A. Luego, use estos verbos para describir posibles atributos de los productos de la Columna B que se quieren vender. Agregue otro producto a la lista.

*Por ejemplo:* embellecer
> *Quiere decir «hacer más bello».*
> *Un gel de moda: **Embellece** tu cabello con...*

| A | B |
|---|---|
| enriquecer | un detergente |
| fortalecer | la leche |
| emblanquecer | una fibra sintética |
| reforzar | unos chocolates |
| endulzar | un refresco dietético |
| adelgazar | un acondicionador de pelo |
| enloquecer | un humectante (*moisturizer*) |
| (no) envejecer | unas esmeraldas |
| | unas pastillas de dieta |

**El lenguaje publicitario es un lenguaje...**

- persuasivo
- breve, conciso
- enfático
- atractivo
- imaginativo
- poético, evocador

**El lenguaje publicitario usa diversas formas.**
Aquí tiene usted algunos de los recursos más empleados.

1. La repetición de palabras o ideas para grabarlas en la memoria o para producir un efecto agradable.

# ⊞ Así se hace

## Las preferencias de los hispanos

Como hemos visto en casos anteriores, los hispanos concentran su atención en las costumbres y preferencias de su círculo familiar. Es decir, cuando eligen un producto o siguen una marca prefieren aquellas cosas que ya conocen o que han sido probadas por gente de la familia. Por eso, los publicistas que estudian el mercado dicen que los hispanos le tienen más **lealtad** a un producto, una marca o una tienda que otros consumidores. En EE.UU., muchos consumidores hispanos también pagan el doble y hasta el triple por algunas marcas importadas desde sus países de origen o fabricadas aquí. Por ejemplo, la bebida *Colombiana* se fabrica ahora en Nueva Jersey, con licencia de la compañía colombiana, y su precio no es bajo.

Otra característica del consumidor hispano es que, en proporción al sueldo que gana, el hispano gasta más que otros grupos en alimentos frescos o en conserva, carnes y pescados, bebidas gaseosas y cerveza, o vinos y licores. Si usted piensa en lo importante que es comer juntos frecuentemente y en grandes grupos, esto no tiene nada de sorprendente. Además, se gasta más en comida porque siempre se prefieren los alimentos frescos a los industrializados y, por lo general, se consumen más frutas y verduras que en otros grupos.

- *Somos Uno: Unidos en nuestra historia, nuestra América, nuestra herencia y nuestro futuro. Sabor para siempre. Coca-Cola*
- *Si no le dan el interés que usted quiere, hable con nosotros. Le interesa.*

2. El toque personal: Uso de un mensaje directo y personal que logra que el consumidor se sienta único.

- *Juntos podemos convertir sus sueños en realidades.*
- *Para que estés a gusto contigo mismo. Te gustas tú. Te gusta Bonsi.*

3. El énfasis con imperativos y exclamaciones.

- *¡Decídete ya! Curso académico en USA*
- *¡Asegúrese el triunfo!*

4. Juegos de palabras, como el empleo de la aliteración, de palabras expresivas y sonoras, de modismos populares y frases hechas con un tono sugerente.

- *Dése el Gusto. Sin el Gasto. Toyota.*
- *Bono bueno, Bono Bus.*

5. La rima, para facilitar la retención del mensaje.

- *¿Qué hora es? Hora 103*
- *En Belgrano, tu futuro llegará más temprano*
- *¡Abajo el olor... arriba el color! Pinturas Protector*

6. La comparación y abundancia de superlativos para amplificar las cualidades.

- *OLA lava blanco, blanquísimo*
- *Lo mejor de lo mejor. De primerísima calidad.*

7. Creación de palabras nuevas que van bien con el mensaje, aunque no se ajusten a las reglas de ortografía.

- *FAXilísimo... Con FAXilidades de pago inigualables. Xerox*
- *QUESO BONABI... enriQUESE tu vida*

8. La evocación de sensaciones de los cinco sentidos (tacto, gusto, vista, olfato y oído) para tentar al consumidor a probar algo.

- *Ponga en su copa el sabor de Jamaica, el calor del trópico, los aromas del café.*
- *Como los vinos, también los hoteles tienen su aroma, su bouquet. Hotel Meliá, un bouquet de lujo para sus vacaciones*

## *C.* Analice

Mire los siguientes anuncios y trate de identificar y describir las técnicas principales que se emplean. Habrá más de una en muchos casos.

1. Convierta su equipo de sonido en un equipo super**sóny**co. (Sony)
2. Para cada casa. Para cada cosa. Para cada caso. (Nixdorf Computer)
3. El cuidado de su familia depende de usted y usted puede depender de Kraft.
4. La perfección se puede beber. Está en Ginebra Tanqueray. Descúbrala.
5. Esto es lo mini. MINI es lo máximo. Cae de maravilla a todo el mundo. Supersimpático. Es como tú. Y va contigo. Adonde tú quieras ir. MINI es tu compañero de libertad.
6. Desacuerdo: ¿Estás inconforme con tu cabello a la hora de lavártelo? De acuerdo: Suaviza la situación con Pert Plus.
7. Por tecnología, por experiencia, por garantía, por fortaleza Por Seguridad [caja fuerte]
8. EspHontánea...espHecial...Secret con pH balanceado para una mujer como tú
9. Viajar por Portugal es...vivir el verde de sus paisajes
10. Pide San Valentín, corazón loco. Valentín. Vale.

# ⊞ Así es

## La Cuenca del Caribe

Es una región insular y costera que rodea al Mar Caribe. Se caracteriza por el multiculturalismo y el multilingüismo, su típico paisaje caribeño y clima tropical y una increíble riqueza cultural, por la gran influencia ancestral indígena, negra, multieuropea e hindú. Además de los países hispanos insulares de Puerto Rico, República Dominicana y Cuba, Colombia y Venezuela costeras también forman parte de esta región. Sin embargo, lo hispano no se limita[1] a estos países, puesto que[2] el español también es hablado por muchos caribeños bilingües y trilingües.

La cultura caribeña se extiende además a áreas culturalmente afines[3] como algunas ciudades de la Florida, de Luisiana y de Centroamérica y México caribeños.

[1] *is not limited to;* [2] *since;* [3] *similar, allied*

## ⅅ. Le toca a usted

Elija un producto (¡o invéntelo!) y desarrolle su propio anuncio comercial, siguiendo estos tres pasos. Trate de integrar por lo menos dos técnicas diferentes.

1. Escriba por lo menos ocho palabras e imágenes **positivas** que se le ocurran cuando usted piensa en este producto.

*En la isla Margarita, se bebe el sol y se come el Caribe.*

2. Mire su lista. Elija tres palabras o frases que reflejen mejor el mensaje que quiere expresarle al consumidor. Luego anote sus ideas sobre cada palabra para usarlas en estrategias que destaquen su producto.

3. Ahora, escriba el anuncio completo. Incluya el lema y el texto. Preste atención a la concordancia entre sustantivos y adjetivos y tenga cuidado de no mezclar las formas de **tú** y **usted** al dirigirse al consumidor.

## ⊞ Así es

### *El futuro económico de Hispanoamérica*

Colombia y Venezuela son las economías hispanoamericanas que más prometen para el futuro. Con grandes reservas naturales minerales y agrícolas y un tremendo potencial hotelero y turístico, se espera que estos países diversifiquen su producción y planifiquen para el crecimiento demográfico que se les proyecta. En estos momentos y gradualmente a medida que[1] se superen las crisis políticas y de la droga, si usted quiere aventurar su capital en acciones, conviene que estudie las proyecciones del Fondo Colombia y del Fondo Venezuela. Es como invertir dinero en los mercados chilenos de hace 17 años. Las ganancias pueden ser muy jugosas[2].

[1]*while;* [2]*juicy, fruitful*

*El oro negro se encuentra debajo de las aguas del lago Maracaibo, que brilla bajo el sol tropical.*

# ▦ Hoy en día *(La economía y las estadísticas)*

## Colombia y Venezuela: Hacia el futuro

### *A.* Integre lo viejo con lo nuevo

En la Unidad 3, usted estudió algunas de las funciones de los bancos y, en esta unidad, ha estudiado temas relacionados con el mercadeo y la publicidad. Ahora, vea cómo pueden mejorar su mercadeo los bancos. Lea el siguiente fragmento de la revista venezolana *La Visión Financiera* y trate de averiguar...

1. ...qué efecto tuvo la «guerra de las tasas» en la actitud de los clientes.
2. ...qué efectos tuvo la «guerra» en el mercadeo de las instituciones bancarias.
3. ...qué productos y beneficios les ofrece el Banco Latino a los jóvenes.

### *El Banco Latino: un banco al detalle*

1 El verdadero cambio del mercadeo bancario en Venezuela comienza con «la guerra de las tasas», cuando las fluctuaciones de las tasas de interés del dinero depositado en las instituciones financieras hicieron que los ahorristas-inversionistas se transformaran en verdaderos investigadores de 5 mercado.

Durante la guerra, quien ofrecía pagar más por los depósitos podía atraer más depósitos y más dinero. Por supuesto, la angustiosa[1] competencia entre las instituciones bancarias generó un cambio en el mercadeo de los servicios bancarios. Entonces, la publicidad se hizo más 10 aguda[2], incisiva y creativa y se orientó hacia el ofrecimiento de mejores servicios, sobre todo cuando ya no se podía ofrecer una tasa de interés más alta. A raíz de la guerra, no sólo se crearon técnicas de *marketing* más precisas sino nuevos productos también.

El Banco Latino se mercadea usando las más modernas herramientas[3]. 15 Ofrece planes especiales para los mayores de 55 años y los menores de 18, quienes disfrutan de una tasa preferencial de tres puntos sobre las tasas de ahorro. Con extraordinaria visión, el Latino también lanzó una cuenta corriente para jóvenes llamada «Mi cheque», que se abre con sólo Bs. 2000 (US$ 4,20), no exige referencias y paga intereses. El gran 20 beneficio de este novedoso producto es que atrae a los empresarios y ejecutivos del mañana, quienes seguramente seguirán manteniendo su primera cuenta y considerarán al Latino como «su» banco.

Y así, a pesar de estar dentro del grupo de los bancos grandes, el Latino da la sensación de estar entre amigos, por la atención personalizada que ha comercializado tan bien.

[1]*anguished, hard-fought;* [2]*sharp;* [3]*tools*

# B. ¿Sí o no?

Según la estrategia de mercadeo del Banco Latino, indique cuáles de estas declaraciones fueron hechas por el vicepresidente de mercadeo, don Humberto Soto, y cuáles no. Explique por qué.

1. Sí No   «Cada vez que subimos la tasa de interés perdemos dinero».
2. Sí No   «Como somos un banco grande, no necesitamos ofrecer gran variedad de productos».
3. Sí No   «Confiamos en la segmentación del mercado, como la manera más eficiente de alcanzar la meta».
4. Sí No   «De esta manera, se puede captar al cliente desde el principio».
5. Sí No   «La clave (*key*) del éxito es decidir la línea de mercadeo, teniendo en mente nuestras políticas tradicionales».

## ⊞ Así es

### *La juventud de un país*

Cualquier empresa o institución financiera de Venezuela o de Colombia debe formular sus estrategias pensando en la distribución de los grupos etarios de la población. De hecho, estos dos países se encuentran entre los países hispanos más jóvenes. Estudie y compare los siguientes perfiles demográficos.

|  | Colombia | Venezuela | Puerto Rico | Cuba | República Dominicana |
|---|---|---|---|---|---|
| Población: | 33.613.000 | 20.266.000 | 3.551.000 | 10.736.000 | 7.313.000 |
| Año 2000: | 38.000.000 | 24.000.000 | 3.614.000 | 11.502.000 | 8.000.000 |
| Urbana: | 70,0% | 84,0% | 70,7% | 72,8% | 60,0% |
| 0–19 años: | 46,0% | 48,1% | 36,8% | 32,4% | 48,1% |
| 20–39 años: | 33,7% | 31,5% | 23,9% | 35,1% | 32,4% |
| 40–64 años: | 16,1% | 16,7% | 28,6% | 24,0% | 16,0% |
| crecimiento: | 1,9% | 2,4% | 0,6% | 0,9% | 2,0% |

# C. Comparaciones

Conteste las siguientes preguntas sobre los datos de la tabla.

1. ¿Qué diferencias evidentes entre los cinco países se pueden detectar de inmediato?
2. ¿Qué similitudes hay?

3. ¿Qué país aumentará más rápidamente su población?
4. ¿Qué efectos tienen estas estadísticas en el mercadeo?
5. Escoja uno de los países de la tabla y diga cuáles de los siguientes negocios tienen más posibilidades de éxito en él.

| | |
|---|---|
| kindergartens y guarderías | colegios |
| escuelas de ingeniería | manufactura |
| institutos de lenguas | bebidas y tabaco |
| industria automotriz | alimentos de bebé |
| escuelas de hotelería | construcción |
| refrigeración y calefacción | ¿? |

## D. Sangre joven

Con tales proyecciones demográficas, gran cantidad de la publicidad debe dirigirse a los jóvenes. Entonces, use lo que ha aprendido en esta unidad y escriba un anuncio de la cuenta corriente «Mi cheque» (descrito en la lectura de la página 172) para publicarlo en estos países.

### Curso de gerencia rápida

1 Más que una representación del imperialismo de las grandes potencias[1], el concepto de franquicia es como una escuela «rápida» de negocios para los latinoamericanos, quienes, inteligentemente, han tomado los principios más valiosos y desechado[2] los que consideran menos adaptables a sus países.
5 Por ejemplo, han aprendido cosas como la rapidez en el servicio, la calidad garantizada del producto y la cuidadosa capacitación del personal. Pero también han descartado[3] los contratos demasiado rígidos y el reducido espacio para la creatividad y la improvisación.
   Ramón Vinay, de Francorp México, explica que «cualquier franquicia
10 hispana que pretenda[4] operar al minuto, al segundo y al milímetro cuadrado igual que en Estados Unidos, está destinada al fracaso». Algo que cambia inmediatamente es el marketing de los productos y hasta el menú, en el caso de los restaurantes. Los que no quisieron hacer estudios de mercado de la diferente mentalidad y preferencias de los consumidores
15 en cada lugar fracasaron estrepitosamente[5]. *KFC* (Kentucky Fried Chicken), por ejemplo, fracasó tanto en Chile como en Argentina, porque a esta gente simplemente no le gusta el pollo frito y el contrato no permitía ninguna adaptación.
   Por el contrario, en Bogotá, *Domino's Pizza* vende una pizza de queso
20 y de *jalea de guayaba*[6], sabores preferidos por los consumidores locales, aunque esto no fue posible hasta después de una seria labor de persuasión para convencer a la casa matriz.

[1]*powers*; [2]*gotten rid of*; [3]desechado; [4]trate de; [5]*failed loudly*; [6]*guava jelly*

## $\mathcal{E}$. Latinizando las franquicias

Lea el siguiente fragmento de la revista *América Economía* de la página 174 y haga una lista de errores que se pueden cometer al exportar una franquicia (*franchise*) a otras latitudes (lo cual implica otros climas, sabores y aromas).

## $\mathcal{F}$. A la tierra que fueres, haz lo que vieres

Imagínese que usted debe reinventar el menú de *KFC*, *Pizza Hut*, o *McDonald's* que se va a ofrecer en el Caribe y en Colombia y Venezuela. (Usted también puede trabajar con otro tipo de franquicia como *Kinder-Kare*, *Blockbuster Video*, *Kinko's*, etc.) Prepare una encuesta de siete a diez preguntas para averiguar las preferencias de los nuevos clientes. Tome en cuenta también sus posibles edades y no se olvide de la influencia del clima y los horarios locales.

# ≣ Atando cabos
### *(Actividades de integración y expansión)*

## $\mathcal{A}$. Para organizar su vocabulario

En esta unidad, usted ha visto palabras conocidas en muchas formas o derivaciones. En la siguiente lista, dé el sustantivo derivado de cada verbo.

| | | |
|---|---|---|
| **1.** encuestar | **5.** promover | **9.** rebajar |
| **2.** diseñar | **6.** competir | **10.** devolver |
| **3.** lanzar | **7.** creer | **11.** vender |
| **4.** enviar | **8.** durar | **12.** garantizar |

## $\mathcal{B}$. Yo, inventor(a)

Invente un nuevo uso para un artículo común y corriente.

1. Explíqueles a sus compañeros para quién es y cómo se usa (primero **se**..., entonces...).
2. Luego, descríbales los "nuevos" atributos de este producto: **Se** adapta a...; **se**...).
3. Por último, use formas imperativas para indicarles cómo o dónde se compra el producto o para persuadirlos a que prueben o compren el producto (**cómprenselo** en...; **llame** al..., etc.)

## $\mathcal{C}$. Reunión de consumidores

Con otra persona, piensen en un problema común del consumidor del mismo segmento del mercado como ustedes. Preséntenles el problema a otro grupo de estudiantes para que les ofrezcan buenos consejos. Luego, ustedes le solucionan el problema al otro grupo.

*Por ejemplo:*

**Problema:** *Es difícil estar a la moda porque todo está tan caro. Queremos comprar ropa de marca pero aquí no se ofrecen rebajas.*

**Solución:** *Los precios siempre se ajustan a la demanda de los consumidores. Si quieren comprar ropa a buen precio, búsquenla en la tienda... Allí se compran los mejores «jeans» y...*

## D. La Universidad del Pollo

La franquicia «Pollo campero» de Guatemala, que es muy popular en toda Centroamérica, exige que todos sus empleados tomen cursos para aumentar su eficiencia en el trabajo y para agradar al cliente en los distintos países. Dé tres pasos para completar las siguientes actividades. Use el **se** pasivo con verbos de la lista.

limpiar, poner, dar, decir buenos días/tardes, cortar, mezclar, colocar, servir por la derecha del cliente, freír, calentar la grasa, agregar mayonesa, retirar los platos, sacar el pollo, etc.

*Por ejemplo:* para poner la mesa
   1. *Se limpia la mesa.*
   2. *Se pone el menú.*
   3. *Se pone el tenedor, la cuchara, etc.*

1. para saludar a los clientes y llevarlos a su mesa
2. para servir las bebidas en EE.UU.
3. para servir la comida en EE.UU.
4. para preparar pollo frito
5. para preparar sándwiches/ensalada de pollo

## E. Envíos por correo

Imagínese que está descontento(a) con un artículo que pidió por correo (calidad inferior, colores chillones, mal diseño, talla equivocada, está deteriorado, etc.). Llame a la empresa y descríbale el problema, exprésele sus quejas y trate de convencer al (a la) vendedor(a) para que le resuelva el problema. Otra persona hará el papel de vendedor(a).

## F. Repaso

Explique cómo se hacen las siguientes cosas. Use el **se** pasivo y los imperativos (las órdenes) de algunos de estos verbos.

preparar preguntas, ofrecer respuestas alternativas, escribir las instrucciones, inventar un lema, ofrecer calidad, etc.

1. cómo desarrollar una buena encuesta de consumidores
2. cómo desarrollar un anuncio comercial que tiente al consumidor
3. cómo satisfacer al consumidor

## *G*. Trucos publicitarios

Cuéntele a la clase un episodio en que usted, un(a) amigo(a), o un(a) familiar fue engañado(a) por un truco publicitario.

## Vocabulario de la Unidad 4

### Palabras relacionadas con el mercadeo y la publicidad

la actitud *attitude*

el (la) agente de publicidad *advertising executive*

la amplia gama (de...) *wide array (of. . .)*

el aroma *aroma, fragrance*

la calidad *quality*

la Cámara de Comercio *Chamber of Commerce*

la campaña publicitaria *advertising campaign*

los clientes *customers*

la competencia *competition*

los consejos *advice*

el (la) consumidor(a) *consumer*

las costumbres familiares *family customs*

las creencias *beliefs*

el descuento *discount*

la devolución *return*

los directivos *executives*

el diseño *design*

la durabilidad *durability*

la encuesta *survey*

el envase *package, packaging*

el envío (por correo) *(mail-order) shipment*

el estilo de vida *lifestyle*

la estrategia *strategy*

las exigencias *demands*

el (la) fabricante *manufacturer*

el fraude *fraud*

la ganga *bargain*

la garantía *guarantee*

el grupo etario *age group*

los gustos *likes, interests*

la imagen *image*

el lanzamiento *launching, debut*

el lema *slogan*

el letrero (caminero) *sign (billboard)*

la maravilla *wonder*

la marca *brand name*

el mercadeo *marketing*

el mercado *market*

la oferta *offer, special*

el origen nacional *nationality*

el precio *price*

los promotores *promoters*

la prensa *press*

la rebaja (semanal) *(weekly) price reduction*

el sabor *taste*

el sector *sector, segment*

la táctica *tactic*

la textura *texture*

el truco (publicitario) *(advertising) trick, gimmick*

los valores *values*

el (la) vendedor(a) *sales person*

la venta *sale*

la (des)ventaja *(dis)advantage*

### Acciones

analizar *to analyze*

arriesgarse *to take a risk*

atraer *to attract*

captar *to capture*

contar con... *to count on*

convencer *to convince*

diseñar *to design*

disfrutar (de) *to enjoy*

distinguir (entre) *to choose, select (between)*

elegir *to choose*

engañar *to trick, to deceive*

entrar en juego *to play a role*

entretener *to entertain*

equivocarse *to make a mistake*

estimular *to stimulate*

exigir *to demand*

fijarse en *to notice*

garantizar *to guarantee*

lanzar *to launch*

perder el tiempo (en) *to waste time (on)*

persuadir *to persuade*

poner al alcance *to put within reach*

poner en marcha *to put into effect, to implement*

proteger(se) *to protect (oneself)*

recoger (datos) *to collect (facts)*

tentar *to tempt*

tomar en cuenta *to take into account*

satisfacer *to satisfy*

señalar *to point out, highlight*

subir de estatus *to rise in status*

### Expresiones

colores chillones *loud colors*

con cuidado *carefully*

estar a la moda *to be in style*

tanto...como... *both. . . and. . .*

no (sólo)...sino también... *not (only). . . but (also). . .*

### Palabras descriptivas

alto(a) *high*

caro(a) *expensive*

cómodo(a) *comfortable*

justo(a) *fair*

preferido(a) *preferred*

seguro(a) *safe, secure*

## PARA RECONOCER

a medida que *while*
afín *similar, allied*
alcanzar *to achieve, to reach*
animarse *to motivate oneself*
avergonzarse *to be embarrassed*
cautivar *to captivate, capture*
darse cuenta de *to realize*
de fondo *deep down*

encomendar *to give, to assign*
el esquema *diagram*
fracasar *to fail*
la franquicia *the franchise*
el furgón *the van*
el hecho de que *the fact that*
la herramienta *the tool*
el humectante *moisturizer*
jugoso(a) *juicy*
lograr *to achieve*

los márgenes de utilidad *profit margins*
el milagro *the miracle*
la potencia *the power*
pretender *to try*
puesto que *since*
el (la) televidente *television viewer*
tener a su cargo *to be in charge of*
ubicar *to locate*
la velada *the (evening) party*

*Unidad*

**5**

MAR CARIBE

# Importaciones y exportaciones: el comercio mundial

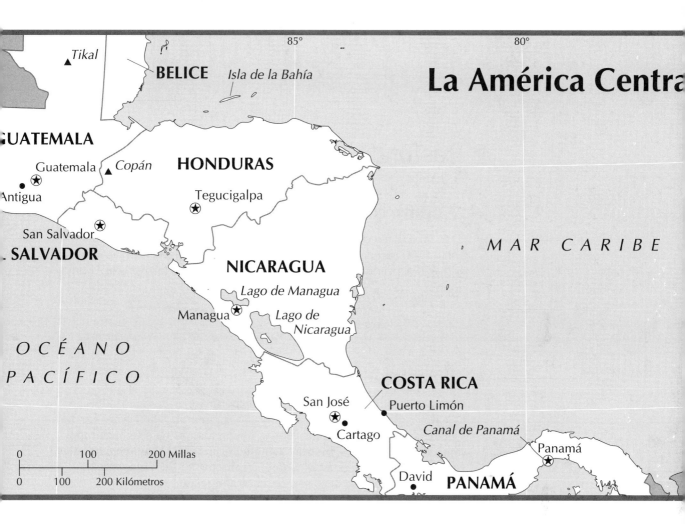

La América Centra

# Metas

**En esta unidad quisiera aprender a...**

- conocer mejor Costa Rica y otros países de Centroamérica.
- comprender algunos aspectos del comercio exterior.
- entender y redactar correspondencia relacionada con las importaciones y exportaciones.
- usar el tiempo condicional y el imperfecto de subjuntivo para proponer condiciones y describir sus posibles consecuencias.

181

# Contactos y vocabulario

## ≣ Trasfondo cultural *(Temas de la cultura hispana)*

### A. Nuestro comercio

¿Qué sabe usted de las importaciones y exportaciones de su propio país? Con otro(a) compañero(a), trate de completar las siguientes listas con los principales productos exportados e importados por los Estados Unidos.

*Por ejemplo:* Exportaciones       Importaciones
                *electrodomésticos*     *especias* (spices)
                *trigo* (wheat/grain)    *ropa*

### B. Inventario

Ahora mire la lista de las principales exportaciones de Centroamérica. Elija **dos** rubros de la lista y, con un(a) compañero(a), den ejemplos de artículos específicos de estos rubros. Usen palabras de esta lista: **ropa, cajas, verduras, piñas, puertas y ventanas, muebles, bananas, botellas, vasos, verduras congeladas, flores, cartón, néctar de fruta, bolsos, cinturones, leche condensada, pescado congelado.**

*Por ejemplo:* rubro ferretería
             *herramientas, clavos, materiales de construcción...*

productos agropecuarios (*agriculture and fishing*)
productos de cuero (*leather*)
hilado, tejido y acabado de textiles
conservación de legumbres y hortalizas
frutos crudos, cocidos o congelados ( *frozen*)
productos lácteos
manufacturas de metal
envases
productos de madera (*wood*) y de corcho (*cork*)
maquinaria y equipos de comunicaciones

### C. Exportaciones costarricenses

Mire los anuncios de Costa Rica. Según los anuncios, ¿cuáles son algunas de las exportaciones de este país centroamericano?

## ⊞ Así es

### *La dulce cintura de América*

A Centroamérica también se le llama la **Cintura de América** porque está en un delgado istmo que une a Norteamérica con Sudamérica. El poeta chileno Pablo Neruda la llamó «la dulce cintura de América», refiriéndose a las exportaciones tradicionales de frutas y otros productos agropecuarios de la región. Por supuesto, también podemos llamarla el istmo, por su ubicación geográfica en este estrecho terreno.

      ¿Puede usted nombrar los países del istmo? Primero, dé el nombre del país; luego, dé la nacionalidad de sus habitantes.

***Por ejemplo:*** País: *Panamá*    Nacionalidad: *panameño*

---

## ▤ Punto de embarque *(Introducción y lectura)*

### 𝒜. Mire y piense

Mire los gráficos y trate de averiguar la siguiente información.

**Distribución de las Exportaciones de Manufacturas de América Latina.**
En millones de dólares, 1990.

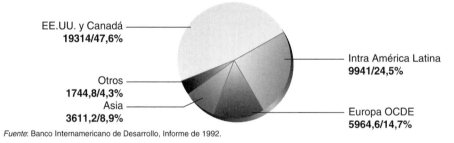

EE.UU. y Canadá — **19314/47,6%**

Otros — **1744,8/4,3%**

Asia — **3611,2/8,9%**

Intra América Latina **9941/24,5%**

Europa OCDE **5964,6/14,7%**

*Fuente*: Banco Internamericano de Desarrollo, Informe de 1992.

**Gráfico Nº1.** Principales países importadores de productos fabricados en Latinoamérica.

Según el primer gráphico, ¿adónde va...

1. casi la mitad de los productos?
2. la cuarta parte de las exportaciones?
3. un 15% de los productos?
4. un 13% de las exportaciones?

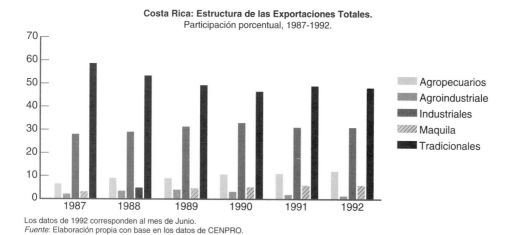

**Costa Rica: Estructura de las Exportaciones Totales.**
Participación porcentual, 1987-1992.

Agropecuarios
Agroindustriale
Industriales
Maquila
Tradicionales

Los datos de 1992 corresponden al mes de Junio.
*Fuente*: Elaboración propia con base en los datos de CENPRO.

**Gráfico Nº2.** Principales rubros de exportación costarricense.

1. Casi la mitad de las exportaciones son productos...
2. Un tercio de las exportaciones son productos...
3. Un décimo de las exportaciones son productos...
4. Un seis por ciento de las exportaciones son productos...

## ℬ. Piense otro poco

Mire la tabla de exportaciones a la Unión Europea.

1. Reordene la lista, poniendo los artículos que pagan más **aranceles** o derechos de importación (impuestos) primero y los que pagan menos arancel después.
2. Con un(a) compañero(a), den al menos una razón de por qué el arancel es tan alto en algunos casos.

Duty tariffs are measures that protect a nation's industry and economy. What products might the European Union see as competing with their own products? On what exports to the U.S. might high duties be imposed (cars, clothing, etc.)? What are the possible disadvantages to the country imposing the duty?

| Principales exportaciones de Centroamérica a la Unión Europea. | | | |
|---|---|---|---|
| **Producto** | **Arancel** | **Producto** | **Arancel** |
| • **Pescados** | | • **Frutas** | |
| Atún (lomos congelados) | 18 | Piñas | 9 |
| • **Productos lácteos** | | Melones, sandías y papayas, frescos | 6, 5-11 |
| Miel natural | 25 | Frutos sin cocer o cocidos con agua o vapor, congelados, incluso azucarados o edulcorados de otro modo | 6-26 |
| • **Plantas vivas y productos de la floricultura** | | • **Café** | |
| Las demás plantas vivas (incluidas las raíces), esquejes e injertos; blanco de setas | 6-12 | Café, incluso tostado o descafeinado, cáscara o cascarilla de café, sucedáneos del café tostado que contengan café en cualquier proporción | 4 |
| Flores y capullos cortados para ramos o adornos, frescos, secos, blanqueados,teñidos, impregnados o preparados de otra forma | 12-20 | • **Cacao y sus preparaciones** | |
| | | Chocolate y demás preparaciones alimenticias que contengan cacao | 3-10 |
| Follajes, hojas, ramas y demás partes de las plantas, sin flores ni capullos, hierbas, musgos y líquenes, para ramos o adornos frescos secos, blanqueados, teñidos, impregnados o preparados de otra forma | 7-14 | • **Preparaciones de legumbres** | |
| | | Legumbres y hortalizas conservadas, excepto en vinagre | 7-30 |
| • **Legumbres y hortalizas** | | Jugos de frutas (incluido el mosto de uva) o de legumbres u hortalizas, sin fermentar y sin alcohol, incluso azucarados o edulcorados de otro modo | 28-42 |
| Legumbres y hortalizas, incluso cocidas con agua o vapor, congeladas | 9-18 | • **Tabaco** | |
| | | Tabaco en rama o sin elaborar, desperdicios de tabaco | 14-23 |

*Fuente*: Cámara de Exportadores de Costa Rica (CADEXCO).

## Para leer mejor

1. In the article that follows, you will encounter some verb forms used for **hypothesizing** and speculating. If you don't recognize a verb, take a moment to find clues in the context that can help you comprehend. It may be easier to recognize the verb if you cover the ending and apply one of the guessing strategies learned in the previous units.

*Por ejemplo:* **Si** las preferencias arancelarias **se suspendieran**, la región **se vería** en franca desventaja.

**Si...se suspend...**, la región **se ver...** The verbs are: **suspender** and **ver.**

The word **si** (*if*) in this statement indicates that a hypothesis is being proposed: "If preferential duty agreements were suspended, the region would be at a disadvantage." You will recognize a hypothesis by these verb endings.

**Si + -ara/-aran; -iera/-ieran = If this were the case, if this were to occur . . .**
**-ría/-rían = This would be result, this would happen.**

2. To help you follow the ideas expressed in the article, a) use underlining or highlighting to identify important points; b) try to summarize what you have read at certain points by writing notes in the margin.

## 𝒟. Lea

Ahora, lea el siguiente artículo de la revista costarricense *Panorama internacional* y trate de averiguar...

1. ¿Qué tipo de «tratamiento especial» están recibiendo los países centroamericanos?
2. ¿Cuáles son los países más beneficiados?
3. ¿Qué quieren estos países?

## 𝓔. Saquemos conclusiones

Lea otra vez el artículo y complete la siguiente información.

1. A Europa va un...porcentaje del comercio exterior de la región de...
2. El arancel que dio la UE sirve para...
3. Los principales competidores de Centroamérica en el mercado de la UE son...
4. Según Doris Osterlof, cuando un país invierte en la agricultura hay que esperar para que...
5. Si no se extiende el arancel actual los más afectados serían...
6. Las principales exportaciones de Guatemala y Costa Rica son...
7. Los países centroamericanos necesitan una mano amiga porque...

# Istmo aferrado a[1] beneficios europeos

1 Exportar produce desarrollo, pero si para esto se deben pagar altos aranceles, el beneficio se puede perder. Por lo tanto, los empresarios centroamericanos se unen con el fin de convencer a la Unión Europea (UE) sobre la necesidad de extender el tratamiento especial otorgado[2] en 1991,

5 porque los aranceles reducidos vencen[3] el 31 de diciembre de este año.

«Si las preferencias arancelarias se suspendieran, la región se vería en franca desventaja, pues el 25 por ciento del comercio externo del área se efectúa con la UE», advirtió Sylvia Cuéllar, directora ejecutiva de la Corporación de Exportadores de El Salvador (COEXPO).

10 Las preferencias fueron otorgadas a Centroamérica hace tres años y han permitido el crecimiento del comercio de muchos productos no tradicionales que en la actualidad ingresan libres de gravámenes[4] en el continente europeo. El diagnóstico pretende demostrar a los estados miembros de la UE que las preferencias han sido de gran ayuda para el

15 desarrollo económico de estos países, por lo cual deben ampliarse.

El 65 por ciento de las exportaciones centroamericanas a la UE resultarían afectadas por las disposiciones a favor de los productos andinos, que gozan de este mismo beneficio desde finales de 1990. En ese año, la UE decidió otorgar al Pacto Andino—principalmente a Colombia,

20 Perú, Ecuador y Bolivia—un paquete especial de preferencias arancelarias aplicables a una lista de productos agrícolas y agroindustriales, con piso arancelario de cero[5], por un período de cuatro años. La iniciativa pretendía estimular el desarrollo económico y también contribuir a que se hicieran nuevas siembras[6] y se desarrollaran productos de exportación para el

25 mercado europeo que pudieran sustituir poco a poco el cultivo de coca[7]. Los productos incluidos en aquella lista no competían con los europeos, pero sí con los que exporta la región centroamericana a ese mercado.

En Europa existe el Sistema Generalizado de Preferencias (SGP), que se aplica a todos los países en vías de desarrollo. Sin embargo, a pesar de

30 que este régimen ofrece aranceles reducidos en relación con lo que se cobra[8] a las naciones desarrolladas, siempre hay que pagar algo.

«Este arancel haría a nuestros exportadores menos competitivos. Además, muchas de las nuevas inversiones se han hecho al calor de la preferencia especial y, como se trata de productos agrícolas, las plantas

35 todavía no han terminado de desarrollarse. Lo que pasaría es que, antes de que acabara el proceso, los exportadores tendrían que enfrentarse con[9] un costo adicional, y todas las esperanzas de desarrollarse se vendrían al suelo[10]», según Doris Osterlof, directora ejecutiva de CADEXCO (Cámara de Exportadores de Costa Rica).

40 Guatemala y Costa Rica son los países más beneficiados por el crecimiento inmediato producido por las preferencias arancelarias. Los más favorecidos son los sectores de frutas congeladas, pulpas y jugos, que enfrentaban una dificultad muy grande para ingresar en el mercado europeo, pues debían pagar un arancel de aproximadamente 23 por ciento.

45 El 99 por ciento de las exportaciones agrícolas a Europa—entre ellas miel[11], bálsamo, café, plantas ornamentales, limón pérsico y semilla de ajonjolí[12]—se realizaron en ese marco comercial.

«Nosotros somos países siempre en desventaja competitiva, no estamos del todo desarrollados, necesitamos siempre la mano amiga», 50 manifestó Gabriela Sánchez, encargada de política comercial de CADEXCO.

En vista de los beneficios que se han obtenido, los exportadores consideran que el desarrollo del istmo depende en parte muy importante de que la UE decida extender el tratamiento especial en forma permanente. 55 De lo contrario, muchas pequeñas y medianas empresas sufrirán serias consecuencias.

[1]*clinging onto*; [2]*ofrecido*; [3]*expire*; [4]*aranceles*; [5]*tariff floor (bottom) of zero*; [6]*cultivos*; [7]*plant from which cocaine is produced*; [8]*collects*; [9]*to confront*; [10]*will fall to the ground (come to nothing)*; [11]*honey*; [12]*sesame*

## *F.* Analice

Encuentre la definición o sinónimo(s) de los términos de la lectura en la columna de la derecha.

| | |
|---|---|
| **arancel** | expirar |
| **tratamiento** | manera de hacer algo, manera de comportarse con alguien |
| **otorgar** | lo que está en contra, es negativo |
| **vencer** | derecho de importación/de aduana (*customs*), impuesto |
| **desventaja** | entrar, ser importados por |
| **crecimiento** | que está ubicado en la Cordillera de los Andes |
| **ingresar** | dar, garantizar |
| **apoyo** | ayuda, respaldo |
| **andino** | desarrollo, expansión |

## *G.* Aplique

Según la portavoz de la CADEXCO, Gabriela Sánchez, los países en vías de desarrollo necesitan «la mano amiga». ¿Está usted de acuerdo? Si usted tuviera que tomar la decisión de extender o no extender las preferencias arancelarias, ¿qué haría? Complete una de las siguientes frases con su opinión.

Les extendería las preferencias arancelarias a estos países porque... 

No les extendería las preferencias arancelarias a estos países porque...

# ⊞ Así se hace

## *Materias primas*

La **materia prima** producida por un país y exportada a otro es elaborada por el país importador y convertida en diversos productos. Entonces, el país industrializado exporta los **artículos manufacturados** al país de origen, quien paga varias veces el valor inicial de la materia prima para cubrir los costos de **elaboración** del producto, más los distintos aranceles pagados en el viaje de ida y vuelta de la materia prima. Para desarrollar la actividad económica y fomentar la capacidad productora nacional, los diferentes países pueden...

- adoptar **medidas**[1] **proteccionistas** contra la competencia extranjera. Estas medidas suelen traducirse en **aranceles aduaneros** altos o **cuotas** (restricciones cuantitativas) de importación, como existen en los Estados Unidos y la UE.

- promover la exportación de **productos no tradicionales** que exijan la elaboración de las materias primas nacionales dentro del mismo país o que se basen en **servicios profesionales** prestados por la población del país en vías de desarrollo, como los pequeños países-ciudades que viven de sus actividades bancarias y financieras (Singapur) y como otros países de economías emergentes como Chile y Colombia.

[1]*measures*

## *H.* Comente un poco

Las **medidas proteccionistas** sirven para proteger el país importador y las **preferencias arancelarias** sirven para aumentar la capacidad productora del país exportador. Sin embargo, según el artículo que acaba de leer, «siempre hay que pagar algo». Describa las ventajas y desventajas de esta manipulación de aranceles.

1. Para el país importador, que impone cuotas o aranceles altos para protegerse,...
   a. las ventajas son...        b. las desventajas son...

2. Para el país exportador, que recibe preferencias arancelarias para el desarrollo de ciertas industrias,...
   a. las ventajas son...        b. las desventajas son...

# ◆ Inventario *(Vocabulario)*

## ◆ Lo que exportamos (productos, mercancías) depende de...

...los recursos del país.　　　...los patrones de consumo regional/mundial.

...la demanda.　　　...la capacidad productora nacional.

## ◆ Entre los países del mundo hay...

...desigualdad de recursos.　　　...pactos y convenios comerciales.

...conexiones de competencia　　　...gran dependencia financiera.
　y apoyo.

...barreras arancelarias y aduaneras.

## ◆ Las materias primas producidas por un país...　　se convierten en...

| Las materias primas producidas por un país... | se convierten en... |
|---|---|
| el algodón, la lana, la seda | telas |
| la madera | papel, cartón, muebles, casas prefabricadas |
| el vidrio | envases, vidrios de ventana |
| el hierro, el acero, el cobre y el estaño | vehículos, maquinaria, tubería, herramientas, cables |
| el aluminio | puertas, ventanas, partes de vehículos y aviones |
| productos químicos naturales o sintéticos | medicamentos, aditivos, insecticidas |
| los productos petroquímicos | fármacos, cosméticos, plásticos, combustibles |
| las frutas y verduras | alimentos, jugos, endulzantes |
| los cereales y las semillas | pan, fideos, cereales de desayuno |

## ◆ Al iniciar una importación, hay que tomar en cuenta...

el tipo de arancel a pagar: normal, preferencial.

el tipo de cambio de la divisa: fijo, fluctuante, preferencial.

el tipo de pago: carta de crédito, traspaso electrónico.

el tipo de transporte: vía aérea, terrestre, marítima.

el costo del envío.

las fechas de embarque y de entrega.

el empaque.

### ◆ En un pedido, hay que indicar...

**la unidad:** toneladas, kilos, libras, onzas, gramos, litros, galones, docenas.
**el envase:** bolsa, saco, caja, cajón, contenedor, botella, lata, frasco.
**el estado:** fresco, congelado, procesado, deshidratado, seco.
**la regularidad del envío:** semanal, mensual, bimestral, trimestral,
                              semestral, anual.

### ◆ Casi nunca llega todo bien. A veces, hay que mandar un reclamo por...

| | |
|---|---|
| demoras | averías o defectos |
| errores | precios más altos |

### ◆ A veces, las mercaderías llegan en malas condiciones. Pueden estar...

| las mercancías: | la ropa: | los alimentos: |
|---|---|---|
| rotas | manchada | rancios |
| averiadas | mojada | contaminados |
| | descolorida | descongelados |

**las mercancias:**
rotas
averiadas

**la ropa:**
manchada
mojada
descolorida

**los alimentos:**
rancios
contaminados

## Práctica (Vocabulario)

## A. Grupos

Identifique el rubro de cada serie de artículos.

*Por ejemplo:* vestidos, trajes, abrigos, camisas, blusas
*ropa*

1. cápsulas, jarabe, pastillas, píldoras, ungüentos
2. latas, botellas, cajas, bolsas, frascos
3. azúcar, sacarina, miel, fructosa, aspartame
4. cobre, hierro y acero, aluminio, estaño
5. roto, manchado, rancio, averiado
6. el algodón, la lana, la seda, el nilón

## B. Materiales y telas

Con otro(a) compañero(a), hagan listas de artículos que se fabriquen con los siguientes materiales.

*Por ejemplo:* seda
*Se fabrican trajes y vestidos, camisas y blusas, pañuelos, medias, de seda.*

1. lana
2. madera
3. cobre y hierro
4. vidrio
5. algodón
6. acero
7. plásticos
8. papel

## C. Unidades y envases

Describa cómo se venden estos artículos, indicando al menos **dos** de lo siguiente: la unidad, el estado o el envase.

*Por ejemplo:* El jugo de naranja
*El jugo de naranja se vende por litros/galones y puede ser fresco o congelado.*

1. el café
2. el pescado
3. los metales
4. las verduras cocidas
5. el aceite
6. los productos químicos
7. las papas

# D. De compras

Dé tres ejemplos por cada categoría.

1. cosas que se venden en pares
2. alimentos que se venden frescos
3. alimentos que se venden secos
4. productos que se venden en frascos
5. productos que se venden por toneladas
6. artículos que se empacan en cajones de plástico

# E. Quejas y reclamos

Su empresa acaba de recibir las siguientes mercancías en pésimas condiciones y ahora usted tendrá que mandar un reclamo. Use adjetivos apropiados para describir el estado de cada artículo defectuoso.

*Por ejemplo:* 60 cajas de melones

> *Lo sentimos mucho, pero la fruta que recibimos está contaminada/ rancia. Les rogamos hacer un nuevo envío.*

1. 50 suéteres de lana
2. un contenedor de pescado congelado
3. 250 cajas de latas de salsa de tomate
4. 30 frascos de miel
5. dos cajas de piyamas de algodón
6. 20 cajas de leche en polvo (*powdered*)
7. 15 botellas de aceite de oliva
8. dos cajas de tubos florescentes

# F. Repaso a fondo

Lea cuidadosamente y use palabras de la lista de vocabulario para completar las siguientes frases según su sentido.

aranceles/recursos/desigualdad/convenios/prima/
barreras/aérea/patrones/marítima/envíos/reclamos/demora

1. Los gravámenes aduaneros o _____ son medidas proteccionistas contra la competencia extranjera. Por el contrario, para estimular el desarrollo económico, muchas veces algunos países firman pactos o _____ comerciales que sirven para eliminar ciertas restricciones de importación o bajar las _____ arancelarias. Por supuesto, hay gran _____ entre la capacidad exportadora del mundo industrial y la del Tercer Mundo.

2. El mercadeo trata de promover, cambiar o introducir nuevos _____ de consumo para aumentar las ventas. A veces, se mandan pequeñas muestras del nuevo producto por correo, para asegurarse que grandes cantidades de consumidores puedan probarlo o compararlo.

3. Los precios suben cuando sube el costo de la materia _____ , del combustible o de la mano de obra.

4. Para el transporte intercontinental, se prefiere la vía _____ , excepto en el caso de aquellos artículos que se envían frescos y que se descomponen rápidamente. En este caso, los envíos se hacen por vía _____ .

5. No pienso cometer el mismo error de comprarle al primer proveedor que se aparezca. Esta vez, tengo que pedirles que me garanticen la regularidad de los _____ , porque si aquí no recibimos las cosas semanalmente, los clientes presentan muchos _____ por la larga _____ y las pérdidas de tiempo y de ventas que producen.

# Contextos y estructuras

## A. Mire y piense

Las actividades comerciales no se limitan a la importación o exportación de productos de un país al otro, sino que también incluyen el ofrecimiento de servicios. Mire los dos anuncios y trate de averiguar qué servicios se ofrecen.

## B. Lea

Ahora lea los tres primeros párrafos del siguiente artículo del periódico costarricense *La Nación* y diga cuáles son los retos a que se refiere el título. De la siguiente lista, elija todas las explicaciones que sean ciertas.

1. El libre comercio y la competitividad ponen en desventaja a los países en vías de desarrollo.

2. La libre competencia les ofrece garantías y beneficios a todas las naciones productoras.

3. El éxito (*success*) depende de saber producir y vender el mejor producto de una categoría.

4. Muy pronto, los países de Centroamérica deben analizar la situación en que se encuentran y elegir su propio papel en el libre comercio.

# Una respuesta ante los retos

1    La apertura global del comercio a la arena de libre competencia es aparentemente el camino indicado hacia la recuperación de las economías mundiales y la fuente de crecimiento y de desarrollo sostenible. Aunque no lo fuera, es el rumbo[1] universal del día. Dios quiera que así sea porque si
5    no, habría víctimas a granel[2] y consecuencias serias.

     Por otro lado, las aseveraciones[3] que se hacen no garantizan que todo el mundo vaya a salir automáticamente beneficiado. Sobrevivirán los más fuertes, los más hábiles y mejor preparados. La audacia, el dinamismo y un alto grado de suerte serán también factores determinantes. El mejor
10   producto, por su calidad, presentación, utilidad, precio y promesa, será el que prevalecerá[4].

     Costa Rica, como país individual, y Centroamérica, como región integrada por pequeños núcleos económicos, deberá muy pronto practicar un autoanálisis de cómo nos vamos a manejar ante los retos que esta
15   apertura universal nos impone. Por ejemplo, México logra ventajas que motivan gran inversión y tiene recursos naturales y una capacidad superior que nos ponen en gran desventaja. Qué tragedia sería para la comunidad centroamericana que México y su lograda concentración de intereses multinacionales se adueñaran[5] de nuestra capacidad productiva y del
20   consumo de nuestro mercado de 28 millones de habitantes.

     ¿Qué podemos Costa Rica y sus hermanos integrantes de la región ofrecer al mundo como producto sobresaliente, extraordinario por su naturaleza, necesario y por ende[6] útil, con grandes posibilidades de generar una fuente de interdependencia sin igual? Un puente ferroviario[7]
25   que una los dos mares en el trasiego[8] de comercio de este a oeste; oeste a este; norte a sur y sur a norte. Este puente terrestre estaría situado en la cintura del mapamundi con las más naturales facilidades de acceso. Centroamérica tiene la virtud de constituir las áreas más angostas[9] de tierra entre los dos mares.

30   Un puente de trasiego[10] de contenedores complementario a los servicios del Canal de Panamá también es importante y necesario. Se vislumbra[11] un crecimiento del servicio que las actuales infraestructuras no pueden absorber. El nuevo servicio deberá tener capacidad de ampliación para satisfacer el crecimiento de la demanda por muchos años más,
35   puesto que el transporte por las vías marítimas es y será más fácil y económico. También deberá ser eficiente y económico y ofrecer garantías políticas, sociales y de servicio sin interrupción. Entonces habremos ideado[12] el producto propio que nos una a los intereses globalizados, con un alto grado de interdependencia esencial, el producto que nos identifique
40   en el competitivo mercado mundial por su utilidad y esencialidad, presentación, calidad, precio y promesa.

     Este producto, un servicio universal, conllevaría alicientes[13] e incentivos que atraerían hacia la región la inversión, desarrollo de zonas francas de coparticipación económica internacional, fuentes de trabajo y
45   producción y otras actividades conexas de desarrollo económico y social. Mediante enlaces[14] de infraestructuras de transporte ferrocarrilero, aéreo y terrestre, de telecomunicaciones, de energía hidroeléctrica y otros, el istmo se convertiría en un gran centro consolidado y cooperativizado, con fácil y eficiente acceso a las vías de distribución a los mercados del mundo,

50 puesto que el puente terrestre sería empresarial, de carácter internacional y de libre e independiente acceso. De esta manera, habríamos logrado identificación, introducción e imagen y también fuentes de financiamiento para entrar a la arena de la competitividad universal. ¿No es acaso ésta una respuesta positiva?

[1]direction; [2]en abundancia; [3]contentions; [4]va a triunfar; [5]tomar posesión de; [6]por eso; [7]por tren; [8]movement; [9]narrow; [10]trade, exchange; [11]se puede imaginar; [12]pensar en, crear; [13]facilidades; [14]links

## C. Lea otro poco

Ahora, lea todo el artículo y trate de averiguar la siguiente información.

1. ¿Cuáles son las condiciones que contribuyen al éxito de un país en la arena de la libre competencia?
2. ¿Qué país pone en desventaja a Centroamérica en esta arena? ¿Por qué?
3. ¿Cuáles son las ventajas de que goza (disfruta) México, según este articulista?
4. Considerando los intereses multinacionales de México, ¿de qué se preocupan los países centroamericanos?
5. ¿Qué respuesta ante los retos propone este periodista?
6. ¿Por qué sería este «producto» una respuesta lógica de Centroamérica?
7. ¿Qué «producto» complementario existe ya en otro país centroamericano?
8. ¿Qué tipo de infraestructuras se necesita?
9. ¿Cuáles deberían ser las características de este otro «producto», según el autor?
10. En resumen, ¿cómo se podría convertir el istmo en un gran centro comercial?

## D. Analice un poco

1. Dé los verbos que correspondan a los siguientes sustantivos y adjetivos del artículo

| | | |
|---|---|---|
| a. competitividad | e. productor | i. garantía |
| b. crecimiento | f. distribución | j. sobresaliente |
| c. análisis | g. desarrollo | k. ampliación |
| d. contenedor | h. inversión | l. apertura |

2. Dé los verbos del artículo que corresponden a estos sustantivos

| | | |
|---|---|---|
| a. dueño | c. idea | e. logro |
| b. satisfacción | d. conversión | f. sobrevivencia |

## $\mathcal{E}$. En otras palabras

Con sus propias palabras, explique lo que quieren decir las siguientes líneas del artículo.

*Por ejemplo:* Centroamérica tiene la virtud de constituir las áreas más angostas de tierra entre los dos mares.

> *Es decir, Centroamérica es la parte más angosta de América.*

1. La apertura global del comercio a la arena de libre competencia es...el camino indicado hacia la recuperación de las economías mundiales.
2. Qué tragedia sería que México y su lograda concentración de intereses multinacionales se adueñaran de nuestra capacidad productiva.
3. ...un puente ferroviario que una los dos mares en el trasiego de comercio de este a oeste...
4. ...este puente terrestre estaría situado en la cintura del mapamundi (mapa)...
5. Mediante enlaces de infraestructuras de transporte ferrocarrilero, aéreo y terrestre, el istmo se convertiría en un gran centro consolidado y cooperativizado...

## $\mathcal{F}$. Comente

¿Qué piensa usted del plan propuesto por este periodista? Dé su opinión en un párrafo.

**Estoy de acuerdo:** *A mí me parece que el plan es bueno porque... No sé si... En general,... Para concluir, debo decir que...*

**Me opongo:** *Yo creo que el plan no es bueno porque... Además,... Por último, también hay que considerar que... En resumen,...*

*Las multinacionales de México tienen un gran mercado si se agregan los 28 millones de centroamericanos a los 92 millones de mexicanos.*

# Para hablar de condiciones y discutir sus posibles consecuencias

## El tiempo condicional y el imperfecto de subjuntivo

In the articles on pages 187–188 and 196–197, the authors used verbs in the **conditional** tense to indicate what would happen under certain conditions.

> *Por ejemplo:* Este arancel **haría** a nuestros exportadores menos competitivos.
>
> ...los exportadores **tendrían** que enfrentarse con un costo adicional...
>
> ...**habría** víctimas a granel y consecuencias serias.
>
> ...este puente terrestre **estaría** situado en la cintura del mapamundi...
>
> ...el puente terrestre **sería** empresarial... .

The authors used the **imperfect** (past) **subjunctive** to speculate or form a hypothesis about certain conditions. Notice the structure of the following sentences. The "if" clause (*si...*) contains a verb in the imperfect subjunctive to propose a situation. The "then" clause provides the result of this situation, using the conditional tense ("**if** this were to happen, **then** this would be the result").

> *Por ejemplo:* Si las preferencias arancelarias **se suspendieran**, la región **se vería** en franca desventaja...
>
> ...si **se concretara** el retiro de ese beneficio, la medida **sería** perjudicial para el estado centroamericano.

## Cómo se forma el tiempo condicional

The conditional tense corresponds to the English "would..." as in... "The tariff **would make** our exporters less competitive; they **would have** to face an additional cost." The conditional is very easy to form. For most verbs, simply **add to the infinitive** the endings *-ía, -ías, -ía, -íamos, -íais, ían.*

*Por ejemplo:* **enfrentarse con**

| | |
|---|---|
| me enfrentar**ía** con | nos enfrentar**íamos** con |
| te enfrentar**ías** con | os enfrentar**íais** con |
| se enfrentar**ía** con | se enfrentar**ían** con |

As you can see in the quotations from the articles, some of the most common verbs are irregular and do not simply add endings to their infinitive forms. Notice the three patterns of irregular verbs in the conditional.

**1.** Two verbs have a change in their stems.

*decir* → **dir-** *diría, dirías, diría, diríamos, diríais, dirían*

*hacer* → **har-** *haría, harías, haría, haríamos, haríais, harían*

**2.** With four verbs you must **remove** the *-e* from the infinitive before adding the endings.

*querer* → *quer**ría**, quer**rías**, quer**ría**, quer**ríamos**, quer**ríais**, quer**rían***

*saber* → *sab**ría**, sab**rías**, sab**ría**, sab**ríamos**, sab**ríais**, sab**rían***

*haber* → *hab**ría**, hab**rías**, hab**ría**, hab**ríamos**, hab**ríais**, hab**rían***

*poder* → *pod**ría**, pod**rías**, pod**ría**, pod**ríamos**, pod**ríais**, pod**rían***

**3.** With four other verbs, form the stem by **replacing** the *-er* or *-ir* of the infinitive with *-dr*.

*tener* → *ten**dría**, ten**drías**, ten**drías**, ten**dríamos**, ten**dríais**, ten**drían***

*poner* → *pon**dría**, pon**drías**, pon**dría**, pon**dríamos**, pon**dríais**, pon**drían***

*venir* → *ven**dría**, ven**drías**, ven**dría**, ven**dríamos**, ven**dríais**, ven**drían***

*salir* → *sal**dría**, sal**drías**, sal**dría**, sal**dríamos**, sal**dríais**, sal**drían***

## Cómo se forma el imperfecto de subjuntivo

The imperfect subjunctive is often used to propose a set of circumstances, to pose a condition, or to develop a hypothesis about the future. It uses the plural forms *ellos/ellas/ustedes* of the **preterit** tense to form its stem and adds the following endings: *-a, -as, -a, -amos, -ais, -an*. An accent is added to the *nosotros* form.

You may review preterit forms in Unidad 2 and in Appendix V, p. 253.

| | *preterit* | *delete* **-on** | *add endings* |
|---|---|---|---|
| **otorgar** → | otorgaron → | **otorgar-** | otorgar**a**, otorgar**as**, otorgar**a**, otorg**áramos**, otorgar**ais**, otorgar**an** |
| **sufrir** → | sufrieron → | **sufrier-** | sufrier**a**, sufrier**as**, sufrier**a**, sufri**éramos**, sufrier**ais**, sufrier**an** |

If you rely on these preterit forms to form the subjunctive, you can avoid many errors since the *ellos* preterit forms will carry with them the necessary stem changes or irregularities.

| | | Preterit form | Imperfect subjunctive |
|---|---|---|---|
| e → i | pedir → | pidieron | pidiera, pidieras, pidiera, pidiéramos, pidierais, pidieran |
| | invertir → | invirtieron | invirtiera, invirtieras, invirtiera, invirtiéramos, invirtierais, invirtieran |
| o → u | morir → | murieron | muriera, murieras, muriera, muriéramos, murierais, murieran |
| | dormir → | durmieron | durmiera, durmieras, durmiera, durmiéramos, durmierais, durmieran |
| -uir (y) | destruir → | destruyeron | destruyera, destruyeras, destruyera, destruyéramos, destruyerais, destruyeran |
| -eer (y) | creer → | creyeron | creyera, creyeras, creyera, creyéramos, creyerais, creyeran |

The following verbs have stem or spelling changes: *repetir (i), elegir (i), mentir(i), corregir (i), transferir (i), convertir (i), conseguir (i), despedir (i), servir (i), preferir (i), sugerir (i), sentir (i), leer (y), disminuir (y), construir (y), contribuir (y), sustituir (y), incluir (y), excluir (y), oír (y), caer (y).*

The following verbs are irregular in the imperfect subjunctive. The third person plural **preterit** form is given in parentheses: *haber (hubieron), ir (fueron), tener (tuvieron), mantener (mantuvieron), estar (estuvieron), andar (anduvieron), saber (supieron), poder (pudieron), poner (pusieron), proponer (propusieron), ser (fueron), dar (dieron), decir (dijeron), traer (trajeron), atraer (atrajeron), hacer (hicieron), querer (quisieron), venir (vinieron), convenir (convinieron), producir (produjeron), reducir (redujeron), traducir (tradujeron).*

## Cómo se usan estos tiempos verbales

1. **With** *como si...* **and** *Ojalá*: The imperfect subjunctive is **always** used after *como si...* (as if).

*Por ejemplo:* Los turistas se siguen portando **como si estuvieran** en su propio país.

It may be used after *ojalá* (if only) when expressing an idea contrary to reality.

*Por ejemplo:* **Ojalá pudieran** aprender a conocer mejor a la gente de otros países.

2. **To hypothesize:** The conditional and imperfect subjunctive are often used together to make speculations and hypothesize about what would happen if certain things were to take place. Notice in these constructions that the imperfect subjunctive is used after the word *si* (if) to

establish the conditions or sets of circumstances; the conditional tense is used to indicate the results or consequences.

*Por ejemplo:* **Si se construyera** el puerto de trasiego, la economía **crecería** bastante.

Creo que México **podría** absorber el istmo **si se adueñara** de su capacidad productiva.

**3. To describe or narrate the past:** In the article on page 187, the author uses the imperfect subjunctive as part of his description of past actions.

The imperfect or past subjunctive is used in the *same types* of situations as the present subjunctive, except that the context is **past** time, rather than present time. To review quickly its uses, study the following.

*To review uses of the present subjunctive, see Unidad 1.*

a. to give specifications for a hypothetical and non-specific person, place or thing

*Por ejemplo:* Ahora: Se **busca** una persona que **sepa** trabajar con cobre.

Antes: Se **buscaba** una persona que **supiera** trabajar con cobre.

b. to deny the existence of someone or something

*Por ejemplo:* Ahora:**No hay nadie** que **pueda** portarse como natural del lugar.

Antes: **No había nadie** que **pudiera** portarse como natural del lugar.

c. to make recommendations, suggestions or requests

*Por ejemplo:* Ahora:Los exportadores no **quieren que se mantengan** las barreras arancelarias.

Antes: Los exportadores no **querían que se mantuvieran** las barreras arancelarias.

d. to make personal commentaries of sentiment (regret, pleasure, displeasure about the actions of someone else)

*Por ejemplo:* Ahora:A Centroamérica no le **gusta que le den** aranceles preferenciales a la región andina.

Antes: A Centroamérica no le **gustaba que le dieran** aranceles preferenciales a la región andina.

e. to refer to events that depend on other events, using expressions such as *para que* and *con tal de que*

*Por ejemplo:* Ahora:Es necesario que hagan nuevas siembras **para que no dependan** de la coca.

Antes: Era necesario que hicieran nuevas siembras **para que no dependieran** de la coca.

# Práctica (Gramática)

## A. Así se portan

Explique cómo se porta la gente a veces, usando el imperfecto de subjuntivo y la expresión **como si**.

*Por ejemplo:* *Los exportadores se portan **como si** el mundo les **debiera** el favor de exportar.*

1. algunos turistas
2. algunos publicistas
3. algunos empleados
4. algunos políticos
5. algunos consumidores
6. algunos gerentes

## B. Resultados y consecuencias

Complete las frases según se indica para expresar sus propias ideas.

*Por ejemplo:* Si yo pudiera trabajar en cualquier lugar del mundo...(mudarse, conseguir un puesto, vivir).

> *Si yo pudiera trabajar en cualquier lugar del mundo, **me mudaría** a Costa Rica y **conseguiría** un puesto en una empresa de exportación. **Viviría** en las afueras de San José, la capital.*

1. Si hoy me sacara la lotería...(ahorrar, gastar, dar).
2. Si yo hubiera invertido cien dólares antes en acciones de..., hoy...(valer, ser, poder).
3. Si yo hubiera inventado un producto revolucionario,...(primero..., luego..., entonces...).
4. Si yo pudiera tener mi propia empresa...(ser presidente de..., vender/fabricar..., atraer a...).
5. Si yo quisiera exportar mis productos a Centroamérica...(primero..., luego..., entonces).
6. Si nuestras mercancías no se vendieran...(hacer investigaciones de..., fijar precios..., cambiar...).
7. Si llegaran en malas condiciones las mercancías pedidas...(enviar..., describir..., decirles...).
8. Si no pudiera pagar las mercancías pedidas...(primero..., luego..., entonces...).

## C. Bajo ciertas condiciones

Complete las siguientes frases usando el imperfecto de subjuntivo de los verbos indicados para describir bajo qué condiciones haría usted las siguientes acciones.

1. Yo mandaría un reclamo si...(haber demora, llegar las mercancías en malas condiciones, equivocarse el vendedor).
2. Obtendría mejores ganancias con mis inversiones si...(no mantener fondos en una cuenta de ahorro, leer..., seguir los consejos de...).
3. Los trabajadores no tendrían que preocuparse tanto de su porvenir si...(invertir sus ahorros, reducir sus gastos anuales, obtener mejores beneficios).
4. Los obreros no harían tantas huelgas y manifestaciones si...(conseguir más derechos, poder participar en la toma de decisiones, sentirse satisfechos).
5. Yo conseguiría empleo más rápido si...(saber..., estar..., pedir...).
6. Los promotores de productos podrían tener más éxito si...(no mentir tanto, hacer más encuestas, entretener a la gente).

## 𝒟. ¿Qué decía la carta?

Imagínese que usted trabaja en una oficina que vende maquinaria industrial y que su jefe acaba de regresar de un viaje. Cuéntele a su jefe qué puso usted en las cartas que mandó la semana pasada.

*Por ejemplo:* La carta dice: «Es necesario que nos repongan la maquinaria inmediatamente.»

> *Decía que era necesario que nos repusieran la maquinaria inmediatamente.*

1. «Es necesario que me contesten hoy mismo para que podamos llegar a un acuerdo.»
2. «Les ruego que nos manden un asistente técnico a pasar dos semanas en la fábrica.»
3.  «No quiero que me remitan manuales en inglés y japonés sino que los traduzcan.»
4. «Necesitamos publicidad que no sólo atraiga la atención del consumidor sino que sirva para convencerlo de las maravillas del producto.»
5. «Exigimos que nos envíen la sustitución del equipo averiado por otro en óptimas condiciones, con tal de que no hayan dejado de fabricar ese modelo.»
6. «Lamento sinceramente que compromisos contraídos con anterioridad me impidan tener el gusto de asistir a la recepción. Espero que podamos reunirnos cuando se presente otra oportunidad.»
7. «El consumidor no sólo exige que les demos descuentos y rebajas semanales, sino que ofrezcamos una amplia gama de artículos y que hagamos envíos por correo.»

# ℰ. Ojalá...

Es posible que después de estudiar esta unidad usted se convierta en un(a) gran defensor(a) de Centroamérica. Escriba un párrafo sobre lo que desea que ocurra en esta región. Use **ojalá** y el imperfecto de subjuntivo.

*Para ser autosuficiente, el país debe contar con su propia fuente de energía.*

# *Panoramas y redacción*

## ▤ Papeleo cotidiano *(El arte de escribir)*

### Las importaciones y exportaciones

Para precisar los detalles de una importación, hay que enviar varias cartas o memorandums como, por ejemplo, cartas para...

1. solicitar una cotización de precios.
2. solicitar muestras (*samples*).
3. hacer un pedido.
4. acusar recibo (*acknowledge receipt*) de la cotización, las muestras o el pedido.
5. hacer un reclamo por demoras o desperfectos.

### El pedido

El objetivo es pedirle al vendedor que venda lo que pide el comprador. Para el cliente o comprador, la carta de pedido representa un compromiso (*commitment*) de comprar un producto o servicio específico. Para el vendedor, representa un compromiso de proveérselo. Un pedido puede hacerse por medio de una forma o formulario o por medio de una carta. En una carta de pedido, el comprador debe incluir todos los datos claramente, de acuerdo con la cotización recibida, para que el vendedor pueda interpretarlos correctamente. Una carta de pedido debe ser breve, clara y precisa, con un tono amable. Deben incluirse los siguientes datos.

1. **Descripción y referencia del producto que se pide:** Se incluye el número de serie del producto, si existe; si no lo hay, se describe el artículo de manera detallada, dando el tamaño (*size*), el color, el material, el peso, etc. Hay que especificar todo con gran claridad para evitar errores o demoras.
2. **Cantidad:** Se expresa en unidades de venta (kilos, docenas, litros, cajas, etc.) y/o envase (botellas, contenedores, sacos, etc.).
3. **Precio:** Se indica el precio unitario y el valor total. También se incluyen los costos adicionales tales como impuestos y aranceles y el costo del flete y almacenaje (*storage*).
4. **Forma de pago:** Se estipulan claramente cómo se va a pagar—al contado (número del cheque o documento) o a crédito (a plazos).
5. **Instrucciones de embarque:** Es preciso especificar las condiciones de embarque y empaque. Se indica el lugar donde se hará entrega de la mercancía, el medio de transporte (aéreo, marítimo, terrestre) y el tipo de empaque.

6. **Observaciones:** Se agrega una nota con cualquier condición específica que sea necesaria. También se debe indicar si es la primera vez que el comprador y el vendedor hacen negocios.

## ⊞ Así se hace

### *Cotización[1] de precios*

Antes de importar cualquier mercadería, es preciso pedir una cotización de precios. Este es un documento que no sólo menciona el precio de las mercancías, sino que también establece muchos detalles importantes de la posible transacción. Por eso, hay que fijarse bien en todo para no tener problemas, demoras y reclamos después. En la cotización, debe estar claramente estipulado lo siguiente.

1. la fecha de vencimiento de las condiciones ofrecidas, que, por lo general, es de un mes
2. el precio del embarque
3. la fecha de embarque, que puede ser periódica o no
4. la vía, que puede ser aérea, marítima, terrestre, férrea[2] o fluvial[3]
5. el tipo de envase o empaque
6. la fecha de entrega[4]
7. la forma de pago, que puede ser al contado o a crédito
8. la descripción de la mercadería, inclusive la unidad, la cantidad, el precio unitario y el valor total

[1]*quotation;* [2]*rail;* [3]*by river;* [4]*the delivery date*

## El acuse de recibo o respuesta a una carta de pedido

El vendedor puede mandarle al comprador una respuesta para acusar recibo del pedido, anunciar el embarque y agradecerle su confianza. En algunos casos, esta respuesta también sirve para confirmar la disponibilidad de la mercadería pedida o informarle al cliente de ciertos problemas tales como...

**mercancías agotadas (*out of stock*):** Se le pide al cliente que espere, porque los artículos pedidos se han agotado (*run out; supply exhausted*).

**pedido poco específico:** El vendedor pide clarificación de algo en el pedido que no esté suficientemente claro.

**mercancías que ya no se fabrican:** El vendedor avisa que el artículo pedido ya no existe y ofrece un sustituto.

**problemas con el crédito:** Con tacto, el vendedor le informa al cliente que su crédito tiene ciertos límites.

# El reclamo

A veces hay problemas que sólo pueden resolverse por medio de una carta de reclamación. Se hacen reclamos por...

**mala atención** y demoras innecesarias.
**mala calidad o mal empaque** y defectos, daños, averías o calidad inferior.
**una equivocación o error** en el empaque, en las mercancías o a causa de precios distintos a los de la cotización.

El reclamo no sirve para quejarse, sino para informarle al vendedor que hubo un problema. Debe escribirse en forma diplomática, usando un tono cortés y positivo. Se incluyen todos los detalles referentes a las mercancías pedidas y recibidas, tales como el número y la fecha del pedido y del envío, una descripción del problema y una descripción del remedio que le propone el cliente al vendedor. Por ejemplo, se pide la **sustitución** de artículos por otros o la **devolución y reembolso** (*refund*) del pago. El cliente puede destacar también que desea que el vendedor haga las sustituciones **libre de cargo** (*free of charge*).

## RECLAMO POR MALA CALIDAD

San José, 29 de noviembre de 1999

Señor
Eustaquio Fuentes Cardenal
Industria "El Cóndor"
Depto. de Ventas
Avda. del Libertador 2950
Cartago

Ref.: N°1.236

Estimado señor Fuentes:

Acabamos de recibir su envío N°2.175, de fecha 15 de novbre., el cual corresponde a nuestro pedido N°1.236, del 8 de octubre recién pdo. Lamentablemente, al abrir los empaques hemos descubierto que los artículos presentan varias averías y están irremediablemente dañados.

Le rogamos que, a la mayor brevedad, se sirva reponer los mismos, libre de cargo, para que podamos ponerlos cuanto antes a la venta. También quisiéramos poner en su conocimiento que los deterioros se deben, a nuestro entender, a negligencias cometidas al preparar el pedido, ya que, en las dos cajas en las que se han producido daños, las protecciones interiores eran insuficientes.

Esperando una pronta respuesta a la presente, les saludamos Atte.

*Miriam Contreras Robles*
Miriam Contreras Robles
Depto. de Adquisiciones
Almancenes FÉNIX

## RECLAMO POR MAL FUNCIONAMIENTO

San José, 1º de julio de 1999

Señor Ing.
Dn. Oscar Benavides Concha
Campocentro, Representantes de Apel
Departamento Técnico
Calzada Juárez s/n, Complejo Industrial
1240 México, México D.F.
México

Estimado Sr. Benavides:

La presente tiene por objeto hacer un reclamo por el mal funcionamiento de la maquinaria que se indica a continuación. Hace apenas tres meses adquirimos uno de sus equipos automáticos Apel 129. A pesar del escaso tiempo transcurrido, hemos tenido una serie de averías que nos han impedido mantener esta maquinaria en funcionamiento.

La primera interrupción se produjo a los diez días de haber sido instalado el equipo y sólo se pudo solucionar cambiando uno de los componentes fundamentales. Luego, tuvimos múltiples problemas con una máquina específica, según consta en nuestras comunicaciones anteriores, Recientemente, tuvimos que cambiar el mismo componente de esta máquina por segunda vez y la otra máquina se descompone al menos una vez a la semana.

Como Ud. bien comprenderá, no nos es posible mantener un ritmo de operaciones adecuado, si a menudo precisamos detener toda la línea de producción para reparar este equipo que, en sí, es una parte mínima (aunque necesaria) del proceso general de esta fábrica.

En consecuencia, nos sentimos con derecho a exigir la sustitución de dicho equipo por otro en óptimas condiciones, a la vez que solicitamos la presencia de un asistente técnico en la planta durante las primeras dos semanas de uso de dicho equipo.

Como hemos sido buenos clientes por varios años, esperamos que Uds. tengan a bien acceder a nuestro pedido. Si hubiera dudas de su parte, les rogamos comunicarse con nuestro ingeniero de mantención, Sr. Jorge Santelices Núñez y con nuestra oficina.

Quedo de Ud., Atte.

*Adalberto Cornejo Vargas*
Licdo. Adalberto Cornejo Vargas
Gerente General

## _A._ El pedido

Con un(a) compañero(a), escriban una descripción completa de uno o varios artículos que quisieran comprar. Incluyan toda la información necesaria: el tamaño/la talla (*size*), el color, la tela o el material, la forma, la unidad, el envase, etc.

## _B._ El reclamo

Ahora, imagínense que las mercancías pedidas no han llegado en buenas condiciones. Redacten una carta de reclamación, comunicándole esto al vendedor. Sean corteses y diplomáticos y propónganle al vendedor una solución específica.

# ≡ Hoy en día *(La economía y las estadísticas)*

## ⊞ Así es

### *La influencia del clima*

El clima y el suelo[1] son los dos factores más importantes para la producción agropecuaria. Estos factores son aún más importantes para los países centroamericanos, que dependen de su producción agrícola para el comercio exterior y de sus bellezas naturales para el turismo y el ecoturismo.

Centroamérica, un istmo en la región subtropical que se encuentra entre dos masas oceánicas, tiene clima tropical lluvioso, por la cantidad de humedad que hay en esta zona. Sin embargo, el clima se hace más temperado a medida que aumenta la altura y baja la temperatura en las cordilleras y mesetas centrales.

Como el clima es más agradable en el altiplano o meseta central, la población y la actividad manufacturera se concentran allí; también se cultiva café, maíz y frijoles y se cría ganado[2] en esta zona. Además, en los valles elevados de las cordilleras y al pie de los numerosos volcanes, se encuentra la selva templada (la pluvisilva) que tanto le interesa a los ecólogos, farmacólogos, biólogos y ecoturistas.

El paisaje selvático tropical que explota la publicidad turística sólo se encuentra en algunas de las regiones costeras bajas y las islas que se han desarrollado para el turismo. Las bananas, las piñas, el algodón, el azúcar, parte de las flores, algunas verduras y otros productos agropecuarios vienen de las plantaciones y terrenos que se le han quitado a la selva tropical.

[1]*soil;* [2]*livestock*

## ⏴. Piense un poco

La Florida es una península subtropical que, como Centroamérica, también está entre dos masas oceánicas. Hay diferencias de clima y de producción agropecuaria entre ambas, sin embargo. Con su compañero(a), piensen en la Florida, estudien el mapa (pág. 135) y den al menos dos diferencias entre ella y Centroamérica.

## ⏴. Cuenta regresiva

Según el *Almanaque Mundial*, éstos son los diez países hispanos con mayor cantidad de especies de plantas en peligro de extinción. Ordene la lista de mayor a menor número de especies e indique en qué zona del mundo

(Sudamérica o Centroamérica) se encuentran los países con cómputos más altos.

| | | | |
|---|---|---|---|
| Argentina | 157 | Guatemala | 305 |
| Costa Rica | 456 | Honduras | 78 |
| Colombia | 316 | Panamá | 344 |
| Chile | 192 | Perú | 353 |
| Ecuador | 121 | Venezuela | 105 |

 **Así es**

## La dulce cintura se pone amarga[1]

Como en el istmo tanto la temperatura como la humedad parecen ideales para la explotación agropecuaria intensiva durante todo el año, por mucho tiempo los terratenientes[2] y las compañías fruteras estadounidenses han extendido las plantaciones para así aumentar las exportaciones y sus enormes ganancias. Desgraciadamente, además de desplazar a parte de la población o cambiar sus costumbres, no se tomó en cuenta que la calidad del suelo es el segundo elemento vital en la ecuación de la agricultura; no es suficiente tener un clima ideal.

Resulta que el suelo de las selvas es típicamente muy pobre en minerales y materia orgánica, porque ha sido lavado por millones de años por las abundantes lluvias. Por eso, no puede cultivarse por más de unos ocho años seguidos[3]. Así, cuando baja la producción en cantidad y calidad, las compañías fruteras proceden a limpiar otra parte de la selva para seguir exportando el volumen acostumbrado de fruta.

Esta deforestación rotativa y constante de la selva tropical y de la selva temperada ha producido cambios del paisaje, erosión irreversible, desplazamiento de la población y extinción de cientos de especies vegetales y animales en un proceso destructivo de proporciones desastrosas para Centroamérica (y también para todo el cinturón tropical mundial).

Un ejemplo escalofriante[4] es Costa Rica, donde en sólo 35 años (entre 1950 y 1985), la selva disminuyó de 72 a ¡26 por ciento de la superficie del país! Este es un verdadero cataclismo ecológico, si se piensa que muchas especies desaparecieron para siempre antes de que pudieran ser catalogadas y analizadas sus características nutritivas, farmacológicas, tóxicas y ecológicas. Peor aún, la deforestación está íntimamente asociada con el aumento de la temperatura en la tierra, trastorno[5] físico que tiene todas las características de una catástrofe mundial.

[1]*bitter;* [2]*landowners;* [3]*straight, continuous;* [4]*chilling, frightening;* [5]*disturbance*

In Costa Rica, about 12% of the land is now under government control. Several other Hispanic countries are faced with the deforestation-to-increase-production dilemma, notably Guatemala, Honduras, Amazonian Perú, Bolivia, and Paraguay. In addition, the Mayan population has been displaced in all of Guatemala and Chiapas, México; Costa Rica loses 2.5 tons of topsoil to erosion for every kilo of meat exported, mostly to the U.S. Nicaragua is in a similar situation. Lumbering for exotic hardwoods fells all of the other trees indiscriminately as well.

# C. La gran tentación

Con su compañero(a), estudien la siguiente lista y luego divídanla en dos:
1) razones para deforestar y 2) razones para no deforestar.

aumento de los fondos estatales para la educación y la salud del lugar

préstamos a bajo interés para producir carne y cueros

compra de la tierra por instituciones «verdes»

gran demanda de madera en Japón, Corea, Singapur y los Estados Unidos

compra de la tierra por instituciones estatales

pagar compensaciones o subsidios por no cultivar

aumento de los préstamos para promover la producción lechera y
ganadera

participación en las ganancias obtenidas con nuevos fármacos

disminución de las fuentes de empleo por cierre de las industrias locales

*El paisaje de la selva templada es el más cercano a nuestra imagen del paraíso ideal.*

# D. Piense otro poco

Desgraciadamente, no es la primera vez que el hombre destruye el medio
ambiente natural para intensificar la producción, exportar más y aumentar
las ganancias con una inversión mínima en la naturaleza y la población del
lugar. Por ejemplo, Estados Unidos, Japón, Inglaterra y gran parte de
Europa fueron, en su momento, zonas de alta y rapidísima deforestación
también. Sin embargo, ¿qué diferencias de tiempo y magnitud hay entre la
deforestación tropical actual de Centroamérica, Sudamérica, Africa y Asia
y la de otros siglos? Piense con un(a) compañero(a) y den al menos una
diferencia importante. Luego, lean el siguiente artículo.

## Uso sostenible de recursos genéticos

1 Hasta hace poco tiempo, la frase «prospección de biodiversidad» resultaba extraña[1] y desconocida para la mayoría de la población. Por el contrario, en la actualidad se menciona insistentemente la posibilidad de utilizar en forma sostenible los recursos biológicos a través de este novedoso
5 mecanismo. Una sencilla manera de definirlo sería: la exploración química o bioquímica de organismos diversos, con el fin de obtener algún producto útil para la humanidad.

La importancia de esta búsqueda química no debe ser subestimada. Entidades como el Instituto de Salud de Estados Unidos, prestigiosas
10 universidades, jardines botánicos reconocidos y las principales empresas farmacéuticas, agroquímicas y de semillas, han iniciado intensos programas para efectuar prospecciones de biodiversidad en países que se caracterizan por tener una rica vida silvestre[2], y sobre todo, que posean selvas tropicales abundantes. En uno de esos ecosistemas es probable
15 que esté escondida[3] la cura del SIDA o de alguna forma de cáncer, para mencionar sólo dos casos relevantes. Los resultados obtenidos hasta ahora han sido realmente prometedores. De esta forma, por ejemplo, se han extraído importantes medicinas de la enorme fábrica química del planeta, la selva tropical.
20 No obstante tanta belleza, las preguntas que surgen[4] son: ¿cómo se distribuirían los beneficios derivados del uso de la diversidad biológica? ¿Se tomarían en cuenta a todos los actores participantes en ella? ¿Qué compensación recibiría el país del cual se ha extraído el recurso y que, por tanto, lo conserva a un determinado costo? ¿Qué beneficios obtendrían los
25 pueblos locales e indígenas custodios o mejoradores de la biodiversidad?

La entrada en vigencia de los acuerdos[5] de la Convención sobre Diversidad Biológica adoptados en 1992 deberá inaugurar una era de relaciones más justas en el intercambio de recursos genéticos. Para lograr este cometido[6], se ha abandonado la noción de la biodiversidad como
30 «herencia común de la humanidad», es decir, la de un bien público[7] cuya explotación es gratuita. En su lugar, la Convención reafirmó la soberanía[8] nacional de cada país sobre la biodiversidad y el derecho a restringir[9] razonablemente su acceso a terceros, por muy lucrativos que sean los beneficios. Para traducir las palabras a la acción según lo dispuesto en el
35 Convenio, cada país debería comenzar a estructurar un marco[10] de legislación y de políticas públicas. Habría que empezar por reglamentar los tres niveles de las prospecciones, a saber:

- el acceso a los recursos genéticos a través de acuerdos de investigación o acuerdos de acceso
40 - la prospección bioquímica, incluyendo disposiciones referentes a la bioseguridad, y
- la distribución de los beneficios derivados del uso de la diversidad biológica.

45    Estos y muchos otros aspectos configuran elementos esenciales que deben ser tomados en cuenta con el fin de convertir en realidad el nuevo concepto del desarrollo sostenible.

[1]*strange*; [2]*natural*; [3]*hidden*; [4]se presentan; [5]*the implementation of the agreements*; [6]acuerdo; [7]*public good*; [8]*sovereignty*; [9]*to limit*; [10]*framework*

There already are programs in which indigenous groups have been made partners in the search for and the conservation of certain plants in the Amazon basin, particularly in Brazil and Venezuela. *Curanderos* or local doctors usually are the only ones to have full information on the natural pharmacopeia of each area. With displacement and migration to cities, much of the ancient information has already been lost in many places, since it was not passed along to the young migrants. Notwithstanding, it has been calculated that a full 80% of the world's population relies on natural remedies for common ailments.

## *E.* Retos para nosotros mismos

Su propia generación, sus hijos y sus nietos se verán directamente afectados por decisiones fundamentales para la conservación del medio ambiente natural y de los alimentos y remedios que en él se encuentran. Con su compañero(a), piensen un poco y escriban respuestas a tres de las siguientes preguntas del artículo, según el modelo.

*Por ejemplo:* ¿Quién pagaría los estudios de investigación para catalogar y analizar químicamente miles de plantas y animales: las instituciones internacionales, los gobiernos locales o las compañías farmacéuticas que los comercializarían?

*Nosotros creemos que las compañías farmacéuticas deberían pagar toda la investigación de..., puesto que ellos ganarían mucho dinero de la venta de las nuevas medicinas y drogas.*

1. ¿Cómo se tomarían en cuenta a todos los actores participantes en el estudio y conservación de la diversidad biológica?
2. ¿Cómo se distribuirían los beneficios derivados del uso de la diversidad biológica?
3. ¿Qué compensación recibiría el país que dicta normas para conservar la selva y deja así de percibir enormes sumas por la fruta o madera que podría producir y exportar?
4. ¿Qué compensación recibiría el país del cual se haya extraído el recurso genético para producir nuevos fármacos o sustancias alimenticias?
5. ¿Qué beneficios obtendrían los pueblos locales que protegen o mejoran la biodiversidad?

## *F.* Ni Dios lo quiera

Imagínese que el afán de lucro (*desire for wealth*) destruye la selva temperada y la selva tropical de Centroamérica. ¿Qué vamos a hacer? Con un(a) compañero(a) escriban frases como las del modelo.

*Por ejemplo:* La quinina que baja la fiebre viene de la cuenca del Amazonas, pero ahora están quemando toda la selva.

*Si quemaran toda la selva, no habría más quinina para bajar la fiebre.*

1. Los *frijoles* de las cordilleras tienen hasta un 22% de proteínas, pero ahora están destruyendo las sierras.

2. La *batata silvestre* o *boniato* se usa para la fabricación de varios fármacos, pero siguen destruyendo su ambiente natural.

3. De la planta de *coca*, que cura varias enfermedades, se extrae la droga cocaína. Para combatir la droga, el gobierno usa desfoliadores, pero así también se matan otras plantas benéficas.

*Donde antes florecía la vida, ahora reina la muerte.*

# ≣ Atando cabos *(Actividades de integración y expansión)*

## 𝒜. Organice su vocabulario

Dé el sustantivo de los siguientes verbos.

| | | |
|---|---|---|
| **1.** entregar | **5.** pedir | **9.** enviar |
| **2.** imponer | **6.** embarcar | **10.** averiar |
| **3.** apoyar | **7.** envasar | **11.** demorar |
| **4.** empacar | **8.** cotizar | **12.** reclamar |

*Sin mano de obra especializada, no se pueden terminar los grandes proyectos de mejoramiento de la infraestructura. Yo podría colaborar, si consiguiera un internado allá.*

## ℬ. Sueños y aspiraciones

Complete las siguientes frases con sus propias ideas, usando el tiempo condicional. Incluya al menos tres verbos en cada caso.

1. Si yo pudiera visitar cualquier país centroamericano,... Allí, yo... Además,...
2. Si no supiera nada del país, yo...o... Y también...
3. Si tuviera la oportunidad de trabajar en uno de estos países, primero...y entonces... Después,...y también...
4. Si me saliera todo bien,...y... Finalmente, también...y...

## 𝒞. ¡Qué horror! ¿Qué pasaría?

Complete estas frases con la forma apropiada de los verbos en paréntesis.

1. Si _____ (reducirse) en un 5% la cantidad de agua de los ríos que desembocan en el Mar Artico, el casquete polar (*polar icecap*)_____ (disminuir) de tamaño y el clima mundial _____ (verse) afectado significativamente.
2. Si _____ (combatirse) con cal (*lime*) la acidez de los grandes lagos norteamericanos como el Michigan, _____ (poderse) recuperar parte de la vida silvestre en estos lagos.

3. Si cada habitante _____ (preocuparse) de no producir tanta basura y _____ (disminuir) los envases innecesarios o _____ (reciclar) el plástico y el papel, _____ (ser) posible disminuir el problema de la contaminación marina, porque así _____ (arrojarse) (*to throw away*) menos basura a los océanos.

4. Por mucho que _____ (empeñarse) (*try, dedicate oneself to*) la población, sin embargo, sus esfuerzos _____ (ser) insuficientes y prácticamente nulos si las grandes empresas mundiales no _____ (contribuir) con sus propias medidas drásticas. Menos mal que la Compañía Du Pont ya ha eliminado la producción de gases refrigerantes dañinos. Con tal que otras compañías _____ (seguir) el ejemplo de Du Pont, todos nosotros _____ (sentirse) mucho mejor.

# ⊞ Así se hace

## *El acuerdo sobre biodiversidad*

Ya es ley internacional el acuerdo firmado durante la **Cumbre de la Tierra**, realizada en Río de Janeiro en 1992. En aquel entonces, la Convención sobre Diversidad Biológica constituida por 167 países, acordó[1] proteger el medio ambiente natural y toda la vida animal y vegetal que se desarrolla en él. Esto incluye microorganismos, animales y plantas y también sus hábitats naturales. Además de conservar el medio ambiente, los países industrializados también están obligados a compartir con los países de origen los beneficios obtenidos de las sustancias y medicamentos extraídos de la naturaleza.

[1]*agreed*

# ⅅ. Menos mal que Colón insistió

Hay muchos alimentos de América que han pasado a formar parte de nuestra dieta y de la de otros continentes. Complete el siguiente párrafo para saber los detalles.

*Por ejemplo:* Si Colón no *hubiera cenado* (cenar) con un jefe taíno, jamás *habría probado* (probar) el boniato (*sweet potato*). Menos mal que el jefe insistió.

1. Si Cortés no _____ (experimentar) la tremenda bomba de energía proporcionada por un refresco de cacao, el mundo jamás _____ (conocer) el delicioso chocolate de Mesoamérica.

2. Si los soldados españoles no _____ (imitar) a los indígenas de la Florida, que fumaban sus pipas ávidamente, el mundo no _____ (tener) ninguna necesidad de hacer campañas contra el tabaco ahora.

3. ¿Qué sería una fiesta de Acción de Gracias sin un buen pastel de calabaza (*pumpkin*)? Si los colonos europeos no _____ (aprender) a cultivar las calabazas de los indígenas, los norteamericanos jamás _____ (descubrir) cómo hacer dulces con ellas.

4. ¿Qué _____ (ser) una fiesta mexicana o mexicano-americana sin un buen mole o pico de gallo? Si a los españoles no _____ (gustarles) los aguacates ni los tomates y tomatillos, la gente de ahora no _____ (tener) idea de cómo hacer guacamole o pico de gallo.

5. Finalmente, ¿qué _____ (hacer) el mundo sin maíz? Si tanto los indígenas como los recién llegados europeos no _____ (refinar) los usos de la harina y del sirope de maíz, no nos _____ (ser) posible fabricar casi ningún tipo de alimento industrializado hoy en día.

## Ɛ. Si así fuera

Con otra persona, desarrolle una hipótesis sobre un tema y propóngansela a la clase. Sus compañeros les darán las posibles consecuencias (positivas y negativas).

*Por ejemplo:* Hipótesis: *Si se privatizaran las escuelas públicas de Estados Unidos...*

Clase: *...habría más competitividad/ los impuestos bajarían/el costo de la educación subiría/ la calidad de la educación sería ...*

## F. Por teléfono

En un papelito, escriba una descripción completa y detallada de una cosa que usted quisiera comprar. Incluya también el precio unitario, el envase, etc. Déle su «pedido» a otra persona. Luego, imagínese que al recibir el (los) artículo(s), usted encontró algún problema. Llame por teléfono al (a la) vendedor(a), explíquele el problema y propóngale una solución. Aunque el (la) vendedor(a) no quiere hacer nada, usted insiste porque no sólo es muy perseverante, sino buen(a) negociador(a).

## G. Debate

En un grupo de seis a ocho personas, elijan un tema polémico relacionado con el comercio. Formen dos equipos: uno que está **a favor**; otro que está **en contra**. (Cada equipo debe estar formado por no más de cuatro personas.) Los que están a favor presentarán sus ideas primero. Luego, los que están en contra presentarán sus ideas. Después de que todos hayan presentado sus argumentos, los dos equipos deben hacerse preguntas y comentarios el uno al otro.

**Sugerencias:**

1. La autosuficiencia de un país: ¿Es posible?
2. Las medidas proteccionistas: ¿Deben existir?
3. Los tratamientos preferenciales: ¿Deben existir?
4. Los tratados de libre comercio (TLC; AGT): ¿a favor o en contra?
5. La industria v. el medio ambiente
6. Los impuestos a la compra-venta: ¿a favor o en contra?

## Vocabulario de la Unidad 5

### Palabras relacionadas con la economía y las finanzas

la aduana *customs*
el apoyo *support*
el arancel (normal, preferencial) *duty, tariff (normal, preferential)*
la avería *breakdown*
las barreras arancelarias *tariff (customs) barriers*
la calidad *quality*
la capacidad productora *production capability*
el convenio *agreement*
el costo *cost*
la cotización de precios *price quotation*
el defecto *defect*
la demanda *demand*
la demora *delay*
la dependencia financiera *financial dependence*
la desigualdad *inequality*
el embarque *departure*
el empaque *packaging*
la entrega *delivery*
el envío *shipping*
la materia prima *raw material*
las mercancías *merchandise*
el pacto comercial *trade agreement*
el pago *payment*
el patrón de consumo *purchasing/ consumption pattern*
el pedido *request*
el reclamo (la carta de reclamación) *complaint, claim (complaint letter)*
los recursos *resources*
el transporte *transportation, shipping*
el traspaso electrónico *electronic transfer*

### Unidades

la docena *dozen*
el galón *gallon*
el gramo *gram*
el kilo *kilogram*
la libra *pound*
el litro *liter*
la onza *ounce*
la tonelada *ton*
la unidad *unit*

### Envases

la bolsa *bag*
la botella *bottle*
la caja *box*
el cajón *crate*
el contenedor *container*
el frasco *jar*
la lata *can*
el saco *sack*

### El estado de las mercancías

congelado(a) *frozen*
deshidratado(a) *dehydrated*
fresco(a) *fresh*
procesado(a) *processed*
seco(a) *dry*

### Materiales

el acero *steel*
el algodón *cotton*
el aluminio *aluminum*
el cartón *cardboard*
el cobre *copper*
el estaño *tin*
el hierro *iron*
la lana *wool*
la madera *wood*

el papel *paper*
el plástico *plastic*
los productos (petro)químicos *(petro)chemicals*
la seda *silk*
el vidrio *glass*

### Productos

los aditivos *additives*
los alimentos *food*
el avión *airplane*
el cable *cable*
las casas prefabricadas *manufactured homes*
los cereales (de desayuno) *(breakfast) cereals*
los cosméticos *cosmetics*
los endulzantes *sweeteners*
los fármacos *drugs*
los fideos *pasta*
las frutas *fruits*
las herramientas *tools*
el insecticida *insecticide*
el jugo *juice*
la maquinaria *machinery*
los medicamentos *medicines*
los muebles *furniture*
la puerta *the door*
las semillas *seeds*
la tela *fabric, textile*
la tubería (el tubo) *plumbing (pipe)*
el vehículo *vehicle*
las verduras *vegetables*
los vidrios de ventana *window glass*

### Acciones

convertirse en *to be made into, to become*
exportar *to export*

iniciar *to initiate, begin*
indicar *to indicate*
mandar (un reclamo) *to send, to order*
tomar en cuenta *to take into account*

## Expresiones

vía...aérea *by air*
...marítima *by sea*
...terrestre *by land*

## Adjetivos

averiado(a) *broken, not working*
contaminado(a) *contaminated*
descolorido(a) *discolored, faded*
descongelado(a) *melted, defrosted*
equivocado(a) *mistaken*
fijo(a) *fixed*
fluctuante *fluctuating*
manchado(a) *stained*
mojado(a) *wet, damp*

preferencial *preferential*
rancio(a) *rancid*
roto(a) *broken*

## PARA RECONOCER

acordar *to agree*
el acuerdo *agreement*
adueñarse de *to take control/ ownership of*
agotado(a) *out of stock*
agropecuario(a) *related to agriculture and fishing*
la apertura *opening*
arrojarse *to throw away*
el bien público *public good, welfare*
cobrar *to charge, collect*
el cometido *agreement*
un compromiso *a commitment*
el corcho *cork*
enfrentarse con *to confront, face*
el enlace *link*
el éxito *success*

la fecha de vencimiento *expiration date*
ferroviario(a) *by rail*
gozar *to enjoy*
el gravamen *customs tariff, tax*
el mapamundi *world map*
el marco *framework*
las medidas *measures*
la miel *honey*
la muestra *sample*
otorgar *to offer, extend*
restringir *to restrict*
la selva *the jungle*
la siembra *sowing*
silvestre *natural, wild*
taíno *an indigenous people of the region*
la talla *size*
el tamaño *size*
los terratenientes *landowners*
el trasiego *trade, exchange*
el tratamiento *treatment*
el trigo *wheat*
vencer *to expire*

# El mundo hispano

Para facilitar los análisis comparativos, también se incluye los EE.UU., aunque de manera muy resumida.

Breve descripción, país por país, con algunos datos culturales, geográficos, estadísticos, políticos y prácticos. Es imposible hacer un resumen histórico de cada país, pero se han incluido algunos nombres importantes que es preciso investigar y saber. Si usted piensa viajar a uno de estos países, debe preocuparse de poner la información al día. Consulte el *Almanaque de las Américas*, otros materiales de referencia y la Internet. Los ingresos per cápita (por habitante) son montos anuales; consulte los apéndices y el Glosario si no entiende algunas abreviaturas o términos.

## ≣ El Cono Sur

### 1. República Argentina

Estos datos son el mínimo absoluto para cada país y no incluyen muchos intelectuales, escritores o artistas. Si le interesa saber más, consulte otros materiales de referencia.

Capital: Buenos Aires

Moneda: peso ($)

Para recordar: San Martín, Sarmiento, Mitre, Rozas, Las Heras, Perón, Borges, Cortázar

Abrev.: R.A., Bs. As., C.F., Sn. Martín

Símbolos: el sol naciente, el gaucho, el mate, el ceibo (árbol)

Presidente: Carlos Saúl Menem (1992–   )

Gobierno: federal, dividido en un distrito federal y 23 provincias

#### Población

Total: 33.000.000 de habitantes

Gran Buenos Aires: 8.000.000 de habitantes

Menores de 20 años: 38,4%

Fuerza trabajadora (20 a 64,9 años): 52,4%

Analfabetismo: 5%

Ingreso por habitante: US$ 2.350 (1990)

#### Geografía

Superficie: 3.761.274 km$^2$, incluida la Antártica (8$^{avo}$ país en el mundo).

Regiones naturales: el Chaco, las Pampas, el Noroeste, la Patagonia, la Antártica. Cordillera de los Andes al oeste.

Cumbre más alta de América: Cerro Aconcagua, 6.959 m

Los ingresos son cifras anuales.

Los perfiles económicos son el mínimo absoluto necesario. Preocúpese de conseguir datos más recientes cuando desarrolle un trabajo de investigación.

#### Perfil económico

La población argentina contiene una gran proporción de inmigrantes europeos, cercano-orientales y coreanos recientes en los centros urbanos, pero tiene mayor extracción indígena en las sierras del norte andino y en el sur. La población urbana es superior al 86% y, en general, el nivel educativo es muy bueno en las ciudades grandes.

   El clima es subtropical y muy húmedo en El Chaco, frío y seco en los Andes, templado a caluroso en la Pampa húmeda y muy frío y ventoso en la Patagonia, las islas de Tierra del Fuego y, por supuesto, la Antártica. El suelo de las Pampas húmedas está entre los más fértiles del mundo.

De las exportaciones, los cereales, especialmente el trigo (8.400.000 TM[1] 1992, décimotercer lugar mundial), representan más del 20% y los derivados de los cereales y aceites vegetales un 18% (total de 38%). Los cueros y las carnes ascienden a 4% y 3,85%, respectivamente. Tanto la producción cerealera como la del ganado (bovino 50.020.000 de cabezas en 1992 y quinto lugar mundial) y derivados se concentran en las extensas llanuras o praderas argentinas conocidas como pampas. En 1992, la producción de carne de vacuno llegó a las 2.560.000 TM, total superado sólo por Brasil y los Estados Unidos. En los valles cordilleranos de los Andes centrales se encuentra la producción de vinos de exportación, de cítricos, aceitunas y aceite de oliva, mientras que en los lagos del sur florece la industria del turismo y de los deportes de invierno. En los Andes también se explotan el manganeso, el uranio y el hierro. La Patagonia es el centro de la producción petrolera, con 2.300.000 TM de petróleo crudo en 1991, 5.500.000 TM de gasolina, 8.500.000 TM de lubricantes livianos y 3.654.000 TM de aceites pesados. Por último, la producción de gas natural fue de 66.100,00 TJ[2] en 1990.

[1]TM: toneladas métricas; [2]TJ: terajulios, unidad métrica similar a BTU

## 2. República de Chile

Capital: Santiago

Moneda: peso ($)

Para recordar: O'Higgins, Carrera, Prat, Mistral, Neruda, Allende, Frei Montalva, Donoso, Skármeta

Abrev.: Stgo., Valpo., Sn. Antonio

Símbolos nacionales: el cóndor, el copihue (flor), el huaso (*country man in typical costume*)

Presidente: Eduardo Frei Ruiz-Tagle (1993–   ), elegido por votación directa

Gobierno: unitario, dividido en 12 regiones, más la región metropolitana

### Población

Total: 13.599.000 de habitantes

Capital: 5.342.900 de habitantes

Menores de 20: 39,7%

Fuerza trabajadora (20 a 64,9 años): 54,2%

Analfabetismo: 6,5%

Ingreso por habitante: US$ 2.200 (1990)

### Geografía

Superficie, excluido el Territorio Chileno Antártico: 736.902,9 km²

Regiones naturales: Cordillera de los Andes al este, Cordillera de la Costa al oeste, Valle Central, Desierto del Norte, Zona Austral

Cumbre más alta: Ojos del Salado, 6.880 metros

### Perfil económico

La población chilena es en gran proporción de origen europeo en los centros urbanos, mientras que en los valles andinos del extremo norte y en el sur del país predomina el elemento mestizo. Por lo general, la escolaridad (el nivel educativo) es muy buena en las ciudades y la proporción de población urbana es de más de 86%.

El clima del Valle Central es templado, de tipo mediterráneo, con verano seco e invierno de lluvias variables. El desierto se extiende a continuación del

Valle Central hacia el norte y gradualmente se hace más y más árido, con paisajes de belleza lunar y temperaturas extremas en el día y la noche. La Zona Austral es lluviosa y fría, llena de selvas, lagos y ventisqueros (glaciares) y el terreno se desmembra en miles de archipiélagos e islas. La Cordillera de los Andes es un gran depósito de nieve, hielos perpetuos y minerales. La Cordillera de la Costa es un biombo (*screen*) climático que mantiene y contribuye a la alta nubosidad de la costa chilena.

De las exportaciones, los productos minerales del desierto y de la Cordillera de los Andes representan casi el 50%. La producción de mineral de cobre fue de 170.000 TM (1990), la de cobre fundido 89.000 TM (1992) y la de cobre refinado 85.000 TM (1991). Chile es el primer productor de cobre en el mundo y el segundo de molibdeno. Además, es uno de los grandes productores de nitrato de sodio y de yodo (*iodine*). La producción de acero es de 67.000 TM (1991), la producción de gasolina es de 1.463.000 TM (1991) y la de queroseno de 512.000 TM (1991). Los productos industriales representan el 36,6% de las exportaciones y entre ellas destacan las exportaciones forestales, como la celulosa, la madera y el papel para periódicos, que vienen preferentemente de la lluviosa Zona Austral. Chile también es el país hispano que exporta más pescado y productos del mar, frescos y elaborados, inclusive algas marinas. La producción agrícola-frutícola se concentra en el Valle Central y en los valles y oasis del norte; destacan las exportaciones de frutas y vinos, que aprovechan al máximo las bondades del clima mediterráneo.

## 3. República Oriental de Uruguay

Capital: Montevideo

Moneda: nuevo peso (NU$)

Para recordar: Artigas, Batlle y Ordóñez, Rodó, Benedetti, Juana de Ibarbourou, Onetti

Abrev.: Pta. del E.

Símbolos nacionales: el gaucho uruguayo, el sol naciente, el mate, el ceibo (árbol)

Presidente: Julio María Sanguinetti (1996–   )

Gobierno: unitario, 19 departamentos regidos por autoridades elegidas por votación directa

### Población

Total: 3.131.000 de habitantes

Capital: 1.350.000 de habitantes

Menores de 20 años: 34,0%

Fuerza trabajadora (20 a 64,9 años): 54,3%

Analfabetismo: 3,85% (1990)

Ingreso por habitante: US$ 2.800 (1991)

### Geografía

Superficie: 176.215 km$^2$

Regiones naturales: Islas del Atlántico, Río de la Plata y Río Uruguay. En el norte, la región de las Cuchillas (ondulaciones de 200 a 500 m). En el sur, los Llanos (pampas).

### Perfil económico

La población uruguaya se caracteriza por ser predominantemente de origen europeo con escasa población indígena. La proporción de población urbana es de casi un 85%.

El clima subtropical húmedo proporciona las lluvias necesarias para pastos (*pastures*) de alta calidad.

Los principales productos de exportación en 1991 fueron los textiles y sus derivados con un 26,6%, seguidos por productos animales y animales vivos, con un 24,0%. Los cueros y pieles con un 13,7% y los productos vegetales con un 13,0% son otros rubros dignos de considerarse. Toda la superficie del Uruguay debe considerarse como predominantemente ganadera, con mayor énfasis en la parte sur. La producción de carne vacuna (1991) fue de 350.000 TM.

# ▤ Cuenca del Río de la Plata

## *1.* República Argentina (Ver la Argentina en el Cono Sur.)

## *2.* República Oriental del Uruguay (Ver el Uruguay en el Cono Sur.)

## *3.* República del Paraguay

Capital: Asunción

Moneda: guaraní (G)

Para recordar: San Juan Bautista de las Misiones, Dr. Francia, Guerra del Chaco, Pdte. Stroessner, Josefina Plá, Roa Bastos

Símbolos nacionales: el jazmín de Paraguay (flor)

Presidente: Juan Carlos Wasmosy (1993–   )

Gobierno: unitario, presidente elegido por votación directa

### Población

Total: 4.520.000 de habitantes

Capital: 607.706 de habitantes

Menores de 20: 50,4%

Fuerza trabajadora (20 a 64,9 años): 47%

Analfabetismo: 10%

Ingreso por habitante: US$ 1.270

### Geografía

Superficie: 406.752 km$^2$

Regiones naturales: Oriental, Occidental o Chaco Boreal

### Perfil económico

La población paraguaya es en su mayoría mestiza en diferentes grados. También existen grupos poblacionales blancos de origen europeo, como la poderosa colonia alemana y algunas sectas religiosas provenientes de los Estados Unidos (menonitas) y del Canadá. Muchos de los habitantes del país son bilingües y las lenguas oficiales son el español y el guaraní. El 48% de la población es urbana.

El tercio norte del país está bajo la influencia climática tórrida (altas temperaturas, humedad y lluvias abundantes) y los otros dos tercios tienen las características de un clima templado del sur, con verano caluroso, temperaturas medias de 27°C o más y lluvias de verano. El invierno va de junio a agosto con temperaturas promedio de 17°C.

Los principales productos de exportación del Paraguay son las fibras de algodón, con un 43,3% (producción de algodón en 1992: 215.000 TM), la soja 21,3% y la carne procesada, 7,5%. El Paraguay también exporta café, hierba mate, aceites y maderas para la construcción; ésta última representa un 6,1% del total de las exportaciones.

# ≣ Países Andinos

## *1.* República de Bolivia

Capital: Sucre (constitucional)
La Paz (sede del gobierno)
Moneda: boliviano (B)
Para recordar: aymará, lago Titicaca, Pdte. Paz Estensoro, Arguedas, soroche, o apunamiento (mal) de altura
Abrev.: Pdte. Siles Zuazo, Gral. Barriento

Símbolos nacionales: el sol, la llama, la cantúa (flor)
Presidente: Gonzalo Sánchez de Losada (1993–    )
Gobierno: unitario con presidente y vicepresidente elegidos por votación directa. Departamentos, subdivididos en provincias y cantones.

### Población
Total: 6.344.400 de habitantes
Capital: Sucre 105.800 de habitantes
Menores de 20 años: 51,8%
Fuerza trabajadora (20 a 64,9 años): 44,4%
Analfabetismo: 22,5% (1990)
Ingreso por habitante: US$ 659 (1991)

### Geografía
Superficie: 1.098.581 km$^2$
Regiones naturales: Los Andes, que se dividen en Cordillera Occidental y Oriental. Entre ambas cordilleras se desarrolla el Altiplano. En el lado noreste de la cordillera están las Yungas o tierras intermedias entre el Altiplano y los Llanos; los Llanos, en el noreste y este y las Selvas Tropicales al noroeste.
Cumbre más alta: Illampu o Sorata, 6.362 m. Lago más alto del mundo: Titicaca.

### Perfil económico
La población boliviana es una de las más típicas de Latinoamérica. La gran mayoría de ellos son indios (54%) que viven en el Altiplano y las sierras; sus vestimentas tradicionales son de colores rojo, amarillo, violeta y pardo. La población blanca (14%) es escasa y la mestiza (32%) muy abundante; éstos viven preferentemente en las ciudades. La población urbana es de sólo 52%. Debido a los distintos orígenes de la población, existen cuatro lenguas oficiales: español o castellano, quechua, aymará y tupiguaraní. Esta situación lingüística es un reto y un obstáculo para incorporar a la gran mayoría a la educación, la economía y el desarrollo.

Los principales productos de exportación (1989) son el gas natural, 26%, seguido por el estaño (1.437 TM) y el zinc (11.000 TM), ambos con un 16%. Luego vienen la plata, con 7,2%, y el oro, el antimonio y el tungsteno.

Todos los productos mineros se extraen de la cordillera, donde impera un clima frío de altura de constantes vientos. En las Yungas o tierras intermedias entre el Altiplano y los Llanos se desarrolla la ganadería extensiva o de pastoreo; el clima es menos frío, pero igualmente ventoso. En los Llanos, con clima más benigno, existe una agricultura representada por la producción de soja, con un 6,6% de las exportaciones. De los Llanos se accede a la Selva Tropical lluviosa y calurosa donde los productos de exportación principales son las maderas, con un 5,4%, el azúcar de caña, 2,4%, y los cueros y pieles, con un 2,1% del total de las exportaciones.

## 2. República de Colombia

Capital: Santa Fé de Bogotá

Moneda: peso ($)

Para recordar: Nueva Granada, El Dorado, Cartagena, Medellín, Gran Colombia, Isaacs, Asunción Silva, García Márquez

Abrev.: Sta. Marta, B/quilla, Cbia.

Símbolos nacionales: el café, el cóndor, la orquídea, las esmeraldas, la cumbia, el carnaval de Barranquilla

Presidente: Ernesto Samper Pizano (1995–   )

Gobierno: unitario con presidente y vicepresidente elegidos por votación directa. Departamentos, con gobernadores y legisladores propios elegidos por votación directa.

### Población

Total: 33.424.000 de habitantes

Capital: 4.921.642 de habitantes

Menores de 20 años: 46%

Fuerza trabajadora (20 a 64,9 años): 49,8%

Analfabetismo: 13,3%

Ingreso por habitante: US$ 1.265

### Geografía

Superficie: 1.138.914 km$^2$

Regiones naturales: Islas del Caribe, Sn. Andrés, Providencia, Islas del Pacífico, Gorgona, Gorgonilla y Malpelo, la Costa. La Cordillera de los Andes atraviesa de norte a sur el país y se divide en tres cadenas: Oriental, Central y Occidental. Los llanos están al este de los Andes, siguiendo la cuenca del río Orinoco. Amazonía Colombiana está al sur.

Cumbre más alta: Cristóbal Colón, 5.775 m.

### Perfil económico

La población colombiana tiene un crecimiento constante. Se calcula que aproximadamente el 50% son mestizos, 22% blancos, 21% zambos y mulatos, 5% negros y 2% indígenas. La población afrocolombiana se concentra preferentemente en las costas, en tanto que el resto vive principalmente en las sierras. La población urbana llega a un 71%.

Las exportaciones de Colombia incluyen el petróleo y sus derivados, con un 29% del total. La producción de petróleo crudo es de 1.841.000 TM (1992), la de gasolina es de 3.623.000 TM (1992) y la de gas natural de 44 TJ. Entre las exportaciones minerales deben mencionarse también las de carbón y de esmeraldas; estas últimas le dan a Colombia indiscutida preponderancia mundial. Las exportaciones de café representan el 18,4% de las exportaciones y la producción de café verde es del orden de las 950.000 TM (1992).

El cultivo del café tiene lugar en las tierras y valles de altura con temperaturas templadas y sin peligro de heladas; este tipo de clima también ha permitido la expansión del terreno dedicado a la floricultura (cultivo de flores), con un 4%. Aunque Colombia se desarrolla en la zona de climas tórridos (muy calientes y lluviosos), tiene en su beneficio el efecto de la altura en la temperatura y ésta es muy agradable en los valles y cuencas que se desarrollan entre las cadenas de los Andes. Colombia también goza del beneficio de tener costas tanto en el Pacífico como en el Caribe. A su vez, el clima tórrido de las costas le permite a Colombia la exportación de 1.700.000 TM de bananos o plátanos. En general, las exportaciones de frutas representan el 6,1% del total de las exportaciones y además de los bananos deben incluirse cantidades importantes de piñas, maracuyá, guanábana, etc.

## 3. República del Ecuador

Capital: Quito

Moneda: sucre (S/)

Para recordar: 10 de agosto, Galápagos, Guayaquil, Atahualpa, Antonio José de Sucre, Gral. Flores, Montalvo, García Moreno

Abrev.: G/quil

Símbolos nacionales: el Chimborazo, la quina colorada (flor)

Presidente: Abdalá Bucaram (1996–   )

Gobierno: unitario con presidente y vicepresidente elegidos por votación directa. Provincias con gobernadores designados por el presidente.

### Población

Total: 10.741.000 de habitantes

Capital: 1.100.847 de habitantes

Menores de 20 años: 50%

Fuerza trabajadora (20 a 64,9 años): 46,2%

Analfabetismo: 14,2% (1992)

Ingreso por habitante: US$ 1.000 (1991)

### Geografía

Superficie: 275.830 km$^2$

Regiones naturales: Archipiélago de Colón o Galápagos y otras islas. Cordillera de los Andes abierta en dos ramas paralelas, Occidental y Oriental, que se unen entre sí, dejando cuencas o valles fértiles. Zona de tierras llanas y bajas a ambos lados de las dos ramas de la Sierra.

Cumbre más alta: Chimborazo, 6.310 m.

### Perfil económico

La población ecuatoriana es predominantemente mestiza, con 41%; los indígenas puros representan el 39%. Los blancos y los negros son un 10%, respectivamente. La población ecuatoriana se reparte entre la costa y la sierra, ya que en la parte Oriental de los Andes y la selva la población es escasa; este sector es conocido como el Oriente. La población urbana es de sólo un 57%.

La economía y las exportaciones del Ecuador se centran en torno a la producción y exportación del petróleo y sus derivados. El petróleo crudo y sus derivados equivalen a más del 52% de las exportaciones, con 1.378.000 TM (1992) y 1.370.000 TM. La producción petrolera tiene lugar en el Oriente y un larguísimo oleoducto (tubería) lleva el oro negro hasta el puerto de Guayaquil. La región de la Selva u Oriente tiene el clásico clima tropical lluvioso-caluroso. Las otras exportaciones de importancia para el Ecuador se relacionan a la agricultura tropical también y entre ellas destacan la producción bananera, con un 17,2% (3.706.000 TM, 1992), el café, con un 3,8% (7.000 TM, 1992), y el cacao, con 2,7% (95.000 TM, 1992). La explotación del mar (especialmente camarones con 12,5%) está abriendo mercados internacionales de importancia para el Ecuador.

## 4. República del Perú

Capital: Lima

Moneda: nuevo sol (NS)

Para recordar: Inca, Atahualpa, Machu Picchu, Pizarro, San Martín, Andrés de Sta. Cruz, González Prada, Mariátegui, Ciro Alegría, Arguedas, Vargas Llosa

Abrev.: Pza. Sn. Martín, APRA, Ntra. Sra. de los Milagros

Símbolos nacionales: el sol, la llama, la cantúa (flor)

Presidente: Alberto Fujimori (1990–   ) elegido por votación directa

Gobierno: unitario, regiones divididas en departamentos y éstos en provincias

### Población

Total: 22.454.000 de habitantes

Capital: 6.397.431 de habitantes

Menores de 20 años: 47,5%

Fuerza trabajadora (20 a 64,9 años): 48,1%

Analfabetismo: 10,7% (1991)

Ingreso por habitante: US$ 1.070 (1991)

### Geografía

Superficie: 1.285.215,6 km$^2$

Regiones naturales: La Costa, faja árida y arenosa de 60 a 170 km de ancho con algunos valles fértiles. La Sierra o Cordillera de los Andes, dividida en tres ramales: Occidental, Central y Oriental. La Selva o Amazonía.

Cumbre más alta: Nevado de Huascarán, 6.746 m.

### Perfil económico

La población peruana se compone de un 55% de mestizos que viven tanto en la costa como en la sierra y un 35% de indígenas que viven, principalmente, en la sierra y una minoría en la selva. Un 10% de la población es blanca y se concentra en la costa. La población urbana llega al 71%.

Aun cuando geográficamente el Perú está en la zona tórrida, solamente la Amazonía tiene altas temperaturas, humedad y lluvias anuales de más de 0,75 m; por eso, el Perú tiene un enorme potencial para las explotaciones forestales de todo tipo de maderas brutas o elaboradas y sus derivados. En esta zona también se encuentran grandes yacimientos (depósitos) de gas natural y las más grandes reservas de petróleo del Perú.

Las exportaciones de petróleo crudo y sus derivados forman el 5,5% del total de las exportaciones peruanas. La producción de crudo es de 517.000 TM (1992). La mayoría de la producción de la minería tiene lugar en la sierra, donde hay fuertes vientos y temperaturas muy bajas debido a la altura. El cobre representa las más altas exportaciones, con 19,4% y una producción de 30.078.000 TM (1992). La producción de estaño es de 433.000 TM (1990) y la de zinc de 50.000 TM (1991), con el 7,5% de las exportaciones. La producción de oro es de 9.000 kg. (1991) y equivale al 6,5% de las exportaciones; la de la plata equivale al 2,2%. Las exportaciones de hierro y plomo son el 3,4 y el 5,4%, respectivamente. En la costa, donde imperan condiciones desérticas bien definidas, la producción de guano de aves marinas es muy importante y la elaboración de harina de pescado (*fish meal*) representa el 15,1% del total de las exportaciones.

## ♪. República de Venezuela

Capital: Caracas

Moneda: bolívar (Bs)

Para recordar: Bolívar, Páez, Bello, Betancourt, Gallegos

Símbolos nacionales: la flor de nacár (orquídea), el turpial (pájaro amarillo y negro), el arpa, el cuatro, el petróleo, la maraca, el apamate (árbol morado), Alma Llanera (música)

Presidente: Rafael Caldera (1994–   ), elegido por votación directa

Gobierno: unitario, estados y municipios autónomos. Las autoridades estatales y municipales se eligen por votación directa.

### Población

Total: 20.249.000 de habitantes

Capital: 1.822.465 de habitantes

Menores de 20 años: 48,1%

Fuerza trabajadora (20 a 64,9 años): 48,2%

Analfabetismo: 11,9%

Ingreso por habitante: US$ 2.730

### Geografía

Superficie: 916.445 km$^2$

Regiones naturales: Islas y Archipiélagos, el Litoral Caribeño, los Andes, los Llanos, la Depresión del Lago Maracaibo, la Gran Sabana del Caroní. Hay una Zona Agrícola entre la Costa y los Llanos.

### Perfil económico

La mayoría de la población venezolana es mestiza (70%). La siguen la población negra y mulata, con un 15%, mientras que la blanca es de un 10% y la indígena de un 5%. Mientras esta última se concentra en los Llanos y la selva, la población negra y mulata lo hace en el Litoral. La población blanca prefiere las ciudades de Caracas, Maracaibo, Valencia y Maracay. La concentración urbana es del orden de 70%.

Los principales productos de exportación venezolanos están representados por el petróleo crudo y sus derivados, los que alcanzan al 80% del total de las exportaciones y proveen cerca del 90% de las necesidades de moneda dura (divisas) que tiene regularmente el país. El Lago Maracaibo, región tropical calurosa y húmeda, es el centro de la producción petrolera. Ultimamente, Venezuela ha hecho esfuerzos por exportar hierro del mineral de Cerro Bolívar, cerca del río Orinoco, pero hasta ahora las exportaciones no pasan del 2%. Otros productos de exportación son el café (16.000 TM. 1992), el azúcar (6.700.00 TM. de caña de azúcar en 1992), el arroz, el tabaco y el algodón (27.000 TM. 1992).

Con la excepción del cultivo del café, que requiere un clima de altura y que se encuentra a media altura de los Andes, los demás productos son de clima tórrido. En los Llanos se desarrolla la ganadería con 14.192.000 de cabezas de bovinos (vacas) (1992) y 1.727.000 de cabezas de porcinos (puercos) (1992). La producción de carne de vacuno alcanzó 361.000 TM en 1992.

# ☰ Centroamérica

## *1.* República de Costa Rica

Capital: San José

Moneda: colón costarricense (₡)

Para recordar: Cartago, Heredia, Figueres, Arias

Símbolos nacionales: la guaria morada (orquídea)

Presidente: José María Figueres Olsen (1994–   )

Gobierno: presidente y 2 vicepresidentes elegidos por votación directa. Las provincias tienen un gobernador designado por el presidente.

### Población

Total: 3.099.000 de habitantes

Capital: 296.625 habitantes

Menores de 20 años: 45,6%

Fuerza trabajadora (20 a 64,9 años): 50,1%

Analfabetismo: 7,2% (1990)

Ingreso por habitante: US$ 1.850

### Geografía

Superficie: 51.100 km$^2$

Regiones naturales: Región de la Costa con bosque tropical y la Región Templada de las Montañas

### Perfil económico

La mayoría (80%) de la población costarricense es blanca. Un 17% es mestiza, el 2,5% es negra y el resto de la población es indígena. A los costarricenses se les llama también «ticos». Casi dos tercios del total de los habitantes viven en las mesetas de la Región Templada de las Montañas, que es donde se encuentran San José, Heredia, Alajuela y Cartago, las ciudades principales. El 48% de la población es urbana.

Las mesetas tienen un clima agradable debido a la disminución de la temperatura con la altura y a la protección que le brindan las tres cordilleras (de Guanacaste, Central y de Talamanca) que atraviesan el país de norte a sur. Es aquí donde se produce el café (3.000 TM 1992), importante producto de exportación, con un 16,6% de las exportaciones, y también el cacao (4.000 TM 1992). En la costa predomina el clima tropical lluvioso caliente; éste es el lugar de extensas y espesas selvas vírgenes. En esta zona caliente, el producto de exportación tradicional es la banana, con 25,1% de las exportaciones (1.814.000 TM 1992). Otros productos de exportación, aunque de menor volumen, son los productos del mar, principalmente camarones. Además, se exporta ropa, con un importante 26,4%, aceites vegetales, harina de soja, pinturas y artículos de plástico.

## 2. República de El Salvador

Capital: San Salvador
Moneda: colón salvadoreño (C)
Para recordar: Héroe de la Independencia, Delgado, Lars, Duarte

Símbolos nacionales: el cafeto (arbusto)
Presidente: Armando Calderón Sol (1994–   ) elegido por votación directa
Gobierno: unitario. Departamentos dirigidos por gobernadores designados por el presidente.

### Población
Total: 5.396.000 de habitantes
Capital: 481.397 de habitantes
Menores de 20 años: 55%
Fuerza trabajadora (20 a 64,9 años): 41,1%
Analfabetismo: 27% (1990)
Ingreso por habitante: US$ 1.080

### Geografía
Superficie: 21.040,79 km$^2$
Regiones naturales: cadena montañosa del norte (Cordilleras de Metapán y Chalatenango). Línea Costera del Pacífico: estrecha, pantanosa, rocosa y llana. Altiplanicie Central de oeste a sureste. Los Valles, entre los ríos Lema y Grande de San Miguel, que cortan la región central. La Cadena Montañosa-Volcánica del Sur
Cumbre más alta: El Pital, 2.730 m.

### Perfil económico
Los salvadoreños son en su mayoría (60%) mestizos y su idioma es el español. Los blancos de origen europeo son un 20% y los indígenas otro 20% del total. El Salvador es el país más pequeño de Centroamérica, el más sobrepoblado (256,454 hab/km$^2$) y el único que no tiene costas en el mar Caribe. La población urbana alcanza al 45%.

El producto de mayor importancia en la economía de El Salvador es el café, con el 45,3% (1990) del total de las exportaciones y una producción de 3.000 TM (1992), que lo ubica entre los países que más café exporta. Como es de esperarse, el cultivo del café tiene lugar en las tierras altas, donde la temperatura es moderada y la luminosidad alta. Por el contrario, en la costa y las tierras bajas domina el clima tropical de temperatura y humedad relativa altas; es aquí donde se encuentran las plantaciones de algodón y de caña de azúcar. La exportación de algodón y azúcar es de alrededor del 3,5% para cada producto. También se exportan productos farmacéuticos, con 3.6% del total de las exportaciones.

# 3. República de Guatemala

Capital: Ciudad de Guatemala

Moneda: quetzal (Q.)

Para recordar: cacique Tecún Umán, Pedro de Alvarado, Asturias

Símbolos nacionales: quetzal, pájaro de un rojo, verde y azul brillantes, con una larga cola de 1,20 m de largo; el dios Quetzalcóatl (pájaro-serpiente); la orquídea; la ceiba (árbol)

Presidente: Alvaro Arzú (1996–   )

Gobierno: unitario, dividido en departamentos a cargo de un gobernador nombrado por el presidente

## Población

Total: 9.745.000 de habitantes

Capital: 1.132.730 de habitantes

Menores de 20 años: 56,0%

Fuerza trabajadora (20 a 64,9 años): 40,7%

Analfabetismo: 44,9% (1990)

Ingreso por habitante: US$ 930

## Geografía

Superficie: 108.889 km$^2$

Regiones naturales: El Petén, región baja y lluviosa en el norte. Región Montañosa, con dos sistemas, el que proviene de la Sierra Madre y el de Cuchumatanes. El primer sistema corre paralelo a la costa del Pacífico y desarrolla toda la planicie central, que es el asiento de las principales ciudades. El segundo sistema montañoso corre, en buen trecho, paralelo al primero, cerrando la planicie por el este y dejando fértiles valles entre ambas sierras.

Cumbre más alta: volcán Tajumulco, 4.200 m.

## Perfil económico

La población guatemalteca es en su mayoría indígena (60%); son los modernos descendientes de los mayas y otros pueblos precolombinos. Los mestizos son un 35% y el resto de la población del país es blanca. Aunque la lengua oficial de Guatemala sea el español, existen hoy en día a lo menos otros 20 idiomas americanos y el bilingüismo es raro en las comunidades rurales. La mayor parte de los mayas casi siempre vive en sus propias poblaciones, siguiendo sus tradiciones y hablando su propia lengua, dedicados a una agricultura de subsistencia. La población urbana es sólo el 40% del total.

El principal producto de exportación es el café, con un 27,8% y 206.000 TM, producto del clima templado de las montañas. Lo sigue el azúcar con un 10,4% de las exportaciones y 943.000 TM (1992), producto de las tierras bajas tropicales lluviosas y calurosas. Otros productos de exportación son las bananas (6,0%), las maderas finas, los productos del mar (3,6%), el algodón y los textiles.

# 4. República de Nicaragua

Capital: Managua

Moneda: córdova oro ($C)

Para recordar: Fernández de Córdova, Darío, Sandino, Cardenal, Ortega.

Símbolos nacionales: gueguense (indígena), Volcán El Viejo, Lago Xocotlán o Managua, la caña de ámbar (flor)

Presidente: Violeta Chamorro de Barrios (1990–1997), elegida por votación directa

Gobierno: 6 regiones y 3 zonas especiales divididas en departamentos. Municipios con autoridades elegidas por votación directa.

## Población

Total: 4.131.000 de habitantes

Capital: 682.111 habitantes

Menores de 20 años: 58,1%

Fuerza trabajadora (20 a 64,9 años): 38,8%

Analfabetismo: 13%

Ingreso por habitante: US$ 460

## Geografía

Superficie: 130.700 km²

Regiones naturales: Islas del Maíz, mar Caribe. Región Montañosa atravesada de noroeste a sudeste por la Cordillera Centroamericana. Meseta Accidentada al norte formada por la Cordillera Centroamericana. Cadena Volcánica, corre paralela al Pacífico. Zona Baja de la Costa del Pacífico. Litoral Oriental, por ser bajo y húmedo, se le llama Costa de los Mosquitos.

## Perfil económico

Los nicaragüenses, conocidos también como «nicas», son una población mestiza en un 70%, de raza negra un 20% y un 10% de blancos. La población se concentra entre la costa del Pacífico y los lagos Nicaragua y Managua. La población urbana es el 60%.

De acuerdo con su realidad climática, Nicaragua produce en sus montañas templadas café, que constituye el 21% del total de sus exportaciones y carne vacuna, que llega al 20% del total. En las regiones de clima tropical propiamente tal, se produce algodón, 11,4%. También aquí se produce azúcar, con el 10,8%, y bananas, con el 7,2% del total de las exportaciones.

# 5. República de Panamá

Capital: Ciudad de Panamá

Moneda: balboa (B)

Para recordar: Balboa, Roosevelt, Zona del Canal, Arias, Johnson, Carter

Símbolos nacionales: la flor del Espíritu Santo, el canal, molas de los indios cunas, la rana dorada

Presidente: Ernesto Pérez Balladares (1994–   ), elegido por votación directa junto con dos vicepresidentes

Gobierno: unitario. 9 provincias divididas en distritos y corregimientos, 2 comarcas indígenas.

## Población

Total: 2.515.000 de habitantes

Capital: 584.803 habitantes

Menores de 20 años: 45,3%

Fuerza trabajadora (20 a 64,9 años): 49,9%

Analfabetismo: 11,9%

Ingreso por habitante: US$ 2.130

## Geografía

Superficie: 75.517 km$^2$

Regiones naturales: Región Insular, que tiene dos secciones, una del Pacífico (495 islas) y otra del Mar Caribe (con 1.023 islas). El Istmo de Panamá, atravesado por dos cadenas de montañas de las que nacen fértiles valles y llanuras. Al este se desarrollan inmensas selvas tropicales difíciles de penetrar.

## Perfil económico

La población panameña es muy mezclada e incluye tanto a la población indígena, que vive agrupada en tribus, como a los habitantes de origen negro, cuyos antepasados fueron a trabajar en la construcción del canal. La población blanca es una minoría. La concentración urbana de la población es del 54%.

Como en todos los países de la región tropical, Panamá tiene un clima tropical caluroso-lluvioso en las costas y tierras bajas y otro templado y menos lluvioso en las sierras y tierras de altura.

Los productos de exportación más importantes se dan en el clima tropical, así los bananos representan el 27,8% del total de las exportaciones, con 1.209.00 TM en 1992. Los camarones de aguas tibias son el 13,8% y el azúcar en bruto, el 11,8%. En las tierras altas, el café representa sólo el 4,3% de las exportaciones; también aquí se encuentran las más importantes fábricas de confección de ropa para la exportación. Panamá recibe el más alto porcentaje de sus ingresos del tráfico de barcos por el canal y también de los registros de barcos de otras naciones que navegan bajo la bandera panameña. La flota ( *fleet* ) mercante de registro abierto de Panamá constituye el 44% del total mundial, con 2.931 barcos de diferentes países inscritos a fines de 1992 y con un total de 73.600.000 de TPM (toneladas de peso muerto).

# *6.* República de Honduras

Capital: Tegucigalpa

Moneda: lempira (L)

Para recordar: el cacique Lempira, la ciudad maya de Copán, la compañía Standard Brands (antes se llamaba United Fruit Company)

Símbolos nacionales: la rosa (flor)

Presidente: Carlos Roberto Reina Idiaquez (1993– ) elegido por votación directa

Gobierno: unitario. Departamentos a cargo de gobernadores elegidos por votación directa. Los departamentos se dividen en municipios y éstos son autónomos.

## Población

Total: 5.462.000 de habitantes

Capital: 608.100 habitantes

Menores de 20 años: 55,7%

Fuerza trabajadora (20 a 64,9 años): 41%

Analfabetismo: 26,9% (1990)

Ingreso por habitante: US$ 580

## Geografía

Superficie: 112.088 km²

Regiones naturales: Dos regiones insulares, una en el Caribe y otra en el Pacífico (G. de Fonseca). La Cordillera Centroamericana divide el país en dos regiones, la Oriental y la Occidental. Entre los ramales cordilleranos hay valles y llanuras de gran fertilidad.

## Perfil económico

La población hondureña en un 90% es mestiza, descendiente de los mayas; la concentración de población urbana llega al 45% del total. El clima tropical permite que el principal producto de exportación hondureño sea el banano, con un 42,3% de las exportaciones en 1991 y con 1.100.000 TM. Le sigue el producto preferido del clima tropical templado de altura, el café, con un 19,26% y 1.000 TM (1992). De entre los productos del mar, las langostas y camarones, con un 12,8% de las exportaciones, representan un esfuerzo positivo en busca de la diversificación fuera de los productos tradicionales agrícolas. En el plano de la minería, Honduras exporta plomo y zinc (4,7%) y también maderas no elaboradas o en bruto (*raw*) (2%).

# ≣ Norteamérica

## *1.* Estados Unidos Mexicanos

Capital: México D.F.

Moneda: nuevo peso (N$)

Para recordar: emperador Iturbide, Gral. Santa Anna, Texas, Juárez, Maximiliano de Habsburgo, Díaz, Madero, Villa, Zapata, el PRI, Salinas, Carranza, Obregón, Rivera, Kahlo, Orozco, Siqueiros, Chávez, Cárdenas, Rulfo, Fuentes y muchísimos más.

Abrev.: D.F., PRI y muchas más.

Símbolos nacionales: el águila, el nopal, el charro, la dalia (flor)

Presidente: Ernesto Zedillo Ponce de León (1994–   ) elegido por votación directa cada seis años

Gobierno: federal. Estados con gobernador elegido por votación directa. Distrito Federal con gobernador designado por el presidente

## Población

Total: 89.538.000 de habitantes

Capital: 18.747.400 de habitantes

Menores de 20 años: 49,5%

Fuerza trabajadora (20 a 64,9 años): 46,7%

Analfabetismo: 12,7%

Ingreso por habitante: US$ 3.052

## Geografía

Superficie: 1.958.201 km$^2$

Regiones naturales: Meseta Central de una altura media de 2.000 m, cortada por numerosos valles fértiles. Limitada por las cordilleras de la Sierra Madre Occidental y la Sierra Madre Oriental, que corren paralelas al Pacífico y al Golfo de México. Dos regiones costeras. Desierto de Sonora al norte. Región Tropical al sur.

## Perfil económico

La población mexicana en un 90% es india y mestiza; el 10% restante es blanca. Aun cuando el porcentaje de analfabetismo señala un 12,7%, debe decirse que éste es un indicador oficial que no considera a la población indígena que no habla el español, sino uno o más de los idiomas indios. Desde un punto de vista económico, la situación lingüística de México es un problema muy complejo de resolver, porque mantiene por lo menos a un millón de mexicanos al margen de la economía, sin participar como productores ni consumidores. Un punto sobresaliente de la demografía mexicana, además de la variedad étnica, es la extraordinaria aglomeración urbana, calculada en al menos 20 millones, que forma la región metropolitana de la Ciudad de México, capital del país, la ciudad más grande del mundo. Sus habitantes dicen ser del D. F. o Distrito Federal, territorio sede del gobierno federal del país.

Los principales productos de exportación mexicanos son maquinarias y equipos, con un 28% del total. Entre éstos destacan los automóviles (62.000 unidades en 1991), los neumáticos o llantas (990.000 unidades en 1991) y los artículos eléctricos. Las exportaciones de petróleo crudo representan el 26,1% de las exportaciones (11.589.000 TM en 1992 y quinto lugar mundial) y los productos químicos el 6,3%. La producción de gasolina en 1992 llegó a las 19.860.000 TM (séptimo lugar mundial). México también es un importante productor de antimonio, plomo (*lead*) (más de 14.000 TM en 1992) y de oro (8.400 kg. en 1992). Las bebidas y los alimentos procesados también son importantes y llegan al 3,9% de las exportaciones.

Los principales centros industriales están en la meseta central, donde el clima es agradablemente templado. Allí también se desarrolla una importante actividad agrícola y ganadera. Por ejemplo, la producción de harina de trigo en 1992 llegó a las 223.000 TM y las cabezas de ganado bovino llegaron a los 30.157.00 en el mismo año, colocando a México en el séptimo lugar mundial, aproximadamente. La producción de carne en el mismo año fue igual a las 1.660.000 TM, colocando al país en el octavo lugar mundial, detrás de los Estados Unidos de Norteamérica y la República Argentina. Los productos tropicales y la explotación de la madera no son ajenos a la economía mexicana, ya que el país cuenta con importantes plantaciones algodoneras (45.000 TM, en 1992), de bananos (1.900.000 TM en 1992) y una selva tropical rica en especies arbóreas.

## 2. Estados Unidos de América

Aunque no es un país hispano, se incluye los EE.UU. por su creciente población hispana y su enorme influencia en las economías de los países del hemisferio y del mundo. También para facilitar los análisis comparativos.

En el extranjero, se usan los símbolos US$ o U$ para representar el dólar estadounidense y Can$, el canadiense.

Capital: Washington, D.C.

Moneda: dólar de EE.UU. (US$)

Para recordar: Washington, Lincoln, Jefferson, el suroeste y los chicanos, Puerto Rico (un estado libre asociado), la inmigración centroamericana reciente.

Los intelectuales, escritores, artistas, políticos, científicos, inventores, ganadores de premios Nóbel, estrategas y estadistas son tan numerosos que es imposible incluirlos en este corto perfil.

Símbolos nacionales: el águila, la estatua de la Libertad, la rosa silvestre (flor)

Presidente: William J. Clinton (1993–  ) elegidos por un período de 4 años junto a un vice-presidente por votación directa. Los votantes de cada estado votan por un colegio electoral con igual número de miembros al número de senadores y representantes que ese estado tiene en el Congreso Federal. En la práctica, el partido que gana en cada estado gana los votos de todos los miembros del colegio electoral que corresponda a ese estado y éstos votan por el candidato previamente designado.

Gobierno: federal. 50 estados más el Distrito de Columbia. Los estados se dividen en condados y éstos en distritos y municipios.

### Población

Total: 255.020.000 de habitantes

En 2010: 264.000.000 de habitantes

Capital: 606.900 habitantes

Analfabetismo: 4,5%

Ingreso por habitante: US$ 22.240

### Geografía

Superficie: 9.372.614 km²

Regiones naturales: Zona Insular: distribuida en distintas latitudes y longitudes: Aleutianas, Hawaii, Cayos de la Florida, etc. Región del este, de tierras bajas, llanas y fértiles interrumpidas por la cadena de los Apalaches. Los Apalaches se extienden desde el Golfo de México hasta el Labrador (1.800 km. de largo por un ancho de 480 km). Al oeste se extiende el país en una sucesión de montañas, cordilleras y planicies (sobre los 3.000 m.) que sólo viene a terminar en Alaska. En la región del oeste se encuentran, entre otras, las montañas Rocallosas, (6.400 km de largo), que nacen en México y siguen de sur a norte por los EE.UU., Canadá, Alaska y mueren en el archipiélago de las Aleutianas.

## Perfil económico

Los EE.UU. de Norteamérica se caracterizan por ser un país multirracial, donde cada grupo conserva los más fuertes rasgos culturales originales y adopta algunos nuevos. Así, los inmigrantes recientes, primera y segunda generación, pueden considerarse biculturales y muchísimos de ellos, bilingües. Con el pasar de los años, en la mayoría de los casos la cultura local se hace predominante. De acuerdo con la Oficina del Censo, en 1995 la población blanca o caucásica llega a un 73,6%, proveniente principalmente de Europa Occidental y Oriental. La población de raza negra es de 12,0%, la de raza oriental de un 3,5% y la de indígenas estadounidenses de un 0,7%, según la misma oficina especializada. La Oficina del Censo ha considerado las razas blanca, negra, oriental, etc. para establecer los porcentajes anotados. Sin embargo, al considerar a las personas que hablan español, que es un rasgo cultural y no racial, el grupo se llama hispano, palabra que expresa características culturales y no raciales.

Los hispanos (erróneamente llamados «latinos» en los EE.UU.) hablan español y descienden culturalmente de España, pero racialmente pueden ser blancos, negros, mulatos, zambos o mestizos y actualmente representan un 10,2% de la población total. Para el año 2050, sin embargo, las proyecciones estadísticas señalan que la población hispanoestadounidense aumentará al 24,5% del total. La población blanca será entonces de 52,8%, mientras que la negra alcanzará un 13,6% y la oriental, un 8,2%. En 1990, la distribución de la población hispana según el país de origen y sin considerar la raza, era la siguiente: mexicanos 5,4%, puertorriqueños 1,1%, cubanos 0,4%, y sudamericanos 1,2% del total de la población estadounidense, respectivamente.

Desde el punto de vista económico, la producción con una cierta orientación cultural-racial es un mercado que se expande cada día más y significa toda una revolución en las inversiones, los ingresos, los diseños y colores, etc. Las nuevas tendencias de la producción no sólo afectan el mercado interno de los EE.UU., sino también la producción orientada a la exportación hacia el mundo hispano total, principalmente a partir del establecimiento del TLC (NAFTA). Los principales productos de exportación son maquinaria y transporte, con un 44,4% del total de las exportaciones. Dentro de este porcentaje, se considera parte importante los 473.000 automóviles producidos en 1992, lo cual puso al país en segundo lugar después del Japón. Las manufacturas básicas y misceláneas representan un 18,6% (1992), los productos químicos un 10,2%, los productos alimenticios y animales vivos un 7,0% y minerales, combustibles, lubricantes y derivados del petróleo un 2,9%. Los EE.UU. también exportan grandes cantidades de instrumentos científicos, aparatos ópticos y de fotografía, papel, metales no ferrosos, manufacturas metálicas, artículos médicos, aceites y grasas de origen vegetal y animal, maquinaria de oficina y de procesamiento de datos, equipos de comunicaciones y telesonido, etc. Sigue una lista de algunos productos (1992).

## Productos agropecuarios (datos comparados al resto del mundo)

maíz: 227.039.000 TM

arroz: 7.560.000 TM, décimo primer lugar

tomates: 9.700.000 TM, primer lugar

azúcar en bruto: 6.894.000 TM, quinto lugar

cebada: 9.936.000 TM

caña de azúcar: 28.124.000 TM, noveno lugar

frijoles: 1.048.000 TM, cuarto lugar     avena: 4.012.000 TM
centeno: 303.000 TM
algodón: 3.459.000 TM y trigo 66.920.00 TM, segundo lugar, después de China
papas: 18.5000 TM, tercer lugar, después de China e India
carne vacuna: 10.646.000 TM, primer lugar, seguido por Brasil y Argentina
ganadería bovina: 100.110.000 de cabezas, tercer lugar, después de India y Brasil
leche de vaca: 68.674.000 TM, primer lugar, seguido por India y Alemania
queso: 3.280.000 TM primer lugar, seguido por Francia, Alemania e Italia
ganadería porcina: 56.974.000 de cabezas, segundo lugar, después de China

### Minería
carbón hulla: 75.618.000 TM, segundo lugar, después de China
cobre: 146.000.000 TM, segundo lugar, después de Chile
gas natural: 1.609.083 TJ, primer lugar, seguido de Canadá
fosfato natural: 14.501.000 TM, primer lugar, seguido de China

### Metalurgia
acero: 7.633.000 TM, segundo lugar, después del Japón
cobre refinado: 142.600 TM, primer lugar, seguido del Japón y de Chile

### Petróleo y derivados
petróleo crudo: 30.222.000 TM, segundo lugar, después de Arabia Saudita
gasolina: 305.031.000 TM, primer lugar, seguido del Japón y el Reino Unido
queroseno: 67.819.000 TM, primer lugar, seguido del Japón y el Reino Unido
aceites livianos: 150.788.000 TM, primer lugar, seguido del Japón y Alemania
aceites pesados: 49.313.000 TM, primer lugar, seguido del Japón y China

### Electricidad
electricidad: 256.435.000 KW/h (kilovatios por hora) primer lugar, seguido del Japón y China

# ≣ Las Antillas

## 1. República de Cuba

Capital: La Habana

Moneda: peso ($C)

Para recordar: Hatuey (héroe indígena), Céspedes, Gómez, Martí, guerra con España, Batista, Castro, Guillén, Casal, Carpentier, Lezama Lima, Cabrera Infante

Símbolos nacionales: la mariposa o la caña de ámbar (flor)

Primer ministro: Fidel Castro Ruz (dictador 1976–   )

Gobierno: Consejo de Estado presidido por Raúl Castro Ruz. 14 provincias.

## Población

Total: 10.822.000 de habitantes

Capital: 2.077.938 de habitantes

Menores de 20 años: 32,4%

Fuerza trabajadora (20 a 64,9 años): 43,6%

Analfabetismo: 6,0%

Ingreso por habitante: US$ 2.000

## Geografía

Superficie: 110.922 km$^2$

Regiones naturales: la isla de Cuba, la mayor isla del grupo de las Antillas, la isla de Pinos y otras menores. La isla de Cuba es en tres cuartas partes plana, con una cuarta montañosa. La Cordillera de Guaniguanico en el oeste. La Trinidad Sancti Spiritus en el centro. La Sierra Maestra al este. El resto del territorio es plano y fértil.

## Perfil económico

El 75% de los cubanos son blancos, el 14% son mulatos, el 12% negros y 1% son orientales. El 73% del total poblacional es urbano.

La economía cubana está ligada a su clima tropical y a la producción de azúcar, 7.000.000 TM en 1992 y cuarto lugar en el mundo. La venta del azúcar le significa a Cuba más del 73% del total de las exportaciones y esto la hace monoproductora, o dependiente de un sólo producto. La producción minera, los concentrados y el gas aportan un 9,2% a las exportaciones cubanas (100.000 TJ de gas natural en 1992, 47.000.000 TM en 1989 de níquel). Los cítricos y otros productos agrícolas contribuyen un 4% a las exportaciones. Los productos del mar, pescado preferentemente, representan un 2,4%. El tabaco en bruto y los productos derivados del mismo son un 1,6% del total de las exportaciones. En los últimos cinco años, la industria turística ha crecido significativamente, al igual que la exploración petrolífera, pero los datos son escasos (*scarce*).

## 2. República Dominicana

Capital: Santo Domingo

Moneda: peso (RD$)

Para recordar: Cristóbal, Bartolomé y Diego Colón, Fray Antonio de Montecinos, Fray Bartolomé de las Casas: de la esclavitud a la encomienda; la industria azucarera y los esclavos africanos, Saint Domingue (colonia francesa), 1793: primer intento de abolición de la esclavitud; Toussaint Louverture, Duarte, Trujillo, Henríquez Ureña, Bosch

Símbolos nacionales: la caoba (árbol)

Presidente: Leonel Fernández Reyna (1996–   ) elegido cada cuatro años por votación directa junto a un vicepresidente

Gobierno: unitario. Provincias a cargo de un gobernador civil elegido por votación directa.

### Población

Total: 7.471.000 de habitantes

Capital: 2.200.000 de habitantes

Menores de 20 años: 48,1%

Fuerza trabajadora (20 a 64,9 años): 48,4%

Analfabetismo: 16,7%

Ingreso por habitante: US$ 940

### Geografía

Superficie: 48.308 km$^2$

Regiones naturales: La República Dominicana ocupa la parte oriental de la isla La Española (74%). Cuatro sistemas de cordilleras, cubiertas de vegetación, recorren el país de este a oeste. La mayor es la Cordillera Central. Al norte corre la Cordillera Septentrional o Sierra de Montecristi. Al sudoeste corre la Sierra de Baoruco. Entre las cordilleras se desarrollan fértiles valles.

### Perfil económico

Los dominicanos se concentran en un 61% en las ciudades y el resto es población rural. El clima es tropical para toda la isla, modificado por la influencia marina. Los principales productos de exportación son ferroníquel, un 33,5%; azúcar crudo, 20,1%; café, 6,6%; aleación de oro, 6,6%; y cacao, un 4,8% del total de las exportaciones.

## 3. Estado Libre Asociado de Puerto Rico

Capital: San Juan

Moneda: dólar (US$)

Para recordar: Ponce de León, 1898: guerra entre EE.UU. y España e incorporación de Puerto Rico a los EE.UU., María de Hostos, Presidente Wilson, Albizú Campos, Muñoz Marín, Borinquen, Lloreñs Torres

Símbolos nacionales: el coquí (*small frog*)

Gobernador: Pedro J. Roselló (1992–   ), elegido directamente cada cuatro años

Gobierno: 78 municipios con alcaldes y concejales elegidos cada 4 años

### Población

Total: 3.580.000 de habitantes

Capital: 437.745 de habitantes

Menores de 20 años: 36,8%

Fuerza trabajadora (20 a 64,9 años): 52,5%

Analfabetismo: 10,9%

Ingreso por habitante: US$ 6.320

### Geografía

Superficie: 8.897 km$^2$

Regiones naturales: La isla es la más pequeña de las Antillas Mayores y se incluyen también otras islas menores e islotes. La isla de Puerto Rico está recorrida por la Cordillera Central en el interior y por la Sierra de Luquillo en el noreste.

### Perfil económico

La población indígena de taínos estaba ya casi diezmada para fines del siglo XVI gracias al riguroso trabajo en encomiendas y repartimientos y a las enfermedades traídas por los conquistadores-colonizadores. La situación anterior motivó rápidamente a los colonizadores a traer esclavos negros del Africa. Estos vinieron a incorporarse a la producción y a ser base de la población actual de los puertorriqueños o borinqueños. Los puertorriqueños urbanos se distinguen de los demás hispanos en que, además de la cultura hispana, también tienen costumbres estadounidenses, lo cual hace muy interesantes sus tradiciones. Por supuesto, esta situación es compartida con los otros hispanos de los EE.UU. Una gran cantidad de puertorriqueños, sean de la isla o del continente, son biculturales y bilingües del español y el inglés.

Aun cuando el clima de la isla de Borinquen, como el de todo el Caribe, es tropical, está temperado muy positivamente por la influencia del mar, lo cual evita las fluctuaciones de la temperatura.

Los principales productos de exportación son los productos químicos y farmacéuticos, con un 46,2%, hecho que se explica por la gran influencia económica de los EE.UU. La exportación de maquinaria eléctrica es de un 13,2%, los alimentos y bebidas representan un 12,4%, las computadoras, por su parte, representan un 10,9%. Es fácil observar que los principales productos de exportación de Puerto Rico no dependen del clima ni de la tierra.

# ≡ Europa

## Reino de España

Capital: Madrid

Moneda: pesetas (Pt.)

Para recordar: Reyes Católicos, C. Colón, Legado (*legacy*) Romano-Latino, Legado Arabe, Legado Judío, Cervantes, Velázquez, Goya y decenas de otros intelectuales y artistas, imposibles de incluir aquí.

Símbolos nacionales: claveles rojos, el torero

Rey: Juan Carlos I de Borbón (1975–    )

Primer Ministro: José María Aznar (1996–    )

Gobierno: monárquico constitucional. Regiones, 15 comunidades autónomas y provincias.

### Población

Total: 39.085.000 de habitantes

Capital: 3.084.673 de habitantes

Menores de 20 años: 28,1%

Fuerza trabajadora (20 a 64,9 años): 58,4%

Analfabetismo: 4,2%

Ingreso por habitante: US$ 12.450

### Geografía

Superficie: 504.750 km$^2$

Regiones naturales: El 85% de la Península Ibérica está ocupada por España. Archipiélago de las Baleares, Enclave de Llivia (Pirineos), Ceuta y Melilla, en Africa, y varias islas frente a la costa de Marruecos. La Meseta Central, que ocupa más de la mitad de la Península, es semiárida. La Sierra Morena bordea la Meseta por el sur. Al este de la Meseta está el Sistema Ibérico. Al norte está la Cordillera Cantábrica. En el límite de España con Francia están los Montes Pirineos. Al sur, muy cerca del Mediterráneo, está la Sierra Nevada.

## Perfil económico

Los españoles son de raza caucásica, en su mayoría. También hay minorías de gitanos y marroquíes que se han establecido allí. En realidad, España es un país multilingüe y multicultural, donde se hablan al menos cuatro idiomas principales: el español (representado por varios dialectos o variedades regionales como el castellano, el andaluz, el extremeño, etc.), el catalán, el gallego (una variedad de portugués) y el vasco (el único que no proviene del latín). El 79% de la población española es urbana.

Los principales productos de exportación de España son los equipos de transporte, con un 20,2%, los productos agrícolas, con un 15%, y las maquinarias con un 8,1%. España también es un importante exportador de pescado, mariscos, crustáceos, moluscos y productos porcinos. En 1992, la masa ganadera española era de 5.050.000 de cabezas de bovinos, 17.500.00 de cabezas de porcinos, 24.780.000 de cabezas de ovinos, 3.600.000 de cabezas de caprinos. La producción de carne vacuna es del orden de las 525.000 TM y la producción de quesos, de 147.000 TM.

La producción de carbón hulla (*coal*) es de 1.104.000 TM; la de hierro, 479.000 TM; la de zinc, 21.770 TM; la de estaño, 1.000 TM; la de plomo (*lead*), 3.810 TM; la de uranio, 212 TM; la de petróleo crudo, 89.000 TM; y la producción de automóviles es de 152.000 unidades.

# APÉNDICE 1

## Abreviaturas

| | | | | |
|---|---|---|---|---|
| primero | 1º, 1ª, 1er, 1ero(a) | | sexto | 6º, 6ª, 6to(a) |
| segundo | 2º, 2ª, 2do(a) | | séptimo | 7º, 7ª, 7mo(a) |
| tercero | 3º, 3ª, 3er, 3ero(a) | | octavo | 8º, 8ª, 8avo(a) |
| cuarto | 4º, 4ª, 4to(a) | | noveno | 9º, 9ª, 9eno(a) |
| quinto | 5º, 5ª, 5to(a) | | décimo | 10º, 10ª, 10mo(a) |

onceavo... 11avo(a), 12avo(a), 13avo(a), 14avo(a), etc.

veinteavo   20avo(a)          vigésimo   20mo(a)

veintiunavo, vigésimo primero   21º, 21ª, 21avo(a), 21ero

veintidosavo, vigésimo segundo   22º, 22ª, 22avo(a), 22do(a)

**Códigos telefónicos** Consulte la Unidad 2.

## A. Cantidades o frecuencias

bienio *m.* = *two years*; cada... = *every two years*

billón *m.* = 1.000.000.000.000; *one trillion*

bimestre *m.* = *two months*; bimestral(mente) = *six times a year, every two months*

centavo *m.* = *cent*; chavo, cobre *m.* = *cent*

centena *f.* = *one hundred things*

centenario *m.* = *one hundred years*; centenario(a) = *one hundred years old*

centésimo *m.* = *one one-hundredth*

cien *m.* = *one hundred before any noun*, mil, millones, *and* billones

ciento *m.* = *one hundred before any number except* mil, millones, billones

cifra *f.* = *figure, amount*

cincuenta *m.* = *fifty*

cuarto *m.* = ¼; *one fourth*, 25%; la cuarta parte de

década *f.* = *ten years*

decena *f.* = *ten things*

medio *m.* = ½, *one half*, 50%

mil *m.* = *one thousand*; miles = *thousands*

mil millones (de + *noun*) *m.* = 1.000.000.000; *one billion*

milésima (parte de...) *f.* = *one one-thousandth of. . .*

milésimo *m.* = *the thousandth. . .*

milla *f.* = *mile*

## Expresiones numéricas

millar *m.* = *one thousand units*

un millón (de + *noun*)... *m.* = *one million. . .*

XX millones (de + *noun*)... *m.* = *XX million. . .*

...por medio = *every other. . .*

mitad *f.* = ½, 50%, *(one) half, midway or midpoint*

quince *m.* = *fifteen*; (cada)...días = *(every) two weeks*

quincena *f.* = *two weeks*

quincenal(mente) = *bimonthly, every two weeks*

quinientos *m.* = *five hundred*

quinquenio *m.* = *five years*; cada... = *every five years*

quinto *m.* = *one fifth*, 20%; la quinta parte de; ⅕

semestre *m.* = *semester, six months*; cada... = *twice a year, biannually*

semestral(mente) = *twice a year, biannually*

tercio(s)/la tercera parte de... = ⅓, 33%, *one third*

tres cuartos = ¾, 75%, *three quarters*; tres cuartas partes de = *three quarters of*

trimestre *m.* = *quarter, three months*; cada... = *quarterly, four times a year*

vigésimo *m.* = *(one) twentieth*

## B. Estadística

análisis factorial *m.* = *factor analysis*

correlación *f.* = *correlation, relationship*

desviación estándar *f.* = *SD, standard deviation*

error promedio *m.* = *mean error*

mayor parte *f.* = *most, more*

mayoría *f.* = *majority*

media *f.* = *mean, average*

mediana *f.* = *median*

menor parte *f.* = *less, fewer, least*

minoría *f.* = *minority*

mitad *f.* = 1/2, *(one) half*

porcentaje *m.* = *percentage*

por ciento = *per cent*

promedio *m.* = *mean, average*

variable *f.* (dependiente/independiente) = *(dependent/independent) variable*

# $\mathcal{C}$. Equivalencias

**Recuerde que en español se usa una coma para indicar los decimales.**

## Capacidad

1 qt. (cuarto) = 0,94 litro (l.) *liter*

1 gal. (galón) = 3,78 litro (l.) *liters*

1 l. (litro) = 1,05 cuartos (qt.) *quarts*

## Longitud

1 cm. (centímetro) *m.* = 0,39 pulgada (pul.) *inch*

1 Km. (kilómetro) *m.* = 0,62 milla (mi.) *mile*

1 m. (metro) *m.* = 39,37 pul.

1 mi. (milla) *f.* = 1,60 Km.

1 ft. (pie) *m.* = 30,48 cm.

1 pul. (pulgada) *f.* = 2,54 cm.

1 yd. (yarda) *f.* = 0,91 m.

## Peso

1 g. (gramo) *m.* = 0,03 onza (oz.) *ounce*

1 Kg. (kilogramo) *m.* = 2,20 libras (lb.) *pounds*

1 lb. (libra) *f.* = 0,45 Kg.

1 oz. (onza) *f.* = 28,35 g.

1 TM (tonelada métrica) *f.* = 2.200 lb.

## Superficie

1 Ha. (hectárea) *f.* = 2,47 acres (ac.) *acres*

## Temperatura

| | |
|---|---|
| –12,2 °C = extremadamente frío | 10 °F |
| 0 °C = muy frío, se congela el agua | 32 °F |
| 4,4 °C = frío, debe usar abrigo/tapado | 40 °F |
| 10 °C = bastante frío, debe usar abrigo/tapado | 50 °F |
| 15,6 °C = fresco | 60 °F |
| 21,1 °C = agradable | 70 °F |
| 26,7 °C = un poco de calor, cálido | 80 °F |
| 32,2 °C = caluroso | 90 °F |
| 37,7 °C = extremadamente caluroso | 100 °F |
| 37 °C; 36,8 °C= temperatura normal del cuerpo | 98,6 °F |
| 38 °C = fiebre (*fever*) | 101 °F |

## Calor

1 J (julio) *m jule* = 3,7614 calorías (cal.) *calories*

# ▤ Abreviaturas y siglas más comunes

Si usted va a visitar un área específica, debe estar preparado(a) para encontrarse con muchas otras abreviaturas de lugares geográficos, nombres y siglas que es imposible incluir en este listado. Agréguelas en los espacios provistos.

## A

A. A. = apartado aéreo *m.; P. O. Box*

Abdo./Abda. = abogado(a); *attorney*

an. = anexo *m.; enclosure to letter, telephone extension*

Affmo(a). = afectísimo(a); *yours truly*

AGAC = Acuerdo General sobre Aranceles y Comercio (Ronda del Uruguay) *m.; General Agreement on Tariffs and Trade, GATT*

A.L. = América Latina, Latinoamérica *f.; Latin America*

Apdo. = apartado postal *m.; P. O. Box*

Apto. = apartamento *m.; apartment*

Arqto./Arqta. = arquitecto(a); *architect*

Atte. = atentamente; *sincerely (on closing a letter)*

Atto./Atta., su Atto./Atta. y S. S. = su atento(a) y seguro(a) servidor(a); *yours (on closing a letter)*

Aus$ = dólar australiano *m.; Australian dollar*

Av., Avda. = avenida *f.; avenue*

## B

B = balboa *m. (currency)*

B, $B = (peso) boliviano *m. (currency)*

Bco. = banco *m.; bank*

BID = Banco Interamericano de Desarrollo *m.; Inter-American Development Bank, IADB*

BM = Banco Mundial *m.; World Bank, WB*

Bol. = Bolívar *m.,* Bolivia *f.*

B/quilla = Barranquilla, *important Colombian port on the Caribbean*

Bs. = bolívar *m. currency of Venezuela*

Bs. As. = Buenos Aires *m.*

Bvar. = bulevar *m.,* Bolívar *m.; boulevard,* Bolívar

## C

C = colón *m. currency of Costa Rica*

C. = servicio, baño para caballeros; *men's restroom*

$C = nuevo córdoba, peso cubano *m. currency of Nicaragua*

C/ = calle *f.; street, in Spain only*

C. = colón *m. currency of El Salvador*

CARICOM = Comunidad del Caribe y Mercado Común *f.; Caribbean Community and Common Market formed by several Caribbean nations*

c. & f. = costo y flete *m.; cost & freight*

c.c. = con copia a; *copy to*

Can$ = dólar canadiense *m.; Canadian dollar*

Cbia. = Colombia *f.*

Cdad. = ciudad *f.; city*

CEE = Consejo Económico Europeo *m.; European Economic Council*

C. F. = Capital Federal *f.; capital district of Buenos Aires*

Cía. = compañía *f.; company*

Cía. Ltda. = compañía limitada *f.; limited partnership company*

c.f. *price quotation that includes freight charges*

c.i.f. = costo, seguro y flete *m.; price quotation that includes freight charges and insurance*

Cdte. = comandante *m.; commander*

Cepalc = Comisión Económica para la América Latina y el Caribe *f.; Economic Commission for Latin America and the Caribbean, ECLAC*

Col. = colonia *f.; city district, development, in México*

Col. = Colombia *f.*

Cnel. = coronel *m.; colonel, Col.*

Cra. = carrera (from Catalan) *f.; street, in Colombia*

Cra. = carretera *f.; highway*

cta. cte. = cuenta corriente *f.; checking account*

Cta. Rca. = Costa Rica *f.*

cte. = corriente(s) *m.; present month/year*

c/u = @, cada uno(a); *each*

## D

D. = servicio, baño para señoras, damas;  *ladies' restroom*

der., dcha. = derecha *f.;  on the right*

D. C. = Distrito Capital *m.;  capital district of Santafé de Bogotá, Buenos Aires*

D. F. = Distrito Federal *m.;  capital district of Mexico City*

depto. = departamento *m.;  apartment, department*

Dguez. = Domínguez

Diag. = Diagonal *f.*, avenida;  *avenue*

DM = marcos alemanes *m.;  marks, DM*

D., Dn./Dña. = don, doña;  *Sir/Madam*

doc. = docena *f.;  dozen*

Dr./Dra. = doctor(a);  *Dr., doctor*

## E

EE. UU., EU = Estados Unidos *m.;  United States, U.S.*

edif. = edificio *m.;  bldg.*

Edo. = estado *m.;  state*

Edo. = Eduardo;  *Edward*

EP = entrepiso *m.;  mezzanine level (sign in an elevator)*

esq. = esquina *f.;  corner of*

## F

FF. AA. = fuerzas armadas *f.;  armed forces*

fac. = facsímil *m.;  fax*

f.a.s. = franco al costado del buque;  *exporter (seller) covers cost of merchandise transport up to the point at which it becomes available to importer (buyer) alongside ship*

FF. CC. = ferrocarriles *m.;  railway*

Fco. = Francisco *m.;*  Sn Fco. = San Francisco de California

fdo. = firmado;  *signed by someone other than writer*

Fdo. = Fernando *m.*

FMI = Fondo Monetario Internacional *m.;  International Monetary Fund, IMF*

f.o.b. = franco (libre) a bordo;  *indicates the point from which the importer (buyer) must assume responsibility for the merchandise and its transport*

## G

G. = guaraní *m. (currency)*

Gª = García

GA = Grupo Andino *m.;  Andean Group*

gde. = grande;  *large, big, great*

Gte. = gerente *m./f.;  manager*

Gte. Gral. = gerente general *m.;  general manager, president*

Glez. = González

gob. = gobierno *m.;  government*

Gbdor. = gobernador *m.;  governor*

Gquil. = Guayaquil, *important Ecuadorian port on the Pacific*

## H

hab. = habitantes *m.;  inhabitants*

Hjo. = hijo *m.;  son*

Hnos. = hermanos *m.;  brothers, Bros.*

hr(s). = hora(s) *f.;  hour(s), when given as 24-hour clock*

## I

i. = interno *m.;  telephone extension*

I. = inti *m. (previous Peruvian currency)*

Ingº./Ingª. = ingeniero(a);  *engineer*

Ing. Com. = ingeniero comercial *m.;  business administrator*

izqda. = izquierda *f.;  left*

## J

jta. = junta *f.;  meeting, ruling group*

## K

Kg. = kilogramo *m.*, kilo;  *kilo, 1000 grams*

Km., km. = kilómetro *m.;  kilometer, 1000 meters*

## L

l. = litro *m.;  liter*

L. = lempira *m. (currency)*

Lcdo./Ldo., Lcda./Lda., Lic. = licenciado(a);  *holder of a B. A./B. S. degree*

Lib. = Libertador *m.;  liberator*

L. O. = Lejano Oriente *m.;  Japan, China, Korea*

## M

m. = metro *m.;*  *meter*

**M** = Metro *m.;  subway sign*

Mª = María;  *Mary*

Mag. = magister *m.;  master*

MCC = Mercado Común Centroamericano *m.;  Central American Common Market formed by Costa Rica, Guatemala, El Salvador, Honduras y Nicaragua*

Mercosur *m.;  free trade agreement among Argentina, Brazil, Paraguay, Uruguay*

Mnez. = Martínez

## N

N$ = nuevo peso *m.;  new peso; currency of Mexico*

NS = nuevo sol *m. currency of Perú*

NS$ = nuevo sol *m. currency of Perú*

Nº = número *m.*;   #, *number*

Nro. = número *m.*;   #, *number*

NU$ = nuevo peso uruguayo *m. currency of Uruguay*

Nvo. = Nuevo

# O

OEA = Organización de los Estados Americanos *f.*; *Organization of the American States, OAS*

OCDE = Organización para la Cooperación en el Desarrollo Económico del Tercer Mundo, formada por países industrializados, incluídos México y España *f.*;   *Organization for Economic Cooperation and Development, OECD*

ONU = Organización de las Naciones Unidas *f.*;   *United Nations, UN*

OPEP = Organización de Países Exportadores de Petróleo *f.*;   *Oil-Producing Exporting Countries, OPEC*

OPS = Organización Panamericana de la Salud *f.*;   *Pan American Health Organization, PAHO*

# P

P.A. = Pacto Andino *m.*;   *Andean Pact among Bolivia, Ecuador, Colombia, Peru and Venezuela*

PB = piso bajo *m.*, planta baja *f.*;   *street level (sign in elevator)*

Pcia. = provincia *f.*;   *province, state*

pdo. = pasado;   *last month/year*

ppdo. = próximo pdo.;   *last month/year*

Pdte. = presidente *m.*;   *president*

P.G.B. = producto geográfico bruto (con comericio exterior) *m.*, P.I.B.;   *gross national product, including net exports, G.N.P. Only figure given when an economy cannot survive without exports (e.g. España, países hispanoamericanos)*

P.I.B. = producto interno bruto (sin comercio exterior) *m.*; *gross domestic product (does not include net exports), G.D.P., generally used for the U.S. economy, which can maintain its economy without exporting*

P.N.B. = producto nacional bruto *m.*;   *G.N.P., gross national product including net exports*

Prof./Profa. = profesor, profesora;   *professor*

Pseo. = paseo *m.*;   *avenue, street*

Pta. = peseta *f.*;   *currency of Spain*

pta. = planta, piso;   *floor, level*

pte. = presente;   *the present letter/note/message/document*

Pte. = presente;   *replaces address when letter is being sent within an institution or business*

Pto. Rco. = Puerto Rico *m.*

Pza. = plaza *f.*;   *square*

# Q

Q = quetzal *m. currency of Guatemala*

Q.E.P.D. = que en paz descanse;   *RIP; rest in peace, put under a person's name when announcing his/her passing and thereafter*

# R

R. A., Rep. Arg. = República Argentina *f.*

RR. EE. = Relaciones Exteriores *f.*;   *Department of State*

RR. II. = Relaciones Internacionales *f.*;   *International Relations, IR*

RR. II. = Relaciones Institucionales/Públicas *f.*;   *public relations, PR*

RR. PP. = relaciones públicas *f.*;   *public relations, PR*

Ref. = referencia, referente a;   *with reference to*

RENFE = Red Nacional de Ferrocarriles *f.*;   *national railway system in Spain*

Rguez. = Rodríguez

RTVE = Radio y Televisión Españolas *f.*

# S

S. = servicio, baño para señoras; *ladies' restroom*

S = sótano, subterráneo *m.*;   *basement (sign in elevator)*

(S.)S.S. = (su) seguro servidor;   *yours, when closing a letter*

S. A. = sociedad anónima *f.*;   *corporation*

S. en C. = sociedad en comandita *f.*;   *silent partner company*

S. E. u.O. = salvo error u omisión;   *unless we have made an error*

s.f. = sin fecha;   *no date*

Sn. = San;   *Saint*

s.n. = sin número *m.*;   *street address without a number*

Sr./Sra./Srta. = señor *m.*; señora *f.*, señorita *f.*;   *sir, madam, miss*

Stgo. = Santiago (de Chile) *m.*

Sto(a). = santo;   *Saint*

Sto. Dgo. = Santo Domingo *m.*;   *Dominican Republic*

S/. = sucre *m. currency of Ecuador*

# T

TLC = Tratado de Libre Comercio de América del Norte *m.*;   *North American Free Trade Agreement, NAFTA*

Transv. = Transversal *f.*, avenida;   *avenue*

TM = tonelada métrica *f.*, 1000 kilos;   *metric ton, 1.1 ton*

tfno./tel. = teléfono, fono *m.*;   *telephone*

## U

Ud., Uds. = usted, ustedes;   *you, formal (singular, plural)*

U. E. = Unión Europea *f.*;   *European Union, EU*

US$ = dólar estadounidense *m.*;   *US dollar*

## V

Valpo. = Valparaíso *m.*, *important Chilean port on the Pacific*

vda. = viuda *f.*, (de Pérez);   *the widow of Mr. Pérez*

Vel. Máx. = velocidad máxima *f.*;   *maximum speed allowed (in Km., as posted on highways)*

## W

W. C. *m.* = servicio *m.*, baño *m.*, aseos *m.*, toilette *m.*;   *restroom*

## Y

¥ = yen(es) *m.*;   *yen*

## Z

Zlo. = zócalo *m.*, plaza principal *f.*;   *main square/esplanade in a Mexican city*

## ▦ Algunos rubros comerciales

| | | | |
|---|---|---|---|
| los aceites comestibles | industria de oleaginosas | las flores | industria de la floricultura |
| la agricultura | industria agrícola/ agropecuaria | la fruticultura | industria frutícola |
| | | la ganadería | industria ganadera |
| el algodón | industria algodonera | la horticultura | industria hortícola |
| los alimentos | industria alimenticia | la información | industria de la informática |
| la artesanía | industria artesanal | la línea blanca | industria electrodoméstica |
| los automóviles | industria automotriz | la madera y la celulosa | industria maderera/papelera |
| las aves (y pollos) | industria avícola | la manufactura | industria manufacturera |
| la banca | industria bancaria | la metalurgia | industria metalúrgica |
| las bebidas alcohólicas/ no-alcohólicas | industria de bebidas alcohólicas/carbonatadas | la minería | industria minera |
| | | los muebles | industria mueblera |
| el café | industria cafetera | el oro | industria aurífera |
| el calzado | industria zapatera | la pesquería (pescados y mariscos) | industria pesquera |
| la carne y sus derivados | industria faenadora/envasadora | el petróleo y sus derivados | industria petrolífera |
| los cereales | industria panificadora (pan), compañía cerealera | las pieles y cueros | industria peletera |
| el cobre | industria cuprera | la prestación de servicios | industria de servicios |
| los combustibles y lubricantes | industria petrolera, exploración petrolífera | servicios públicos (agua, gas, electricidad, alcantarillado) | |
| las confecciones | industria de la ropa | la siderurgia (acero) | industria siderúrgica |
| la construcción | industria constructora | la telefonía, teléfonos y telecomunicaciones | industria telecomunicativa |
| los cosméticos | industria cosmética | los textiles | industria textilera |
| la energía | industria energética | los vehículos | industria automotriz |
| los fármacos | industria farmacéutica | el vino | industria vinícola/vitivinícola |

# APÉNDICE IV

## ≣ Fórmulas para la correspondencia

Preste muchísima atención a los pronombres necesarios según quién le escribe a qué persona y según qué verbos está usando. Recuerde que todos los verbos de la comunicación (**escribir, remitir, informar, comunicar, avisar, hablar, decir, adjuntar, agradecer, dar las gracias, saludar, sugerir, mandar, enviar**) exigen el uso de **me, te, le(s)**, y **nos**.

### Para empezar

Apreciado(a)/Estimado(a)/Distinguido(a)
  señor/señora/señorita + *apellido*:

Muy señor mío:

Distinguidos señores:

### Para identificar el propósito de la carta

La presente tiene por objeto + *infinitive*

Por medio de la presente quisiera + *infinitive*

Me dirijo/Nos dirigimos a usted(es) para + *infinitive*

Me permito escribirle(s) para + *infinitive*

### Para pedirle o recordarle algo a otra persona

Por medio de la presente, le(s) ruego/rogamos se sirvan
  + *infinitive*

Sírva(n)se enviar/remitir/informarnos sobre..., por favor.

Agradeceremos el envío de...para...

Nos permitimos sugerirle(s) que se sirva(n)....

Le(s) agradeceremos infinitamente cualquier tipo de
  ayuda que puedan ofrecerle al Sr./Sra....

### Para agradecer alguna atención, información o pago

Muchas/Muchísimas gracias por + la factura/el pago de...

Muchas/Muchísimas gracias por + *infinitive*

Le(s) agradezco/agradecemos el envío/el pago...

Les agradezco muchísimo la amable hospitalidad que
  me brindaron.

Le(s) estoy/estamos muy agradecidos por + *infinitive*

Mucho le(s) agradeceré me/nos haga(n)
  enviar/despachar/cancelar...

Acuso/Acusamos recibo de...y le(s)
  agradezco/agradecemos muchísimo su atención.

Le damos las gracias por...su pedido/enviar la
  solicitud/darnos los datos sobre...y nos ponemos a
  sus órdenes.

Doy a usted mis más expresivas gracias por...su carta/el
  envío.

Doy a usted mis más expresivas gracias por... + *infinitive*

### Para enviar la información solicitada

Adjunto le(s) remito...

Cumplo con remitirle.../informarle que.../enviarle...

Tengo el gusto de + *infinitive*

Junto con saludarle(s), tengo/tenemos el agrado
  de + *infinitive*

Nos es muy grato enviarle.../comunicarle que...

Según sus instrucciones/su pedido, cumplo con
  mandarle(s)...

Me/nos complace enviarle(s) el/la...

### Para acusar recibo de algo

Acuso/Acusamos recibo de...

Acabamos de recibir su...

Me complace avisarle(s) que he recibido el/la...

### Para rechazar algo o comunicar «malas noticias»

Lamentamos comunicarle(s) que...

Mucho siento/sentimos informarle(s) que no nos ha sido
  imposible enviarle(s) el pedido/conseguirle(s) los
  datos/encontrar el artículo...

Lamento sinceramente que + *subjunctive*

Reciba usted mi más sentido pésame por el deceso de
  su... señor padre/suegro/amigo.

### Para terminar

A la espera de sus gratas noticias, le(s) saludo Atte.

Cordialmente le(s) saluda su Affmo(a).

Aprovecho/Aprovechamos la ocasión para saludarle(s)
  cordialmente.

Le(s) saludo con el mayor afecto. Su Atto. y S. S.

Quedo/Quedamos, como siempre, a sus gratas
  órdenes/a su entera disposición.

Esperando una pronta respuesta a la presente, le(s)
  saludo Atte.

Quedo de Ud., Atte.

## ≣ Verbos

### I. Present Subjunctive

#### A. Stem-change verbs

These verbs follow the same pattern as for regular verbs. Use the present-tense *yo* form to create the subjunctive. The stem change is already reflected in the *yo* form of the verb.

| | | |
|---|---|---|
| demostrar → | demuestro → | que...demuestre, demuestres, demuestre, demostremos, demostréis, demuestren |
| invertir → | invierto → | invierta, inviertas, invierta, invirtamos, invirtáis, inviertan |
| ofrecer → | ofrezco → | que...ofrezca, ofrezcas, ofrezca, ofrezcamos, ofrezcáis, ofrezcan |
| conseguir → | consigo → | que...consiga, consigas, consiga, consigamos, consigáis, consigan |

*-ir* verbs like invertir that have a 2-vowel stem change (e → ie; o → ue) have a different stem change in **nostros** forms (dormir → d**u**rmamos; sentir → s**i**ntamos)

#### B. Spelling-change verbs

These verbs also have their change reflected in the *yo* form of the verb.

**-gar** verbs

| | | |
|---|---|---|
| encargar → | encargo → | que...encar**gue**, encar**gues**, encar**gue**... |

**-car** verbs

| | | |
|---|---|---|
| comunicar → | comunico → | que...comuni**que**, comuni**ques**, comuni**que**... |

**-zar** verbs

| | | |
|---|---|---|
| alcanzar → | alcanzo → | que...alcan**ce**, alcan**ces**, alcan**ce**... |

**-gir/-ger** verbs

| | | |
|---|---|---|
| dirigir → | dirijo → | que...diri**ja**, diri**jas**, diri**ja**... |

**-uir** verbs

| | | |
|---|---|---|
| incluir → | incluyo → | que...inclu**ya**, inclu**yas**, inclu**ya**... |

#### C. Irregular verbs

These verbs are irregular in the present subjunctive.

| | |
|---|---|
| **ir** | que...vaya, vayas, vaya, vayamos, vayan |
| **saber** | que...sepa, sepas, sepa, sepamos, sepan |
| **dar** | que...dé, des, dé, demos, deis, den |
| **ser** | que...sea, seas, sea, seamos, seáis, sean |
| **haber (hay)** | que...haya |
| **haber** | que...haya, hayas, haya, hayamos, hayan |

### II. The Preterit

#### A. Stem-change verbs

All *-ir* verbs that have a stem change in the present tense will have a stem change in the third person singular and plural forms of the preterit tense.

| | | |
|---|---|---|
| **e → i** | (Ud./Uds. forms) | pedir → p**i**dió, p**i**dieron despedir → desp**i**dió, desp**i**dieron invertir → inv**i**rtió, inv**i**rtieron servir → s**i**rvió, s**i**rvieron conseguir → cons**i**guió, cons**i**guieron |
| **o → u** | (Ud./Uds.) forms | morir → m**u**rió, m**u**rieron dormir → d**u**rmió, d**u**rmieron |

## B. Spelling-change verbs

Some preterit verbs will have a spelling change in *yo* forms.

| -car verbs → -qué | destacar → desta**qué** |
| | comunicar → comuni**qué** |
| | planificar → planifi**qué** |
| | practicar → practi**qué** |
| -gar verbs → -gué | entregar → entre**gué** |
| | encargar → encar**gué** |
| | investigar → investi**gué** |
| | llegar → lle**gué** |
| -zar verbs → -cé | autorizar → autori**cé** |
| | organizar → organi**cé** |
| | empezar → empe**cé** |
| | comenzar → comen**cé** |

Some verbs will have a spelling change in the *Ud.* and *Uds.* (third person) forms.

| -uir verbs → -yó -yeron | incluir → inclu**yó** |
| | disminuir → disminu**yó** |
| | construir → constru**yeron** |
| | influir → influ**yeron** |
| -er verbs → -yó -yeron | creer → cre**yó**, cre**yeron** |
| | leer → le**yó**, le**yeron** |

## C. Irregular verbs

Many frequently used verbs are irregular in the preterit tense. To help you remember, these verbs are grouped below according to their similarities.

### tener, estar, andar (uv)

tuve, tuviste, tuvo, tuvimos, tuvisteis, tuvieron
estuve, estuviste, estuvo, estuvimos, estuvisteis, estuvieron
anduve, anduviste, anduvo, anduvimos, anduvisteis, anduvieron

### saber, poder, poner (u)

supe, supiste, supo, supimos, supisteis, supieron
pude, pudiste, pudo, pudimos, pudisteis, pudieron
puse, pusiste, puso, pusimos, pusisteis, pusieron

### ser, ir, dar

ser, ir: fui, fuiste, fue, fuimos, fuisteis, fueron
dar: di, diste, dio, dimos, disteis, dieron

### decir, traer, -ucir verbs

**(traducir, reducir, producir)**
**(c → j)**

dije, dijiste, dijo, dijimos, dijisteis, dijeron
traje, trajiste, trajo, trajimos, trajisteis, trajeron
produje, produjiste, produjo, produjimos, produjisteis, produjeron

### hacer, querer, venir (i)

hice, hiciste, hizo, hicimos, hicisteis, hicieron
quise, quisiste, quiso, quisimos, quisisteis, quisieron
vine, viniste, vino, vinimos, vinisteis, vinieron

For some verbs, remember to change the meaning when you translate a preterit form into English.

conocer (to be familiar with)
   **conocí** (I met)
haber/hay (there is/are)
   **hubo** (there happened/occurred)
poder (to be able to)
   **no pude** (I did not succeed in)
querer (to want)
   **quise** (I tried)
   **no quise** (I refused, did not want to)
saber (to know)
   **supe** (I found out)

# Glossario

## A

**a comienzos**  at the beginning of
**a fines de**  at the end of
**a mediados de**  in the middle of
**a menudo**  often
**a principios de**  at the beginning of
**abollado(a)**  dented
**abonar**  to credit to an account, make a payment
**abono**  *m.*  installment payment
**abrazo**  *m.*  hug
**abrir(le) paso a**  to make way for
**abrumar**  to overwhelm
**acabado m.**  finishwork on clothing or other pieces
**acaecer**  to occur
**acaso (no es... ésta)?**  isn't this...?
**acceder**  to agree to
**acción**  *f.*  stock
**accionista (el/la)**  stockholder
**aceite**  *m.*  oil (cooking lubricant)
**acercarse a**  to approach sbdy./ a place
**acero (inoxidable)**  *m.*  (stainless) steel; **acería**  *f.*  steel mill
**aconsejar**  to advise
**aconsejable**  advisable
**acostumbrarse a**  to be used to
**acreedor/a**  creditor
**actitud**  *f.*  attitude
**activos y pasivos**  *m.*  assets and liabilities
**actual(mente)**  at present, nowadays
**acudir a**  to resort to, go to (a person, etc.)
**acuerdo**  *m.*  agreement; **estar de...**  to be in agreement
**acusar recibo**  to acknowledge receipt
**acuse de recibo**  *m.*  acknowledgement of receipt
**adaptarse**  to adapt
**adelanto**  *m.*  advance
**adelgazar**  to lose weight
**además**  besides
**adjuntar**  to enclose
**adjunto(a)**  enclosed
**administración de empresas**  business administration

**adquirir**  to purchase, acquire
**aduana**  *f.*  customs; **vista de...**  customs officer
**aduanero(a)**  pertaining to customs; customs employee
**afán (de)**  *m.*  desire, zeal
**afecto**  *m.*  affection
**afianzar**  to secure, fasten, hold
**afín**  akin, allied, related
**afueras**  *f.*  suburbs
**agotado(a)**  depleted, used up; tired
**aglutinar**  to join or paste together
**agradar**  to please
**agrado**  *m.*  pleasure
**agradecer (-zco)**  to thank, be grateful for
**agradecimiento**  *m.*  gratitude
**agregar**  to add
**agrícola**  pertaining to agriculture; **campesino...**  field/ farm laborer
**agricultor(a)**  farmer, person whose business is agriculture
**agrónomo(a)**  agronomist
**agropecuario(a)**  pertaining to farming and animal husbandry
**agudo**  sharp, acute
**agujereado**  riddled with holes
**ahijado(a)**  godson/daughter
**ahogar**  to choke, smother
**ahorrar**  to save
**ahorro**  *m.*  savings; **caja de...**  *f.*  savings bankapoyo
**aislar**  to isolate; **aislacionista**  isolationist
**alcance**  reach; **al...**  within reach; **poner al...**  make available
**alcanzar**  to reach, attain
**algodón**  *m.*  cotton
**alicates**  *m.*  pliers
**alicientes**  *m.*  incentives
**alimenticio**  nutritional
**alimento**  *m.*  food, staple
**alma**  *f.*  soul
**almacén**  *m.*  storehouse, (clothing) store
**almacenaje/ almacenamiento**  storage
**alrededor de**  around
**altiplano**  *m.*  Andean plateau

**aluminio**  *m.*  aluminum
**alza**  *m.*  increase; **alzas y bajas**  ups and downs
**alzar**  to increase, raise
**amargo (a)**  bitter
**ambiente**  *m.*  environment; **medio...**  environment, nature
**ámbito**  *m.*  scope, area
**amenazar**  to threaten, harass
**americano(a)**  pertaining to the Americas; from the USA
**ametralladora**  *f.*  machine gun
**amistad**  *f.*  friendship
**ampliar**  to expand; **ampliación**  *f.*  expansion
**amplio(a)**  ample, extensive, spacious
**analfabetismo**  *m.*  illiteracy
**analfabeto(a)**  illiterate
**analizar**  to analyze
**andino(a)**  Andean
**anexo**  *m.*  enclosure; phone extension
**angosto(a)**  narrow
**anual(mente)**  annual, yearly
**anular**  to cancel, revoke, nullify
**anuncio**  *m.*  ad, announcement
**añadir**  to add
**aparear**  to connect, join, pair
**apartado (postal)**  *m.*  post office box
**apelar a**  to appeal to
**apellido**  *m.*  surname, either of the family names; **...paterno/ materno**  paternal/ maternal last name; **...de soltera**  paternal last name/maiden name of a married woman (which remains her legal last name)
**apenas**  hardly
**apertura**  *f.*  opening, inauguration
**aplastado(a)**  crushed
**apostar (ue)**  to bet
**apoyar**  to support
**apoyo**  *m.*  support
**aprobación**  *f.*  approval
**aprobar**  to approve
**aprovechar**  to take advantage, avail oneself of
**apuntes**  *m.*  (class, meeting) notes
**arancel**  *m.*  duty, tariff

**arancelario(a)** pertaining to customs duty; **poner una barrera...** to set (high) duties to protect domestic manufacture

**archivo** *m.* files, records

**arma** *f.* weapon

**artesanías** *f.* handcrafts

**arriesgado(a)** daring, risk-taking

**arriesgarse** to risk

**ascenso** *m.* promotion

**asegurar** to insure, assure

**asesor/a** consultant

**asesoramiento** *m.* consulting, advice, counsel

**asesorar** to consult for, advise

**asistir a** to attend

**aspirante (el/la)** applicant

**asunto** *m.* matter

**atender** to pay attention to, care for, serve, look after

**atentamente (Atte.)** sincerely, respectfully

**atestado(a)** crowded

**atraer** to attract

**atrás** (on the) reverse, (at the) back, behind

**aumentar** to increase

**aumento** *m.* raise, increase, gain

**aval (el/la)** cosigner

**avalar** to cosign, support

**avaricia** *f.* greed

**avena** *f.* oatmeal

**aventurero(a)** adventurous

**avergonzarse** to be embarrassed

**avería** *f.* breakdown

**averiado(a)** damaged, broken down

**averiguar** to find out, inquire into

**avisar** to inform, warn

**aviso** *m.* ad, announcement

**ayudante (el/la)** assistant, aide; **ayudar** to help, assist

**B**

**balanza (de pagos)** *f.* balance of payments

**banca** *f.* banking

**bancario(a)** pertaining to banks or banking, bank employee

**bancarrota** *f.* bankruptcy; **en...** bankrupt

**banco** *m.* bank; **...Central** national bank regulating currency flow and value, interest rates, equivalent to Federal Reserve

**banquero(a)** banker, bank owner

**barato(a)** inexpensive

**barrera** *f.* barrier; **...aduanera** protectionist/high duties

**barro** *m.* mud, clay

**basural** *m.* dump

**batalla** *f.* battle

**beca (de estudio)** *f.* scholarship

**belleza** *f.* beauty

**beneficio** *m.* benefit

**benéfico(a)** charitable, kind

**bien** well; **para el bien público** in the public's interest

**bienes** *m.* assets; **...raíces/inmuebles** real estate; **...muebles** possessions other than real estate

**bienestar** *m.* well-being

**billón** *m.* trillion

**bimestral(-mente)** bimonth(ly)

**boleta** *f.* ticket, slip, form

**bolsa** *f.* stockmarket; purse, bag

**bombilla** *f.* lightbulb

**bono** *m.* bond; bonus

**borrón y cuenta aparte** clean slate

**bosque** *m.* forest

**botella** *f.* bottle

**bovino(a)** pertaining to cow raising or beef

**brecha** *f.* gap, separation, break

**brindar** to give, offer

**bruto(a)** gross, rough

**bulto** *m.* bundle, package

**búsqueda** *f.* search

**buzón** *m.* mailbox

**C**

**caber** to fit into; **no cabe duda** there's no room for doubt

**cadena** *f.* chain

**caerle bien (a uno)** to like a person

**caída** *f.* fall

**caja** *f.* cashier's desk, cash register; **...de ahorros** savings association; **...fuerte/ de fondos** safety deposit box

**cajero(a)** cashier; teller

**cal** *f.* lime

**calabaza** *f.* squash, pumpkin

**caldera** *f.* boiler

**calidad** *f.* quality, craftsmanship

**calzado** *m.* footwear

**callar** to keep silent, hush

**Cámara de Comercio** *f.* Chamber of Commerce

**cambio** *m.* change; **...de moneda** money exchange; **tasa de...** exchange rate; **¿a cómo está el...?** what is the exchange rate?

**campaña** *f.* campaign; **...de mercadeo/comercialización** marketing campaign; **...publicitaria** advertising campaign

**canal** *m.* channel, canal; **...de Panamá** Panama Canal

**cancelar** to pay (off), cancel

**cansarse** to get tired

**capacidad** *f.* skill, capability

**capacitación** *f.* training, learning; **centro de...** training center

**capacitado(a)** trained, prepared

**capaz (de)** capable (of), able, skillful

**caprino(a)** pertaining to goat raising

**captar** to capture

**carbón hulla** *m.* coal

**carecer de** to lack

**cargo** *m.* job, charge; **a... de** in charge of; **hacerse... de** to take charge of; **libre de cargo** free (of charge)

**caridad** *f.* charity; **obras sociales** charities

**caritativo** charitable

**carnet** *m.* ID card, driver's license

**caro(a)** expensive

**carpeta** *f.* folder, docket

**carta** *f.* letter; **...de presentación** letter of introduction; **...de crédito** letter of credit

**cartón** *m.* cardboard

**carrera** career; street (in Bogotá and other places)

**casa** *f.* house, firm, company; **la...** the family; **...matriz** main office

**catalán** Catalan language

**cebada** barley

**cédula** ID card

**centeno** rye

**cheque** *m.* check; **...al portador** to be paid to bearer; **...cruzado** for deposit only; **...endosado** endorsed; **...nominativo** made out to a specific person; **...sin fondos** bouncing check; **talonario de...** *m.* checkbook

**chillón(a)** loud (noise), bright (color)

**cierre** *m.* closing

**cifra** *f.* figure, number

**cintura** *f.* waist; **la dulce... de América** Central America, image used by poet Neruda

**ciudadano(a)** citizen

**clave** *f.* key, secret code

**cobertura** *f.* coverage

**cobrar** to cash, to collect, to charge

**cobro** *m.* collection, charge

**cobre** *m.* copper

**cocido(a)** cooked; drunk

**código** *m.* code; **...del área/país** area/country code; **...postal** zip code

**codo a codo** side by side

**cola** *f.* line, tail; **a la cola de...** at the end; **hacer...** to stand in line

**colocación** *f.* placement, job

**colocar(se)** to place; to get a job

**comadre** *f.* close friend, the godmother of one's child

**comarca** *f.* district, province, territory

**comercio** trade, commerce; business, store; **...exterior** foreign trade; **...interno** domestic trade

**comisión** *f.* commission, fee; committee

**comodidad** *f.* comfort

**cómodo(a)** comfortable

**compadrazgo** *m.* the social institution and the ties among parents and **padrinos**

**compadre** close friend, the godfather of one's child; **los compadres** *m.* godparents

**compartir** to share

**competencia** *f.* contest, competition

**competente** capable, skillful

**competir** to compete

**competitividad** *f.* competitiveness

**complacer** to please

**comportarse (bien/mal)** to (mis)behave

**compromiso** *m.* commitment, engagement

**compuesto(a)** compounded (interest); composition board

**computador/a** computer

**conceder** to grant

**concertar (ie)** to arrange

**conexión** *f.* connection

**confecciones** *f.* clothesmaking

**confianza (en sí mismo)** *f.* confidence (in oneself); **de...** trustworthy

**confiar en** to trust sbdy.

**congelar** to freeze

**conjunto** whole, entirety, clothes set

**constar** to be registered, evident

**Cono Sur** Southern Cone

**conocimientos de** *m.* knowledge; **conocimiento de embarque** bill of laden

**conseguir** to get, obtain

**consejo** *m.* council

**consejos** *m.* advice

**consumidor(a)** consumer; **consumir** to buy, use

**contable** computable

**contabilidad** *f.* accounting

**contado** *m.* cash; **al...** in cash

**contador(a), contable** accountant

**contante y sonante** ready cash

**contar (con)** to count (on)

**contenedor** *m.* container

**contratación** *f.* contracting

**contrato** *m.* contract

**convencer** to convince

**convenio** *m.* agreement

**convenir** to suit; **a...** negotiable

**convertirse en (ie)** to become

**coraje** courage, fury

**corcho** *m.* cork

**cordillera** *f.* mountain range

**corredor(a)** agent, broker; **...de la bolsa** stock broker; **...de propiedades** real estate agent; **corretaje** brokerage

**corregir (i)** to correct

**correo(s)** *m.* mail, post office; **...aéreo (por avión)** air mail; **...certificado** registered mail; **sello/estampilla de...** (postage) stamp

**correr un riesgo** to take a risk

**corriente** current, present; **común y...** ordinary; **del... mes/año** of the present month/year

**cortés** polite, courteous

**costeño(a)** person from the coast

**costero(a)** coastal

**costo, coste** *m.* cost

**costumbre** *f.* custom, habit

**cotidiano(a)** everyday

**cotización de precios** *f.* price quotation

**cotizar** to quote, set a price

**coyuntural** joint, mutual

**crecer** to grow

**crecimiento** *m.* growth

**creíble** credible

**crudo** *m.* crude (oil), raw; drunk

**cuadrar** to square, to be right, to satisfy or balance

**cualquier(a)** any

**cuanto (en... a)** regarding; **...antes** as soon as possible; **...más/menos** the more/less

**¿cuánto?** how much?

**cubrir** to cover

**cuenca** *f.* basin; **...Caribeña** Caribbean Basin; **...Amazónica** Amazonian Basin

**cuenta** *f.* bill, account; **...corriente** checking...; **...de ahorros** savings...; **tomar/tener en...** keep in mind; **darle... a** to report to

**cuero** *m.* leather, fur

**cuestión** *f.* matter

**cuidado** *m.* care

**culto(a)** refined, sophisticated, well-educated

**cumbre** *f.* summit

**cumplir con** to fulfill, carry out; **... xx años** to be xx years old on the date

**cuñado(a)** brother/sister-in-law; **cuña** *f.* wedge; "connection"

**cuota** *f.* installment, quota

**custodiar** to guard, take care of; **custodios** *m.* keepers

**currículum (currículo)** CV, resumé

**cuyo(a)** whose

### D

**daño** damage; **dañar** to damage

**dar un salto** to make a leap

**darse cuenta de** to realize

**dato(s)** data, information; **...personales** personal data

**Debe** *m.* debit

**deber** to owe; must

**débil** weak

**decidido(a)** decisive

**décimo(a)** tenth

**decrecer** decrease

**dedicarse a** to have as a career, devote oneself to

**defensor(a)** defender

**deforestación** *f.* deforestation, felling the woods

**defunción** *f.* death, demise

**dejar** to allow, leave; **...constancia** to state for the record

**dejar de** to stop (doing something)

**delantero(a)** leading; **tomar la...** to be leading

**delictual** criminal

**delincuencia** *f.* crime

**delito** *m.* a crime

**demanda** *f.* demand

**demás (los/las demás...)** the rest

**demografía f** demography

**demora** *f.* delay

**demostrar (ue)** to show, demonstrate

**depender (de)** to depend on

**dependiente (el/la)** clerk, employee, subordinate

**depositar** to deposit

**depósito** *m.* deposit

**derecho** *m.* right; **derechos de aduana** customs fees

**derretido(a)** melted

**derrota** *f.* defeat

**desagradar** to displease

**desaparecer** to disappear

**desarrollar** to develop

**desarrollo** *m.* development

**desastre** *m.* disaster

**desecho** *m.* waste, refuse

**descargar** to unload, unburden, ease; to discharge

**descolorido(a)** discolored, faded

**descomponer** to decay, break down

**descompuesto(a)** rotten; broken down

**desconfiar (de)** to distrust

**descongelado(a)** thawed

**desconocido(a)** unknown

**descontar** to discount, deduct

**descortés** unpolite, discourteous

**descuento** *m.* discount

**desechar** to reject, discard, get rid of

**desempeñar(se)** to perform, carry out a task

**desempeñar el cargo de** to work as, play the role of

**desempeño** *m.* performance

**desempleado(a)** unemployed

**desempleo** *m.* unemployment

**desencadenar** to unchain, unlink

**desgarrado(a)** torn, ripped

**deshacerse de** to get rid of

**deshelar (ie)** to defrost

**desigualdad** *f.* inequality

**desleal** disloyal

**desmembrar** to dismember, separate

**despedida** *f.* good-bye

**despedir** to fire; **despedirse de** to say good-bye to

**desplomar** to collapse, tumble

**destacado(a)** outstanding

**destacar** to stand out

**destino** *m.* destination; **con... a** leaving for

**destornillador** *m.* screwdriver

**destrozado(a)** destroyed

**desventaja** *f.* disadvantage

**detal** *m.* retail

**detallar** to describe in detail

**detalle** *m.* retail; **al...** retail

**detalle** *m.* detail

**detallista (el/la)** retailer

**deteriorado(a)** deteriorated

**detenerse** to stop

**deterioro** *m.* deterioration

**deuda** *f.* debt; **...externa** foreign debt; **...pública** domestic deficit

**deudor(a)** debtor

**devolución** *f.* return

**devolver** to return (something)

**diario** *m.* newspaper

**dicha** *f.* bliss, happiness

**dicho(a)** this, the aforementioned

**dichoso(a)** happy, lucky

**dignidad** *f.* dignity

**dirección** *f.* address; **...electrónica** e-mail address; **...particular** home address; **...postal** street address

**directivo, consejo...** director, board of directors

**dirigentes** directors, leaders, managers; activists

**dirigirse (por escrito) a** to write to

**diseñar** to design

**diseño** *m.* design; **diseñador(a)** designer

**disfrutar de** to enjoy

**disminuir** to reduce, diminish

**disponer de** to have available

**disponible** available; **disponibilidad** *f.* availability

**dispuesto, estar... a** to be ready, prepared

**distinguir entre** to distinguish between/among

**divisa** *f.* hard currency

**docena** *f.* dozen

**dominio** *m.* proficiency, control

**don de...** knack, natural ability

**dueño(a)** owner

**dulzura** *f.* sweetness

**E**

**echar(se) a perder** to ruin, spoil, break down

**efectivo** *m.* cash; **pagar en...** to pay in cash

**eje** *m.* axis

**electrodomésticos** appliances

**embalaje** *m.* crating

**embargar** to seize, impede, obstruct, hamper

**embarque** *m.* departure; **punto de...** point of departure

**embellecer** to beautify

**emblanquecer** to whiten

**embotelladora** *f.* bottling company

**emigrar** to leave the country or area (of birth)

**emitir** to emit, issue

**empacar** to pack

**empaque** *m.* packing

**empleado(a)** employee

**empleo** *m.* job, employment

**emprendedor(a)** enterprising, go-getter

**emprender** to undertake

**empresa** *f.* company, corporation; **administración de empresas** business administration; **administrador de...** business administration; **persona de...** enterprising person

**empresario(a)** executive, business owner

**endosar** to endorse; **endosante (el/la)** endorser

**endulzar** to sweeten

**encargarse (de)** to take charge of/responsibility for

**encasillarse** to pigeonhole

**"enchufe"** connection

**encima** on top of

**encomendar** to entrust

**encuesta** *f.* survey; **encuestar** to survey

**enfrentar(se con)** to face; to confront

**engañar** to deceive

**engordar** to gain weight

**¡enhorabuena!** congratulations!

**enlace** *m.* tie, connection

**enloquecer** to go crazy

**enriquecer(se)** to enrich (oneself)

**ensayar** to rehearse

**ensayo** *m.* essay, rehearsal

**enterarse de** to find out

**entrega** *f.* delivery; **fecha de...** date of delivery

**entregar** to deliver

**entrenar** to train; **entrenamiento** training

**entretener(se)** to entertain, amuse oneself

**entrevista** *f.* interview; **entrevistar a** to interview

**envasar** to bottle, to put in a container

**envase** *m.* container

**envejecer** to get old, age

**enviar** to send

**envío** *m.* shipment

**envoltorio** *m.* packaging (material)

**equilibrar** to balance

**equino(a)** pertaining to horse raising

**equipo** *m.* team; equipment

**equitativo(a)** equitable, fair

**equivocarse** to make a mistake

**érase una vez...** once upon a time...

**error** *m.*, **cometer un...** (to make a) mistake

**escalofriante** frightening

**escasear** to become scarce

**escaso(a)** scarce

**escollos** *m.* danger, obstacles, difficulties

**escopeta** *f.* shotgun

**esconder** to hide

**esforzarse (para)** to make an effort (to)

**esfuerzo** *m.* effort

**español(a)** from Spain

**especias** *f.* spices

**esperanza** *f.* hope

**esquela** *f.* death announcement

**esquema** *m.* outline, sketch, plan

**estacional** seasonal

**estado** *m.* the state, the institution of government and its laws and regulations; **...federal** state system having one central and several regional or state governments and laws; **...unitario** state system having only one central government and set of laws

**estadística** *f.* statistics; **las estadísticas** the figures, statistics; **estadígrafo(a)** specialist in statistics

**estadía, estancia** *f.* stay

**estadounidense** American, pertaining to the USA

**estampilla** *f.* postage stamp

**estaño** *m.* tin

**estilo** *m.* style; **y así por el...** and so on

**estimular** to stimulate

**estrategia** *f.* strategy

**estrecho(a)** narrow; **Estrecho de Magallanes** Magellan Strait; **...de miras** narrowminded; **estrechez de miras** narrowmindedness

**estrépito** *m.* clamor, noise

**esquina** *f.* (street) corner

**estrella** *f.* star

**etapa** *f.* stage, level

**etario(a)** pertaining to age; **grupo...** age group

**evitar** to avoid

**exigencia** *f.* demand

**exigir** to demand

**éxito** *m.* **(exitoso/a)** success(ful); **tener...** to be successful

**exportaciones** *f.* exports

**exportar** to export

**extranjero(a)** foreigner; **en el...** abroad

**extrañar** to miss; to seem strange, to surprise

**extraño(a)** strange

## F

**fábrica** *f.* factory; **fabricante** manufacturer

**fabril** manufacturing

**fábula** *f.* fable

**facilidad** *f.* ease; **...de palabra** articulate, verbal; **comprar con facilidades** to pay by instalments

**facilitar** to facilitate

**factura** *f.* bill, voucher

**facturar** to bill

**facultad** *f.* college of a university

**familiar** pertaining to the family; known

**fallecer** to die

**fallecimiento** *m.* death

**fármacos** *m.* drugs, pharmaceuticals

**farmacéutico(a)** pertaining to pharmaceuticals; pharmacist

**favorecer** to favor

**Fdo.** Fernando

**firmado, fdo.** signed

**fecha** *f.* date; **en... próxima** soon

**¡felicidades!** *f.* congratulations!

**feriado** *m.* holiday

**ferretería** *f.* hardware store

**ferroso(a)** containing iron

**fibra** *f.* fiber

**fideos** *m.* noodles

**fiebre** *f.* fever

**fierro** *m.* iron

**fijar** to set or fix (rate); **fijarse en** to notice

**fijo(a)** fixed; **precio...** fixed price

**financiar** to finance, provide funds for

**financiero(a)** financial; **financista** investor

**finanzas** *f.* finances, financing

**firma** *f.* signature; company

**firmar** to sign

**fletar** to transport

**flete** *m.* freight charges

**flojo(a)** lazy

**flujo** *m.* flow

**fluvial** pertaining to river

**folleto** *m.* brochure

**fomentar** to encourage, promote

**fondo** *m.* bottom; **(del...)** deep down

**fondos** *m.* funds

**formación** *f.* education, training

**formular** to formulate

**fortalecer** to strenghthen

**fracaso** *m.* failure

**franqueo** *m.* postage

**franquicia** *f.* franchise

**frasco** *m.* bottle, jar

**fraude** *m.* fraud

**frente a** in front of, facing

**fresco(a)** fresh

**frontera** *f.* border

**fuente** *f.* source

**fuerza laboral** *f.* labor force; workers

**funcionamiento** *m.* functioning, performance

**funcionario(a) (de gobierno)** (government) official

**furgón** *m.* van

## G

**gallego** *m.* Galician language/person

**gama** *f.* array

**ganadería** *f.* cattle raising

**ganado** *m.* cattle

**ganancias** *f.* profits, earnings

**ganar** to gain, earn, win

**ganas (de...)** a desire to...

**ganga** *f.* bargain
**garantía** *f.* guarantee
**garantizar** to guarantee
**gastar** to spend
**gasto** *m.* expenditure
**gaveta** *f.* compartment
**genio (de mal...; de buen...)** *m.* (good/bad) temper
**gentilezas** *f.* favors, courtesies
**gerencia** *f.* management; **gerencial** pertaining to management
**gerente** *m.* manager; **gte. gral.** general manager
**gigante** *m.* giant
**gitano** *m.* gypsy
**girar** to withdraw
**giro** *m.* withdrawal; **...bancario** *m.* bank draft; **sobregiro** overdraft
**gobierno** *m.* government; **funcionario de...** government official
**gozar de** to enjoy
**grabar** to record
**gránulos** *m.* granules
**grasa** *f.* fat, grease
**grato(a)** agreeable, pleasant
**gratuito(a)** free
**gravamen** *m.* tax
**grúa** *f.* crane
**guano** *m.* fertilizer of bird droppings
**guardar** to keep
**guardería infantil** *f.* daycare center
**guerra** *f.* war
**gustarle a uno** to like, prefer

**H**
**Haber** *m.* assets, credit
**hay que** it is necessary to, one must
**hecho** *m.* fact
**heredero(a)** heir
**herencia** *f.* inheritance, heritage
**hermandad** *f.* fraternity, sorority
**herramientas** *f.* tools
**hierro** *m.* iron
**hilo** *m.* thread
**hipoteca** *f.* mortgage; **hipotecar** to mortgage
**hispánico(a)** pertaining to Hispanic cultures or peoples
**hispano(a)** Spanish-speaking person living anywhere in the world

**hispano de los EE. UU.** *m.* Spanish-speaking/Hispanic ancestry person living in the USA
**Hispanoamérica** *f.* area and collection of Spanish-speaking countries in the Américas; **hispanoamericano(a)** of such origin or ancestry, pertaining to such geographic area
**historial** *m.* resumé
**hogar** *m.* home
**hoja de vida** *f.* resumé
**honestidad** *f.* honesty
**honrado(a)** honest
**horario** *m.* schedule
**hortalizas** *f.* produce
**huelga** *f.* strike; **ir a la...** to strike
**hundir** to sink

**I**
**Iberoamérica** *m.* area and collection of Spanish- and Portuguese-speaking countries in the Américas; **iberoamericano(a)** of such origin or ancestry, pertaining to such geographic area
**ida y vuelta** round trip
**idioma** *m.* language
**igual** same; **da...** it's the same
**imagen** *f.* image
**impartir** to impart
**imponer** to impose
**importaciones** *f.* imports
**importe m.** sum, amount, charge
**impuestos** *m.* taxes
**impreso(a)** printed; **impresos** printed matter
**indicaciones** *f.* detailed instructions
**indicar** to indicate, point out; give instructions
**ineludible** unavoidable
**infraestructura** *f.* infrastructure
**influir en/a** to influence
**informes** *m.* reports
**ingeniero(a)** engineer
**ingresos** *m.* income
**iniciar** to initiate; **iniciativa** initiative
**inmigrar** to immigrate; **inmigración** *f.***(la migra)** immigration
**inquietud** *f.* restlessnes; curiosity
**inscribirse** to sign up, register
**insensible(a)** insensitive
**inspirar** to inspire

**instrucciones** *f.* directions (how to do/operate something or go somewhere)
**interés** *m.* interest; **tasa de...** interest rate
**inventario** *m.* inventory
**inversión** *f.* investment; **inversionista (el/la), inversor/a** investor
**invertir(ie)** to invest
**investigación** *f.* research, investigation

**J**
**jamás** never
**jarabe** *m.* cough syrup
**java** *f.* crate, wooden shipping container
**jefe (el/la)** boss, chief, head
**jornada completa/ parcial** *f.* full/part time
**jubilación** *f.* retirement
**jubilar(se)** to retire
**juego** *m.* set
**jugo** *m.* juice (Spain, **zumo**)
**jugoso(a)** juicy
**junta** *f.* council, board, tribunal
**justo(a)** fair, just

**K**
**kilo, kilogramo** *m.* kilo
**kilómetro** *m.* kilometer

**L**
**labor** *f.* work
**laboral** pertaining to work
**lácteo** *f.* dairy
**lamentar** to regret
**lámina** *f.* film, sheet of cardboard/plastic/metal
**lana** *f.* wool; **industria lanera** wool industry
**lanzamiento** *m.* introduction to the market, launching
**lanzar** to launch
**larga (a la larga)** in the long run
**lata** *f.* can, tin; **enlatado(a)** canned
**latino(a)** Spanish-speaking or of Hispanic ancestry, but only in the USA; everywhere else, of Latin origin Romance-language-speaking

**Latinoamérica** *f.* Latin America; Romance-language-speaking America (includes **Iberoamérica** and French-speaking countries); **latinoamericano(a)** of such origin or ancestry, pertaining to such geographic area

**leal** loyal

**lealtad** *f.* loyalty

**legado** *m.* legacy

**lema** *m.* slogan

**lenguaje** *m.* language; parlance

**lentitud** *f.* slowness

**letra** *f.* handwriting; words of a song; **buena/mala letra** clear/bad handwriting; **con... de imprenta** print; **con... mayúscula/minúscula** in capitals/low case

**letra de cambio** *f.* draft; bill of exchange

**letrero** *m.* sign; **...caminero** billboard

**leve** slight

**ley** *f.* law; **Escuela de Leyes** Law School

**libra (lb.)** *f.* pound

**libre** free; **libre comercio** *m.* free trade; **libre de cargo** free of charge

**licenciado(a), Lic., Lcdo.** college graduate

**licenciatura** *f.* B. A. degree

**líder(el/la)** leader

**liderazgo** *m.* leadership

**lío** *m.* mess, sticky situation; **meterse en líos** to get into a jam

**liquidar** to put on sale; liquidate

**líquido** *m.* liquid

**lograr** to achieve

**logro** *m.* achievement

**lucro** *m.* money

**lucha** *f.* fight

**luchar por/en contra de** to fight for/against

**lujo** *m.* luxury

## Ll

**llamada** *f.* call; **hacer una...** to make a call

**llave** *f.* key

**llave inglesa** *f.* wrench

**llenar** fill; fill out

**lleno(a)** full

**llevarse bien con** to get along well with

**lluvioso(a)** rainy

## M

**madera** *f.* wood

**madrina** *f.* godmother

**maduro(a)** mature

**madurez** *f.* maturity

**maestría** *f.* master's degree

**manchar** to stain

**mando** *m.* leadership

**manejar** to manage

**manejo (de...)** management

**manifestación** *f.* demonstration

**mano de obra** *f.* labor

**mantención** *f.* maintenance

**mantenerse al día** to stay abreast

**maquinaria** *f.* machinery

**maravilla** *f.* wonder, marvel; sunflower

**marca** *f.* brand name; **...registrada** trade mark

**marco** *m.* frame(work); DM, marks

**marcha** *f.* operation; **estar en...** to be in operation; **poner en...** to put in operation, implement

**martillo** *m.* hammer

**mas** but

**más y más** more and more

**materia prima** *f.* raw material

**mayoría** *f.* majority

**media** *f.* average

**mediano(a)** medium

**mediante** by means of

**medicamentos** *m.* medicines, medications

**medida** *f.* measure; **a... que** as, at the same time as

**medios** *m.* means; **los... de comunicación** the media; **por medio... de** by means of

**medio ambiente** *m.* environment

**medir(i)** to measure

**mejora** *f.* **(mejoramiento** *m.*) improvement

**mejorar** to improve

**mellado(a)** nicked, chipped, dented

**membrete** *m.* letterhead

**mencionar** to mention

**mensaje** *m.* message

**mensual(mente)** month(ly)

**mentir (ie)** to lie

**mercadeo** *m.* marketing

**mercaderías** *f.* merchandise

**mercado** *m.* market; **...accionario, ...de valores** stock exchange

**merecer** to merit, deserve

**meseta** *f.* plateau

**mestizo(a)** person of mixed Indian and European ancestry

**meta** *f.* goal

**mezclar** to mix

**miembro** *m.* member

**migrar** to migrate (see emigrar, inmigrar); **migración** migration; **olas migratorias** (in)migration waves

**mil millones de** billion

**milagro** *m.* miracle

**miles** thousands

**minoría** *f.* minority

**mismo(a)** same; **sí...** him/her/yourself; **lo...** the same; **da lo...** it doesn't matter

**mitad** *f.* half

**moda** *f.* style; **estar a la...** to be in style

**mojado(a)** wet

**molibdeno** *m.* molybdenum

**moneda** *f.* coin; currency

**montaña rusa** *f.* roller coaster

**monto** *m.* sum, amount, quantity

**moraleja** *f.* moral

**mudarse** to move

**muebles** *m.* furniture

**muestra** *f.* sample

**mulato(a)** person of mixed African and European ancestry

**multa** *f.* fine

## N

**negar** to deny; **negarse a...** to refuse

**negocio(s)** business; **hombre de...** businessman

**negociante** merchant; profit-maker

**nieto** *m.* grandchild

**nivel** *m.* level; **nivelar** to level (down)

**nombre** *m.* given/first name(s); **...completo** first and both last names; **...de pila** given name

**norteamericano(a)** from the USA, also from North America; American

**noticia(s)** *f.* news

**noticiero** *m.* news program
**novedoso(a)** novel
**nuera** *f.* daughter-in-law

## O

**obedecer** to obey
**obra** *f.* piece of work, job; **...de mano** labor; **pagado por...** paid by the piece/job
**obrero(a)** worker
**obsequiar** to present, give as gift
**obstruir** to obstruct
**ocio** *m.* leisure
**oferta f. (ofrecimiento)** offer
**oficio** *m.* occupation, trade
**ofrecer** to offer
**onza** *f.* ounce
**opinar** to believe
**oponerse a** to be opposed to
**orden** *f.* order, command; **estoy a sus órdenes** I'm ready to help you
**ordenado(a)** neat, organized
**otorgar** to grant, award
**ovino(a)** pertaining to sheep or lamb
**oxidado(a)** rusted; **inoxidable** stainless

## P

**padrino** *m.* godfather
**pagar** to pay; **pagar a plazos** to pay by installments; **...al contado** to pay something down; **...en efectivo** to pay cash
**pagaré** *m.* promissory note
**pago** *m.* payment
**paisaje** *m.* landscape
**palabrota** *f.* obscenity
**palanca** *f.* lever, "connection"
**papel** *m.* role; paper (but not report)
**papeleo** *m.* paperwork
**par** *m.* pair
**pared** *f.* wall
**parientes políticos** *m.* in-laws
**particular** private; **dirección...** home address
**partida** *f.* lot
**partir** to leave; **a partir de...** beginning on... (date)
**paso** *m.* step; **abrir(le) paso a...** make way for
**pastilla** *f.* tablet, lozenge
**patrimonial** patrimonial, capital asset, inherited

**patrón(a)** boss
**patrón** *m.* pattern; **patrones de consumo** consumer patterns
**pdo.** pasado
**pedido** *m.* order, request; **a pedido** on request
**pedir prestado** to borrow
**pelea** *f.* fight
**peligro** *m.* danger
**pena** *f.* sorrow, grief; embarrassment
**pensar en** to think about
**perder (ie)** to lose, miss
**pérdida** *f.* loss
**perezoso(a)** lazy
**perfil** *m.* profile
**periodista (el/la)** journalist, news reporter
**permitirse** to take the liberty
**perogrullada** *f.* something obvious, of common sense
**personaje** *m.* character
**personal** *m.* personnel
**persuadir** to persuade
**pesado(a)** heavy
**pésame, mi más sentido...** my sympathies are with you
**pesar** *m.* sorrow; **a... de** in spite of
**peseta** *f.* currency in Spain
**pésimas** *f.* extreme; **en ...condiciones** in horrible, appalling condition
**peso** *m.* weight; currency
**pesquería** *f.* fishing trade
**pieza** *f.* piece, part; room
**píldora** *f.* pill
**piso** *m.* floor
**placa** *f.* sheet (metal, wood); license plate
**placer** *m.* pleasure
**plancha** *f.* sheet of metal/wood
**planificar** to plan
**planilla** *f.* payroll, plan, roll; lined paper for accounting
**plantear** to set forth, propose, outline
**plantilla** *f.* personnel
**plaza** *f.* job, post; place or city of operations; square
**plazo** *m.* term, period; **a plazos** by instalments; **a corto/mediano/largo...** short-, medium-, long-term
**plomo** *m.* lead
**pluvisilva** *f.* rain forest

**población** *f.* population
**poder** *m.* power (of attorney); **...adquisitivo** purchasing power
**poderoso(a)** *m.* powerful; **poderosamente** powerfully
**polémica** *f.* controversy; **polémico(a)** controversial
**política** *f.* policy
**polvo** *m.* dust; **en...** powder
**ponderación** *f.* deliberation; correction rate
**por ciento** *m.* percent
**porcentaje** *m.* percentage
**porcentual** pertaining to percentage
**porcino(a)** pertaining to pork (hog raising)
**portavoz** *m.* spokesperson
**porvenir** *m.* future
**poseer** to possess
**posponer** to postpone
**post-grado** *m.* graduate
**postular** to apply for
**postulante (el/la)** applicant
**precio** *m.* price; **...unitario** price per unit
**precisar** to need
**preguntar por** to inquire about; **preguntarse** to wonder, ask oneself
**premio** *m.* prize
**preocuparse de** to worry about
**presagio** *m.* omen
**préstamo** *m.* loan; **prestamista (el/la)** lender
**prestar** to lend; **...atención a** to pay attention to
**presupuesto** *m.* budget
**pretender** to try
**prever** to foresee
**previsible** forseeable
**prima** *f.* insurance payment
**principal** main, principal (not principle)
**principio** *m.* principle; **al...** at first; **a principios de** at the beginning of
**probar** to try, taste, test
**procedimientos** *m.* procedures
**producir** to produce
**productos químicos** *m.* chemicals
**promedio** *m.* average
**promesa** *f.* promise
**prometer** to promise
**promocionar** to promote
**promover** to promote
**promotor (a)** promoter

**propaganda** *f.* ad, advertising, publicity

**propietario (el/la)** owner

**proponer** to propose

**proporcionar** to furnish, provide

**propulsor(a)** driving force

**proteger** to protect

**protestar** to protest

**provechoso** beneficial, profitable

**proyecto** *m.* project

**proyectar** to design, plan, project

**prueba** *f.* test

**publicidad** *f.* advertising, publicity

**publicitar** to advertise, market

**puente** *m.* bridge; **...de trasiego** transit port or means

**puesto** *m.* job; **...que** since

**punto** *m.* point, place; **...de vista** point of view; **...de venta** sales location

**puro(a)** pure, refined; cigar

## Qu

**quebrado(a)** broke, bankrupt; broken

**quedarse** to stay, remain, stay overnight

**queja** *f.* complaint

**quejarse de** to complain

**quetzal** *m.* sacred bird in Mayan legend; currency

**quiebra** *f.* bankruptcy

**quincenal** bimonthly

**quinta** *f.* family orchard

**quinto(a)** fifth

## R

**radicar(se)** to establish (oneself) in a place

**rancio(a)** old, rancid

**ranura** *f.* slot

**rasgo** *m.* feature, characteristic

**raya** *f.* line, slash or hyphen mark

**reaccionar** to react

**realizar** to carry out, complete

**rebaja** *f.* discount, bargain

**recado** *m.* message; **dejar un...** to leave word

**recalcar** to emphasize

**recargo** *m.* surcharge, extra charge

**rechazo** *m.* rejection

**recibo** *m.* receipt

**reclamo** *m.*, **reclamación** *f.* complaint

**recoger** to pick up, collect; **recogida de equipaje** baggage claim

**recursos** *m.* resources

**recurrir a** to resort to

**reembolso** *m.* refund

**red** *f.* net(work)

**redactar** to write, compose; **redacción** *f.* composition

**reducir (-zco)** to reduce, decrease

**reforzar** to reinforce, strengthen

**refrán** *m.* refrain

**regla** *f.* rule, norm

**remesa** *f.* remittance, installment

**remitir** to send; **remitente (el/la)** sender of a letter or package, usually put on back of envelope

**rendimiento** *m.* performance, yield

**rendirse (i)** to surrender

**renta** *f.* gain, profit; monthly rent

**rentable** profitable

**rentabilidad** profitability; **rentabilizar** to reinvest

**reparar** to repair, fix

**reponer** to restock

**reposición** *f.* restocking, reinstating

**reproche** *m.* reproach

**requisitos** *m.* requirements, prerequisites

**resfrío** *m.* head cold

**resuelto(a)** resolved, resolute; **resolver** to solve

**resultado** *m.* result

**resumen** *m.* summary

**resumir** to summarize

**retirar** to withdraw

**reto** *m.* challenge

**retribuir** to return; **retribución** *f.* something given in return for

**reverdecer** to bloom, sprout again

**rezar** to pray

**riesgo** *m.* risk; **correr el...** to take a risk

**rímel** *m.* eyelash mascara

**riqueza** *f.* wealth

**rodar (ue)** to roll, move

**rodear** to surround

**rogar (ue)** to ask for politely

**romper** to break (down)

**ronda** *f.* round; **la... del Uruguay** GATT meeting and agreements

**rondar** to circle around, monitor

**rotativo(a)** rotationary

**roto(a)** broken, cracked

**rotular** to label

**rubro** *m.* line of business

**ruptura** *f.* break(up)

**rutinario(a)** routine

## S

**sacar un título** to graduate, get a degree

**saco** *m.* sack; jacket

**saldo** *m.* (account) balance; **...a favor** balance in your favor

**saludar** to greet, recognize

**saludo** *m.* greeting, salutation

**satisfacer** to satisfy

**seco(a)** dry, arid

**seda** *f.* silk

**sede** *f.* site, headquarters

**según** depending on, according to

**seguridad** *f.* safety, certainty

**seguro(a)** sure, certain; **...de sí mismo(a)** self-assured

**seguro** *m.* insurance; **...de viaje/vida** travel/life...; **...contra accidentes/incendios** accident/fire...; **...social** social security, benefits; **compañía aseguradora** ...company

**selva** *f.* forest; **...húmeda/templada/temperada** rain/temperate...; **...tropical** jungle

**selvático(a)** pertaining to the forest

**sellos** *m.* postage stamps; stamps; seals

**semanal(mente)** weekly

**semejante** similar, alike

**semestral(mente)** biannualy

**semilla** *f.* seed

**sensible** sensitive

**sentido** *m.* sense; **...común** common sense

**sencillo(a)** simple, unpretentious

**señalar** to point out

**seriedad** *f.* seriousness

**serio(a)** serious

**serrano(a)** person from the sierra

**servir (i) (de...)** to serve (as); **no sirve** it doesn't work

**servirse** to carry out, proceed; **sírvase + infinitive...** please proceed to...

**sí, ...mismo(a)** self; yourself, himself, herself

**SIDA** *m./f.* **síndrome de inmunodeficiencia adquirida** AIDS

**siderúrgico(a)** pertaining to steel; **planta...** steel mill

**siembras** *f.* plantings
**sierra** *f.* rocky, steep mountain range
**sigla** *f.* acronym, initials for a company or organization
**siglo** *m.* century
**siguiente (el/la)** following, next, the one below
**silvestre** wild, natural
**sin embargo** however
**sino** but (on the contrary); **no sólo ...también** not only but also
**sindical** union related
**sindicato** *m.* union
**siquiera (ni siquiera)** not even
**sobre** *m.* envelope
**sobregiro** *m.* overdrawal on funds
**sobresaliente** outstanding
**sobrevivir** to survive
**Sociedad Anónima, S.A.** company, corporation, Inc.
**socio(a)** partner
**soja** *f.* soya (beans)
**soler (ue)** to use to; **solía** (I, he, she, it, you) used to
**solicitar** to apply for a position; to request
**solicitud** *f.* application (form)
**soltero(a)** single
**someterse a** to subject oneself to
**sonar (ue)** to ring, rattle
**sorpresa** *f.* surprise
**sospechar** to suspect
**sostener** to sustain, hold; **desarrollo sostenible** sustainable growth
**subir** to go up; to get on a vehicle
**suavidad** *f.* softness, terseness
**subrayar** to underline
**subsidiar** to subsidize
**sucursal** *f.* (*m.* in Spain) branch office
**suegro(a)** father-in-law
**sueldo** *m.* salary; **...bruto** salary before deductions
**suelo** *m.* soil
**sueño** *m.* dream, plan
**superación** *f.* self-improvement
**superarse** to better oneself
**superávit** surplus (funds)
**supervivencia** *f.* survival
**suprimir** to suppress
**supuesto** *m.* assumed; **por...** of course
**surgir** to emerge, come up
**sustantivo** *m.* noun

**T**

**tal (como)** just as
**talón** *m.* receipt, balance portion of checkbook
**talonario** *m.* (check) book
**tamaño** *m.* size
**tanto(a)** so much; **por lo...** therefore
**tardar en** to take too long in
**tarifa** *f.* fare, price list, not tariff
**tarjeta** *f.* card; **...bancaria** debit, bank card; **...de crédito** credit card; **...inteligente** self-deducting phone/mail/parking card with microchip issued in a certain amount to allow several uses
**tasa** *f.* rate; **...de cambio/interés/ natalidad/mortalidad** exchange/ interest/birth/mortality rate; **...flotante/preferencial** floating/ special rate
**tejido** *m.* knit fabric, knitting
**tela** *f.* fabric
**televidente** TV-viewer
**tema** *m.* subject
**tenaz** tenacious, determined
**temible** frightening
**temor** *m.* fright, fear
**templado(a)** temperate, mild
**tentación** *f.* temptation
**tentar (ie)** to try
**tercera edad** *f.* old age, retired people
**tercermundista** pertaining to the Third World
**tercio** one third, 33 per cent
**terrateniente** land-owner
**terrestre** pertaining to the Earth
**testarudo(a)** obstinate
**testigo (el/la)** witness
**timbre** *m.* seal, stamp
**título** *m.* degree; **...académico/universitario** college degree
**todavía** still; **... no** not yet
**toma de decisiones** *f.* decision-making
**tomar en cuenta** to take into account
**tomar una decisión** to make a decision
**tonelada (métrica)** *f.* (metric) ton
**turno** turn, vice
**trabajador/a** worker; hard-working
**trabajo** *m.* work, job, employment; **Día del Trabajo** May 1st

**trama** *f.* weave; plot; **urdimbre y...** threads that when crossed form a fabric
**trámite** *m.* paperwork
**transar** to negotiate, compromise
**transferir (ie)** to transfer
**tras** after
**trasfondo** *m.* background
**trasladar** to transport
**traspasar** to transfer
**tratado** *m.* treaty, agreement, pact
**Tratado de Libre Comercio de Norteamérica (TLC)** North American Free Trade Agreement (NAFTA)
**tratamiento** *m.* treatment
**tratar de (tú/Ud.)** to try to; to treat somebody as **tú** or **Ud.**
**trato** *m.* deal; treatment; **de buen...** person who has good manners
**través (a través de...)** by means of, through
**trayecto** *m.* trip
**trimestral(mente)** quarterly
**truco** *m.* trick
**tubería** *f.* piping, duct

**U**

**ubicar** to locate; **ubicación** location
**último(a)** latest, last
**único(a)** only; unique
**unidad** *f.* unity, unit
**Unión Europea (UE)** European Union (EU)
**utilidades** profits, not utilities

**V**

**vacante** *f.* position available
**vacuna** *f.* vaccination; **ponerse la...** to get a shot
**vacuno(a)** pertaining to cow raising or beef
**vago(a)** lazy; homeless
**valer la pena** to be worthwhile
**valores** *m.* stocks, securities
**valorar** to value
**valle** *m.* valley, depression
**vasco, vascuence** *m.* Basque language
**vencer(se)** to expire
**vencido(a)** expired; beat; **darse por...** to give in
**vencimiento** *m.* expiration; **fecha de...** expiration date

**vender** to sell
**venidero(a)** (in the) future
**venta** *f.* sale
**ventaja** *f.* advantage
**verduras** *f.* vegetables, produce
**vez (veces)** *f.* time (frequency);
  **cada...** every; **muchas...** many
  times; **una...** once
**vías** *f.* roads, ways; **en... de
  desarrollo** emerging, developing
**vicio** *m.* vice
**vidrio** *m.* glass
**vigencia (en...)** (being) enforced

**vigésimo(a)** (one) twentieth, one
  fifth part
**vigilar** to supervise, monitor
**virtud** *f.* virtue, advantage
**viudo(a)** widow(er)
**vivienda** *f.* housing
**vivo(a)** alive, smart
**vislumbrar** to glean
**vista (el/la)** customs officer
**vista** *f.* view, vision; **a la...** obvious;
  **con... a** with a view of
**visto bueno** *m.* signature of
  approval

**Y**
**ya** already; **...no** no longer
**yanqui** American, pertaining to the
  USA
**yerno** son-in-law

**Z**
**zambo(a)** person of mixed African
  and Indian ancestry
**zona franca** *f.* duty-free city or port

# ≡ Photo Credits

**UNIT 1** *Opener:* David De Lossy/The Image Bank; *Page 5:* Peter Menzel/ Stock, Boston; *Page 16:* Stuart Cohen/Comstock, Inc.; *Pages 28, 29 and 36:* Peter Menzel; *Page 31:* Grant Faint/The Image Bank.

**UNIT 2** *Opener:* Owen Franken/Stock, Boston; *Page 55:* Michael Dwyer/ Stock, Boston; *Page 80:* Courtesy BASF Espanola S.A.

**UNIT 3** *Opener:* Peter Menzel; *Page 110:* Latin Stock/The Stock Market; *Page 122:* Courtesy Banco Central de Chile; *Page 124:* David Pollack/The Stock Market.

**UNIT 4** *Opener:* M. Antman/The Image Works; *Page 146:* Courtesy Matthew R. Elman; *Page 149:* Georg Gerster/Comstock, Inc.; *Page 157:* Jose L. Pelaez/The Stock Market; *Page 170:* James B. Marshall/The Stock Market; *Page 171:* Peter Menzel.

**UNIT 5** *Opener:* Frank P. Rossotto/The Stock Market; *Page 198:* Peter Menzel; *Page 212:* Peter Menzel; *Page 215:* Lionel Delevingne/Stock, Boston; *Page 216:* Paulo Fridman/Gamma Liaison.

# ≡ Realia Credits

**UNIT 1** *Page 4:* Reprinted by permission of Excelsior; *Page 15:* Reprinted by permission of Excelsior; *Page 15:* Reprinted by permission of Excelsior; *Page 24:* Reprinted by permission of Clasifax.

**UNIT 2** *Page 52:* Reprinted by permission of Diario El País; *Page 58:* Reprinted by permission of El País Newspaper.

**UNIT 3** *Page 95:* Reprinted by permission of Banco de Santiago; *Page 95:* Reprinted by permission of Banco de Santiago; *Page 96:* Reprinted by permission of Banco de Chile; *Page 96:* Reprinted by permission of Banco de Boston; *Page 98:* Reprinted by permission of Banco de Credito e Inversiones; *Page 118:* Reprinted by permission of Banco de Chile.

**UNIT 4** *Page 138:* Reprinted by permission of Mexicana Airlines; *Page 139:* Reprinted by permission of Aeroméxico; *Page 141:* Reprinted by permission of Mercedes-Benz España S.A.; *Page 142:* Reprinted by permission of Tamiami Saab; *Page 143:* Reprinted by permission of American Honda Motor Co; *Page 144:* Reprinted by permission of Toyota Motor Sales, USA; *Page 167:* Reprinted by permission of El Espectador.

**UNIT 5** *Page 183:* Reprinted by permission of Vidriera Centroamericana S.A.; *Page 183:* Reprinted by permission of Textiles Industriales de Centro America S.A.; *Page 183:* Reprinted by permission of Icafe; *Page 183:* Reprinted by permission of Corbel; *Page 195:* Reprinted by permission of Coopeutba R.L.; *Page 195:* Reprinted by permission of Grupo Saret.

# ≣ Index